DIEDERICHS GELBE REIHE

herausgegeben von Michael Günther

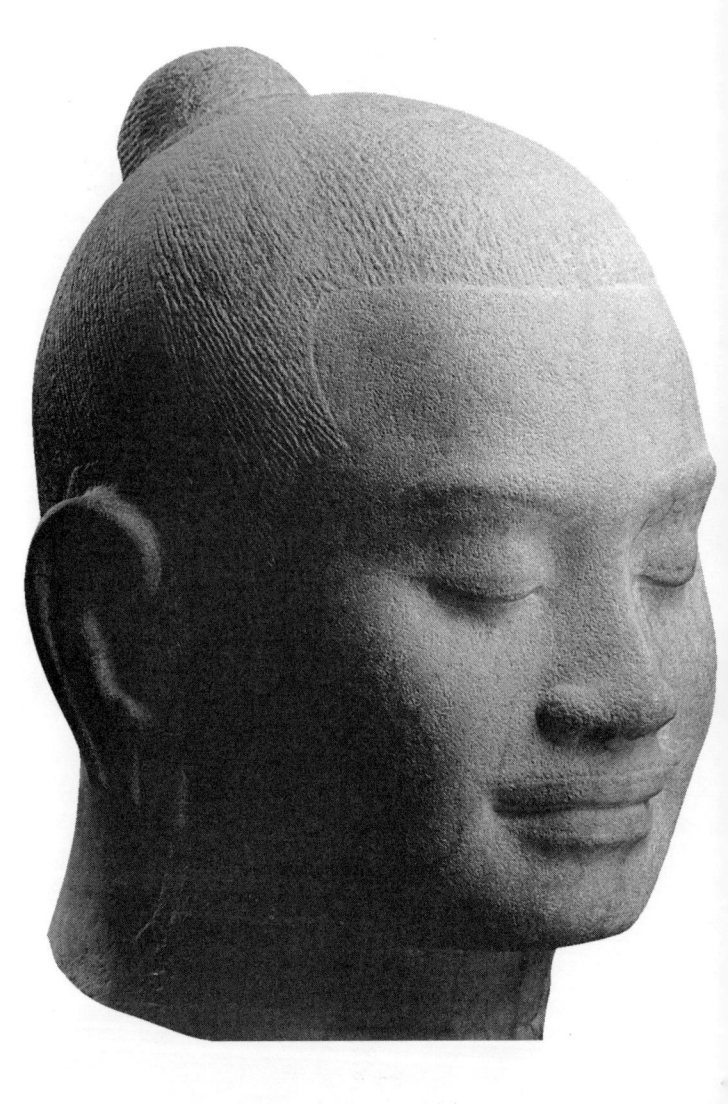

Die Weisheit Asiens

Das Lesebuch aus China, Japan, Tibet, Indien und dem vorderen Orient

Ausgewählt und zusammengestellt von
Michael Günther

Diederichs

Für Tobias, Jonas und Jul

Die Deutsche Bibliothek – CIP-Einheitsaufnahme
Die Weisheit Asiens : das Lesebuch aus China, Japan, Tibet,
Indien und dem vorderen Orient / hrsg. von Michael Günther. –
Sonderausg. – Kreuzlingen; München : Diederichs, 1999
    (Diederichs Gelbe Reihe ; Bd. 155)
    ISBN 3-424-01509-1

© Heinrich Hugendubel Verlag, Kreuzlingen/München 1999
Alle Rechte vorbehalten

Umschlaggestaltung: Zembsch' Werkstatt, München
Produktion: Tillmann Roeder, München
Satz und Reproduktion: SatzTeam Berger, Ellenberg
Druck und Bindung: Pressedruck, Augsburg
Printed in Germany

ISBN 3-424-01509-1

Inhalt

5. Der vordere Orient 235

Der Koran – Das heilige Buch des Islam

Unser Leben,
womit läßt es sich vergleichen?
Mit dem Tautropfen,
vom Schnabel eines Wasservogels
abgeschüttelt,
in dem sich nun das Mondlicht spiegelt.

Meister Dogen im »San Sho do ei«
kurz vor seinem Tod

VORWORT
Perlen der Weisheit, Funken der Erkenntnis

Seit zwei Jahrhunderten blicken die Mitteleuropäer gebannt nach Osten – zuerst noch vereinzelte aufgeweckte Geister wie Johann Wolfgang von Goethe, Arthur Schopenhauer und Hermann Hesse, seit der Hippie-Bewegung und der Flower-Power-Generation vor drei Jahrzehnten viele: Was haben uns die Weisen aus dem Morgenland zu sagen? Was läßt sich von ihren Lehren für uns fruchtbar machen?

Zum einen wenig, denn durch einige Ausflüge in die götterdurchwirkte Luft Indiens und durch ein paar Retreats in zen-buddhistischen Klöstern werden aus uns christlich geprägten Individualisten noch keine asiatischen Seelen. Zum anderen viel, denn Schriften wie das Li Gi oder das Ramayana lehren uns Prinzipielles: zum Beispiel die Tugend von der Untugend zu unterscheiden, die Wahrheit von der Täuschung, den richtigen Weg vom falschen.

Darüber hinaus können die asiatischen Lehrmeister dem überzivilisierten Menschen im beginnenden 21. Jahrhundert verschaffen, wessen er dringend bedarf: Ruhe, Sammlung, die Kehrtwende nach Innen, Begleitung auf der Suche nach dem wahren Selbst, Achtsamkeit, Liebe zu den Mitmenschen, Einblicke in die Gesetze des Lebens, der Götter und des Kosmos.

Und das ist nicht als Aufforderung zum Exotismus gemeint, zur Plünderung des geistigen Erbes fremder Völker durch kurzatmige europäische Spiritualitätstouristen – nein, die Suche nach eines jeden Selbst, nach dem Zusammenhang dieser Welt und dem Sinn des Lebens verlangt unbedingt nach Behutsamkeit, Ausdauer, Demut und der Liebe zu den Dingen.

Auf den folgenden 300 Seiten können nur einige Funken der Erkenntnis geschlagen werden. Dem Leser sollen diese kleinen Texte und Auszüge vor allem als Fingerzeige dienen, was die großen Traditionen anzubieten haben und wo er weitersuchen kann. Die Weisheit und Wahrheit der hier offenbarten Quellen erscheinen mir überregional und zeitlos gültig.

In diesem Buch sind die wichtigsten Schriften der asiatischen Kulturen und Religionen versammelt. Die chinesischen Weisheitsbücher und die großen indischen Epen, tibetische Anleitungen zur Meditation und klassische Dichtungen der islamischen Mystiker. So findet sich hier Lesestoff aus dem I Ging und aus dem Tao te king, aus den Upanishaden und aus dem Mahabharata, aus dem Totenbuch der Tibeter und aus dem Koran. Es kommen Dschuang Dsï und Konfuzius zu Wort, Meister Dogen und der Dalai Lama. Eine kostbare Kette aus schimmernden Perlen der Weisheit.

Wir, die wir heute leben, haben das für einen Menschen seltene Glück, den Ausklang eines Jahrtausends und das Heraufziehen des folgenden erleben zu dürfen. Die Weisheiten, die hier versammelt sind, stammen aus dem vergangenen Jahrtausend, aus dem Jahrtausend davor und auch aus dem vor unserer Zeitrechnung, die wir gemeinhin mit der Geburt Jesus Christus beginnen lassen. 3000 Jahre voller Worte, Sprüche, Reden – aufgeschrieben oder mündlich überliefert und dann irgendwann später schriftlich niedergelegt. Das ist eine lange Zeit. Unermeßlich lange. Wie schnell verfliegen die Jahre, und wie erfüllt sind sie doch. Was hat sich in den letzten zehn Jahren des Lebens jedes Einzelnen zugetragen, und wie oft erleben wir ein Jahrzehnt, bevor wir sterben? Wie lange ist es her, daß wir in der Schule saßen und mit Wissen abgefüllt wurden, wie lange, daß wir zuletzt in Asien waren, wie lange, daß wir das letzte Mal allein im Park saßen und nur

dem Plätschern eines Brunnen lauschten? Wie weit können wir den Stammbaum unserer Ahnen zurückverfol-
gen – 100 Jahre, 200 Jahre…?

Der Zeitraum ist groß, dem die Schriften entstammen,
aus denen sich dieses Lesebuch zusammensetzt. Und Zeit
und Tradition, das Überliefertsein, das Sich-bewährt-
Haben ist eine Qualität, die für sich spricht. Den Menschen war es wert, sich jene Gedanken als Schatz zu
bewahren. Was wird, sagen wir in 500 Jahren, an Gedan-
kengut aus unserem Zeitalter überdauert haben? Nichts?
Oder fast alles, weil digitalisiert, auf unzerstörbaren
Chips eingelagert? Oder doch das Wesentliche?

Vieles mag im Verlauf der Menschheitsgeschichte ausgelöscht worden sein, was an sich wert gewesen wäre, den
kommenden Generationen zu Bewußtsein geführt zu
werden. Mag sein. Hinweg, hinweg – die Hardware der
Ideen mag vergehen, so daß wir nicht mehr von ihnen
lesen können, doch das Wesen der Dinge bleibt als Teil des
Kosmos bei uns.

Ohnehin ist die Schriftform nicht nur vergänglich, sondern auch ein Medium, dem die Menschen nicht immer
ihre Gedanken anvertrauten, hat es doch vorzeiten mit
Sicherheit eine Fülle des Wissens gegeben, das nicht
schriftlich fixiert worden ist. Denken wir nur an die »ungeschriebenen Lehren«, die es an Platons Akademie gegeben haben soll. Ja, vielleicht ist zu keiner Zeit das wirklich Wichtige *aufgeschrieben* worden, sei es aus Gründen
der Geheimhaltung, sei es, weil das Essentielle gar nicht in
Worte zu fassen war – und ist. Auch wenn bestimmte
Ideen nie zu lesen gewesen sein sollten, so haben sie doch
existiert und haben Menschen bewegt.

Heutzutage interessieren sich die Menschen vermehrt
für ›Esoterik‹, die geheimen Lehren vergangener Kulturen und Zeiten (auch wenn der Begriff mittlerweile weiter
gefaßt ist und anderes meint). Auch vieles, das sich in die-

sem Buch hier findet, war einmal esoterisch, das heißt nur für wenige Eingeweihte zugänglich: Priester, Älteste, Lehrmeister, Angehörige von Mysterienschulen. Mit der Veröffentlichung werden nun diese Inhalte vollends ›exoterisch‹ gemacht, was auch ein wesentlicher Sinn populär ausgerichteter Verlage ist: möglichst Viele an Wissen teilhaben zu lassen, damit sie das Gelesene bewußt aufnehmen, abwägen und diskutieren können, damit sie sich eine Meinung bilden können, die ihnen letztlich eine Abänderung oder zumindest Überprüfung ihres Handelns erlaubt.

Die hier versammelten Weisheiten sprechen nicht *eine* Sprache, und sie weisen auch nicht alle in dieselbe Richtung, ja es ließe sich mitunter in diesem Buch zu einer Aussage genau die gegenteilige finden. So mag sich jeder selbst zurechtfinden und an den Texten als den Marksteinen im weiten Feld der Geistesgeschichte orientieren. Man kann dieses Buch von vorne bis hinten lesen, man kann aber auch irgendwo anfangen und zyklisch fortfahren, oder man springt von einem leuchtenden Punkt zum anderen, wobei sich in jedem Fall erstaunlich vielfältige und bedeutsame Bezüge zwischen den Texten ergeben werden, so zwischen Zen und Sufismus oder indischer Philosophie und arabischen Erzählungen.

Wahrscheinlich bringt einen ja gerade das einem Entgegengesetzte am meisten weiter. *You can imagine the opposite.* Man lese also nicht nur das, was man schon kennt und ist. Mögen sodann die Perlen der Weisheit in ihrer Schönheit wirken und die Funken der Erkenntnis auf einen segensreichen Boden fallen, auf daß ein großes Feuer entstehe, das den Geist jedes einzelnen zu erhellen und vielleicht sogar zu erleuchten vermag.

M. G.

1. China

I Ging – das uralte Wissen der Menschheit

Keine Ebene, auf die nicht ein Abhang folgt,
kein Hingang, auf den nicht die Wiederkehr folgt.
Ohne Makel ist, wer beharrlich bleibt in Gefahr.
Beklage dich nicht über diese Wahrheit,
genieße das Glück, das du noch hast.

✳

Schuo Gua – Besprechung der Zeichen

Die heiligen Weisen vor alters machten das Buch der Wandlungen also: Um in geheimnisvoller Weise den lichten Göttern zu helfen, erfanden sie das Schafgarbenorakel. Sie teilen dem Himmel die Zahl drei zu und der Erde die Zahl zwei und berechneten danach die weiteren Zahlen.
Sie betrachteten die Veränderungen im Dunkeln und Lichten und stellten danach die Zeichen fest. Sie erzeugten Bewegungen im Festen und Weichen und ließen so die einzelnen Linien entstehen. Sie brachten sich in Übereinstimmung mit SINN und LEBEN und stellten demge-

mäß die Ordnung des Rechten auf. Indem sie die Ordnung der Außenwelt bis zu Ende durchdachten und das Gesetz des eigenen Innern bis zum tiefsten Kern verfolgten, gelangten sie bis zum Verständnis des Schicksals.

＊

Die heiligen Weisen vor alters machten das Buch der Wandlungen also: Sie wollten den Ordnungen des inneren Gesetzes und des Schicksals nachgehen. Darum stellten sie den SINN des Himmels fest und nannten ihn: das Dunkle und das Lichte. Sie stellten den SINN der Erde fest und nannten ihn: das Weiche und das Feste. Sie stellten den SINN der Menschen fest und nannten ihn: die Liebe und die Gerechtigkeit. Diese drei Grundkräfte nahmen sie zusammen und verdoppelten sie. Darum bilden im Buch der Wandlungen immer sechs Linien ein Zeichen.
Die Plätze werden eingeteilt in dunkle und lichte, darauf stehen abwechselnd weiche und feste. Darum hat das Buch der Wandlungen sechs Plätze, die die Linienfiguren bilden.

＊

Himmel und Erde bestimmen die Richtung. Berg und See stehen in Verbindung ihrer Kräfte. Donner und Wind regen einander auf. Wasser und Feuer bekämpfen einander nicht. So werden die acht Zeichen durcheinander gestellt. Das Vergehende zu zählen, beruht auf der Vorwärtsbewegung. Das Kommende zu wissen, beruht auf der rückläufigen Bewegung. Darum hat das Buch der Wandlungen rückläufige Zahlen.

＊

11. Tai/Der Friede

☷ *oben Kun, das Empfangende, die Erde*
☰ *unten Kiën, das Schöpferische, der Himmel*

Das Empfangende, dessen Bewegung sich nach unten senkt, ist oben; das Schöpferische, dessen Bewegung nach oben steigt, ist unten. Ihre Einflüsse begegnen daher einander und sind in Harmonie, so daß alle Wesen blühen und gedeihen. Das Zeichen ist dem ersten Monat (Februar–März) zugeordnet, in dem die Kräfte der Natur den neuen Frühling vorbereiten.

DAS URTEIL

Der Friede. Das Kleine geht hin, das Große kommt her. Heil! Gelingen!

Das Zeichen deutet in der Natur auf eine Zeit, da sozusagen der Himmel auf Erden ist. Der Himmel hat sich unter die Erde gestellt. So vereinigen sich ihre Kräfte in inniger Harmonie. Dadurch entsteht Friede und Segen für alle Wesen.

In der Menschenwelt ist es eine Zeit gesellschaftlicher Eintracht. Die Hohen neigen sich zu den Niedrigen herab, und die Niedrigen und Geringen sind den Hohen freundlich gesinnt, so daß alle Fehde ein Ende hat.

Innen, im Zentrum, am ausschlaggebenden Platz, ist das Lichte; das Dunkle ist draußen. So hat das Lichte kräftige Wirkung, und das Dunkle ist nachgiebig. Auf diese Weise kommen beide Teile auf ihre Rechnung. Wenn die Guten in der Gesellschaft in zentraler Stellung sind und die Herrschaft in Händen haben, so kommen auch die Schlechten unter ihren Einfluß und bessern sich. Wenn im Menschen der vom Himmel kommende Geist herrscht, so kommt auch die Sinnlichkeit unter seinen Einfluß und findet so den ihr gebührenden Platz.

Die einzelnen Linien treten von unten her in das Zeichen ein und verlassen es oben wieder. Es sind also die Kleinen, Schwachen,

Schlechten im Weggang begriffen, und die Großen, Starken, Guten sind im Aufstieg. Das bringt Heil und Gelingen.

DAS BILD

Himmel und Erde vereinigen sich: das Bild des Friedens.
So teilt und vollendet der Herrscher
den Lauf von Himmel und Erde,
fördert und ordnet die Gaben von Himmel und Erde
und steht so dem Volke bei.

Himmel und Erde stehen im Verkehr und vereinigen ihre Wirkungen. Das gibt eine allgemeine Zeit des Blühens und Gedeihens. Dieser Kraftstrom muß vom Herrscher der Menschen geregelt werden. Das geschieht durch Einteilung. So wird die unterschiedslose Zeit entsprechend der Folge ihrer Erscheinungen vom Menschen in Jahreszeiten eingeteilt und der allumgebende Raum durch menschliche Festsetzungen in Himmelsrichtungen unterschieden. Auf diese Weise wird die Natur mit ihrer überwältigenden Fülle der Erscheinungen beschränkt und gebändigt. Auf der anderen Seite muß die Natur in ihren Hervorbringungen gefördert werden. Das geschieht, wenn man die Erzeugnisse der richtigen Zeit und dem richtigen Ort anpaßt. Dadurch wird der natürliche Ertrag gesteigert. Diese bändigende und fördernde Tätigkeit der Natur gegenüber ist die Arbeit an der Natur, die dem Menschen zugute kommt.

12. Pi/Die Stockung

≡≡≡ *oben Kiën, das Schöpferische, der Himmel*
≡ ≡ *unten Kun, das Empfangende, die Erde*

Das Zeichen ist das gerade Gegenteil des vorigen. Der Himmel oben zieht sich immer weiter zurück, die Erde unten sinkt immer weiter in die Tiefe. Die schöpferischen Kräfte stehen außer Beziehung. Es ist die Zeit der Stockung und des Niedergangs. Das Zeichen ist dem siebenten Monat (August–September) beigeordnet, wenn das Jahr seinen Höhepunkt überschritten hat und das herbstliche Welken sich vorbereitet.

DAS URTEIL

Die Stockung.
Schlechte Menschen sind nicht fördernd
für die Beharrlichkeit des Edlen.
Das Große geht hin, das Kleine kommt herbei.

Himmel und Erde stehen außer Verkehr, und alle Dinge erstarren. Obere und Untere stehen außer Beziehung, und auf Erden herrscht Verwirrung und Unordnung. Innen ist das Dunkle, und das Lichte ist außen. Innen ist Schwäche, außen ist Härte, innen sind die Gemeinen, und die Edlen sind außen. Die Art der Gemeinen ist im Aufsteigen, die Art der Edlen ist im Abnehmen. Aber die Edlen lassen sich in ihren Grundsätzen nicht beirren. Wenn sie die Möglichkeit des Wirkens nicht mehr haben, so bleiben sie diesen Grundsätzen doch treu und ziehen sich in die Verborgenheit zurück.

DAS BILD

Himmel und Erde vereinigen sich nicht:
das Bild der Stockung.
So zieht sich der Edle auf seinen inneren Wert zurück,
um den Schwierigkeiten zu entgehen.
Er läßt sich nicht durch Einkünfte ehren.

Wenn gegenseitiges Mißtrauen im öffentlichen Leben herrscht infolge des Einflusses, den die Gemeinden haben, so ist eine fruchtbare Wirksamkeit unmöglich, weil die Grundlage falsch ist. Darum weiß der Edle, was er unter solchen Umständen zu tun hat. Er läßt sich nicht durch glänzende Angebote zur Teilnahme an der öffentlichen Wirksamkeit verleiten, die für ihn, da er die Gemeinheit der anderen nicht mitmachen kann, doch nur gefährlich wäre. Darum verbirgt er seinen Wert und zieht sich in die Verborgenheit zurück.

Das Tao

Laotse: Tao te king

16

Schaffe Leere bis zum Höchsten!
Wahre die Stille bis zum Völligsten!
Alle Dinge mögen sich dann zugleich erheben.
Ich schaue, wie sie sich wenden.
Die Dinge in all ihrer Menge,
ein jedes kehrt zurück zu seiner Wurzel.
Rückkehr zur Wurzel heißt Stille.
Stille heißt Wendung zum Schicksal.
Wendung zum Schicksal heißt Ewigkeit.
Erkenntnis der Ewigkeit heißt Klarheit.
Erkennt man das Ewige nicht,
so kommt man in Wirrnis und Sünde.
Erkennt man das Ewige,
so wird man duldsam.
Duldsamkeit führt zur Gerechtigkeit.
Gerechtigkeit führt zur Herrschaft.
Herrschaft führt zum Himmel.
Himmel führt zum SINN.
SINN führt zur Dauer.
Sein Leben lang kommt man nicht in Gefahr.

*

22

Was halb ist, wird ganz werden.
Was krumm ist, wird gerade werden.
Was leer ist, wird voll werden.
Was alt ist, wird neu werden.
Wer wenig hat, wird bekommen.
Wer viel hat, wird benommen.

Also auch der Berufene:
Er umfaßt das Eine
und ist der Welt Vorbild.
Er will nicht selber scheinen,
darum wird er erleuchtet.
Er will nichts selber sein,
darum wird er herrlich.
Er rühmt sich selber nicht,
darum vollbringt er Werke.
Er tut sich nicht selber hervor,
darum wird er erhoben.
Denn wer nicht streitet,
mit dem kann niemand auf der Welt streiten.
Was die Alten gesagt: »Was halb ist, soll voll werden«,
ist fürwahr kein leeres Wort.
Alle wahre Vollkommenheit ist darunter befaßt.

*

29

Die Welt erobern und behandeln wollen,
ich habe erlebt, daß das mißlingt.
Die Welt ist ein geistiges Ding,
das man nicht behandeln darf.
Wer sie behandelt, verdirbt sie,
wer sie festhalten will, verliert sie.

Die Dinge gehen bald voran, bald folgen sie,
bald hauchen sie warm, bald blasen sie kalt,
bald sind sie stark, bald sind sie dünn,
bald schwimmen sie oben, bald stürzen sie.
Darum meidet der Berufene
das Zusehr, das Zuviel, das Zugroß.

*

36

Was du zusammendrücken willst,
das mußt du erst richtig sich ausdehnen lassen.
Was du schwächen willst,
das mußt du erst richtig stark werden lassen.
Was du vernichten willst,
das mußt du erst richtig aufblühen lassen.
Wem du nehmen willst,
dem mußt du erst richtig geben.
Das heißt Klarheit über das Unsichtbare.
Das Weiche siegt über das Harte.
Das Schwache siegt über das Starke.
Den Fisch darf man nicht der Tiefe entnehmen.
Des Reiches Förderungsmittel
darf man nicht den Leuten zeigen.

*

47

Ohne aus der Tür zu gehen,
kennt man die Welt.
Ohne aus dem Fenster zu schauen,
sieht man den SINN des Himmels.
Je weiter einer hinausgeht,
desto geringer wird sein Wissen.

Darum braucht der Berufene nicht zu gehen
und weiß doch alles.
Er braucht nicht zu sehen
und ist doch klar.
Er braucht nichts zu machen
und vollendet doch.

*

64

Was noch ruhig ist, läßt sich leicht ergreifen.
Was noch nicht hervortritt, läßt sich leicht bedenken.
Was noch zart ist, läßt sich leicht zerbrechen.
Was noch klein ist, läßt sich leicht zerstreuen.
Man muß wirken auf das, was noch nicht da ist.
Man muß ordnen, was noch in Verwirrung ist.
Ein Baum von einem Klafter Umfang
entsteht aus einem haarfeinen Hälmchen.
Ein neun Stufen hoher Turm
entsteht aus einem Häufchen Erde.
Eine tausend Meilen weite Reise
beginnt vor deinen Füßen.
Wer handelt, verdirbt es.
Wer festhält, verliert es.

Also auch der Berufene:
Er handelt nicht, so verdirbt er nichts.
Er hält nicht fest, so verliert er nichts.
Die Leute gehen an ihre Sachen,
und immer wenn sie fast fertig sind,
so verderben sie es.
Das Ende ebenso in acht nehmen wie den Anfang,
dann gibt es keine verdorbenen Sachen.

Also auch der Berufene:
Er wünscht Wunschlosigkeit.

Er hält nicht wert schwer zu erlangende Güter.
Er lernt das Nichtlernen.
Er wendet sich zu dem zurück, an dem die Menge
    vorübergeht.
Dadurch fördert er den natürlichen Lauf der Dinge
und wagt nicht zu handeln.

*

67

Alle Welt sagt, mein SINN sei zwar groß,
aber sozusagen unbrauchbar.
Gerade weil er groß ist,
deshalb ist er sozusagen unbrauchbar.
Wenn er brauchbar wäre,
so wäre er längst klein geworden.
Ich habe drei Schätze,
die ich schätze und wahre.
Der eine heißt: die Liebe;
der zweite heißt: die Genügsamkeit;
der dritte heißt: nicht wagen, in der Welt
    voranzustehen.
Durch Liebe kann man mutig sein,
durch Genügsamkeit kann man weitherzig sein.
Wenn man nicht wagt, in der Welt voranzustehen,
kann man das Haupt der fertigen Menschen sein.
Wenn man nun ohne Liebe mutig sein will,
wenn man ohne Genügsamkeit weitherzig sein will,
wenn man ohne zurückzustehen vorankommen
    will:
das ist der Tod.
Wenn man Liebe hat im Kampf,
so siegt man.
Wenn man sie hat bei der Verteidigung,
so ist man unüberwindlich.

Wen der Himmel retten will,
den schützt er durch die Liebe.

✳

81

Wahre Worte sind nicht schön,
schöne Worte sind nicht wahr.
Tüchtigkeit überredet nicht,
Überredung ist nicht tüchtig.
Der Weise ist nicht gelehrt,
der Gelehrte ist nicht weise.
Der Berufene häuft keinen Besitz auf.
Je mehr er für andere tut,
desto mehr besitzt er.
Je mehr er anderen gibt,
desto mehr hat er.
Des Himmels SINN ist fördern, ohne zu schaden.
Des Berufenen SINN ist wirken, ohne zu streiten.

DSCHUANG DSÏ

Schmetterlingstraum

Einst träumte Dschuang Dschou, daß er ein Schmetterling sei, ein flatternder Schmetterling, der sich wohl und
glücklich fühlte und nichts wußte von Dschuang Dschou.
Plötzlich wachte er auf: da war er wieder wirklich und
wahrhaftig Dschuang Dschou. Nun weiß ich nicht, ob
Dschuang Dschou geträumt hat, daß er ein Schmetterling

sei, oder ob der Schmetterling geträumt hat, daß er Dschuang Dschou sei, obwohl doch zwischen Dschuang Dschou und dem Schmetterling sicher ein Unterschied ist. So ist es mit der Wandlung der Dinge.

✳

Überlieferung der Lehre vom Sinn

Kui, der Meister vom Süden, befragte den Frauenarzt und sprach: »Ihr seid alt an Jahren, und doch ist Euer Aussehen wie das eines Kindes.« Jener sprach: »Ich habe den SINN vernommen.«

Kui sprach: »Ist der SINN etwas, das man durch Lernen erlangen kann?« Jener sprach: »Nein, wie sollte das möglich sein! Ihr seid nicht der Mann dazu. Da ist Sorglos Gratewohl, der hat die Gaben eines Berufenen, aber nicht den SINN des Berufenen. Ich verstehe den SINN des Berufenen, habe aber nicht die Gaben dazu. Ihn möchte ich belehren; da wäre vielleicht zu hoffen, daß er ein Berufener würde. Aber auch abgesehen davon: Es ist leicht, den SINN des Berufenen einem Manne kundzutun, der die entsprechende Begabung hat. Wenn ich ihn bei mir hätte zur Belehrung, nach drei Tagen sollte er so weit sein, die Welt überwunden zu haben. Nachdem er die Welt überwunden, wollte ich ihn in sieben Tagen so weit bringen, daß er außerhalb des Gegensatzes von Subjekt und Objekt stünde. Nach abermals neun Tagen wollte ich ihn so weit bringen, daß er das Leben überwunden hätte. Nach Überwindung des Lebens könnte er klar sein wie der Morgen, und in dieser Morgenklarheit könnte er den Einzigen sehen. Wenn er den Einzigen erblickte, so gäbe es für ihn keine Vergangenheit und Gegenwart mehr; jenseits der Zeit könnte er eingehen in das Gebiet, wo es keinen Tod und keine Geburt mehr gibt. Das, was den Tod des Lebens herbeiführt, ist selbst dem Tod nicht unterworfen; das, was das Leben erzeugt, wird selbst nicht geboren. Es ist ein Wesen, das alle Dinge begleitet, das alle Dinge empfängt, das alle Dinge zerstört, das alle Dinge vollendet. Sein Name heißt: Ruhe im Streit. Ruhe im Streit bedeutet, daß er durch den Streit zur Vollendung kommt.« Kui sprach: »Woher habt Ihr das nur gehört?«

Jener sprach: »Ich habe es gehört vom Sohne des Schriftstellers; der Sohn des Schriftstellers hat es gehört vom Enkel des Rhapsoden; der Enkel des Rhapsoden hat es gehört von Klarblick; Klarblick hat es gehört vom Hörenden; der Hörende hat es gehört vom Ton; Ton hat es gehört vom Laut; Laut hat es gehört vom Geheimnis; Geheimnis hat es gehört von der Leere; Leere hat es gehört vom Jenseits.«

✳

Der Sinn und die Welt

Der Zustand, wo Ich und Nicht-Ich keinen Gegensatz mehr bilden, heißt der Angelpunkt des SINNs. Das ist der Mittelpunkt, um den sich nun die Gegensätze drehen können, so daß jeder seine Berechtigung im Unendlichen findet. Auf diese Weise hat sowohl das Ja als das Nein unendliche Bedeutung. Darum habe ich gesagt: es gibt keinen besseren Weg als die Erleuchtung.

[...] Darum, was vom Standpunkt des Ichs aus ein Querbalken ist oder ein Längsbalken, Häßlichkeit oder Schönheit, Größe oder Gemeinheit, Übereinstimmung oder Abweichung: im SINN sind diese Gegensätze aufgehoben in der Einheit. In ihrer Geschiedenheit haben sie ihr Bestehen; durch ihr Bestehen kommen sie zum Vergehen. Alle Dinge, die jenseits sind vom Bestehen und Vergehen, kehren zurück zur Aufhebung in der Einheit.

Aber nur der Schauende kennt diese Aufhebung in der
Einheit. Er entfaltet keine Tätigkeit vom Standpunkt seines Ichs aus, sondern beruhigt sich beim allgemein Aner-
kannten. Das allgemein Anerkannte ermöglicht (unge-
hinderte Tätigkeit), diese Tätigkeit ermöglicht Fortschritt
ohne Haften, dieser Fortschritt führt zur Erlangung des
LEBENS; wer das LEBEN erlangt hat, der ist am Ziel. Zu
Ende ist für ihn die subjektive Bedingtheit. Er ist zu Ende
und weiß nichts mehr vom So-Sein; das ist der SINN. Wer
seinen Geist abmüht, um die Einheit (aller Dinge) zu erklären, ohne ihre Gemeinsamkeit zu erkennen, dem
geht's, wie es in der Geschichte heißt: »Morgens drei«.
Was bedeutet dieses »Morgens drei«? Es heißt: Ein Affen-
vater brachte (seinen Affen) Stroh und sprach: »Morgens
drei und abends vier«. Da wurden die Affen alle böse. Da
sprach er: »Dann also morgens vier und abends drei«. Da
freuten sich die Affen alle. Ohne daß sich begrifflich oder
sachlich etwas geändert hätte, äußerte sich Freude oder
Zorn bei ihnen. Die Affen waren eben auch in subjektiver
Bedingtheit befangen. Also macht es der Berufene in seinem Verkehr mit den Menschen. Er befriedigt sie mit Ja
und Nein, während er innerlich ruht im Ausgleich des
Himmels: das heißt beides gelten lassen.

✳

Der Spiegel des Herzens

Der höchste Mensch gebraucht sein Herz wie einen Spiegel. Er geht den Dingen nicht nach und geht ihnen nicht
entgegen; er spiegelt sie wider, aber hält sie nicht fest.
Darum kann er die Welt überwinden und wird nicht ver-
wundet. Er ist nicht der Sklave seines Ruhms; er hegt
nicht Pläne; er gibt sich nicht ab mit den Geschäften; er ist
nicht Herr des Erkennens. Er beachtet das Kleinste und
ist doch unerschöpflich und weilt jenseits des Ichs. Bis

aufs letzte nimmt er entgegen, was der Himmel spendet, und hat doch, als hätte er nichts. Er bleibt demütig.

*

Die Zauberperle

Der Herr der gelben Erde wandelte jenseits der Grenzen der Welt. Da kam er auf einen sehr hohen Berg und schaute den Kreislauf der Wiederkehr. Da verlor er seine Zauberperle. Er sandte Erkenntnis aus, sie zu suchen, und bekam sie nicht wieder. Er sandte Scharfblick aus, sie zu suchen, und bekam sie nicht wieder. Er sandte Denken aus, sie zu suchen, und bekam sie nicht wieder. Da sandte er Selbstvergessen aus. Selbstvergessen fand sie.

Der Herr der gelben Erde sprach: »Seltsam fürwahr, daß gerade Selbstvergessen fähig war, sie zu finden!«

*

In der Welt, nicht von der Welt

Dschuang Dsï wanderte in den Bergen. Da sah er einen großen Baum mit reichem Blätterschmuck und üppigem Gezweig. Ein Holzfäller stand daneben, aber berührte ihn nicht. Nach der Ursache befragt, antwortete er: »Er ist unbrauchbar.« Dschuang Dsï sprach: »Diesem Baum ist durch seine Unbrauchbarkeit zuteil geworden, seines Lebens Jahre zu vollenden.«

Als der Meister das Gebirge wieder verlassen, nächtigte er im Haus eines alten Bekannten. Der alte Bekannte war erfreut (über den Besuch) und hieß seinen Diener eine Gans schlachten und braten. Der Diener erlaubte sich zu fragen: »Die eine kann schreien, die andere kann nicht schreien; welche soll ich schlachten?« Der Gastfreund sprach: »Schlachte die, die nicht schreien kann!« Andern Tags fragten den Dschuang Dsï seine Jünger und sprachen: »Kürzlich im Gebirge dem Baum ist es durch seine Nutzlosigkeit zuteil geworden, seines Lebens Jahre zu vollenden. Die Gans des Gastfreundes dagegen hat ihre Nutzlosigkeit mit dem Tode büßen müssen. Was ist vorzuziehen, Meister?« Dschuang Dsï lächelte und sprach: »Ich ziehe es vor, die Mitte zu halten zwischen Brauchbarkeit und Unbrauchbarkeit. Das heißt, es mag so scheinen; denn in Wirklichkeit genügt auch das noch nicht, um Verwicklungen zu entgehen. Wer aber sich dem SINN und LEBEN anvertraut, um (diese Welt) zu überfliegen, dem geht es nicht also. Er ist erhaben über Lob und Tadel, bald wie der Drache, bald wie die Schlange; entsprechend den Zeiten wandelt er sich und ist allem einseitigen Tun abgeneigt; bald hoch oben, bald tief unten, wie es das innere Gleichgewicht erfordert; er schwebt empor zum Ahn der Welt. Die Welt als Welt behandeln, aber nicht von der Welt sich zur Welt herabziehen lassen: so ist man aller Verwicklung enthoben.

Ganz anders der, der wichtig nimmt die Dinge der Welt und die Überlieferungen menschlicher Beziehungen. Wo Einigung, da Trennung; wo Werden, da Vergehen; wo Ecken sind, da wird gefeilt; wo Ansehen ist, da wird geurteilt; wo Taten sind, da gibt es Mißerfolg; wo Klugheit ist, da gibt es Pläne, und Unbrauchbarkeit wird verachtet. Wie könnte es für einen solchen Sicherheit geben? Ach, meine Schüler, merkt es euch: Im SINNE nur und LEBEN sei unsere Heimat!«

*

Der Tod des Dschuang Dsï

Dschuang Dsï lag im Sterben, und seine Jünger wollten ihn prächtig bestatten.

Dschuang Dsï sprach: »Himmel und Erde sind mein Sarg, Sonne und Mond leuchten mir als Totenlampen, die

Sterne sind meine Perlen und Edelsteine, und die ganze Schöpfung gibt mir das Trauergeleite. So habe ich doch ein prächtiges Begräbnis! Was wollt ihr da noch hinzufügen?«

Die Jünger sprachen: »Wir fürchten, die Krähen und Weihen möchten den Meister fressen.«

Dschuang Dsï sprach: »Unbeerdigt diene ich Krähen und Weihen zur Nahrung, beerdigt den Würmern und Ameisen. Den einen es nehmen, um es den andern zu geben: warum so parteiisch sein?«

Liä Dsï

Bogenschießen

Liä Yü Kou zeigte sich vor Be Hun Wu Jen im Bogenschießen. Er spannte den Bogen zu voller Weite; dann stellte er einen Becher Wasser auf seinen Vorderarm und schoß ab. Ein Pfeil folgte dem anderen, während er die ganze Zeit über stand wie eine Bildsäule. Ben Hun Wu Jen sprach: »Du bist ein Schütze, aber noch kein Überschütze! Wenn ich mit dir auf einen hohen Berg steige, auf steile Felsen trete am Rand eines hundert Klafter tiefen Abgrunds: kannst du da immer noch schießen?«

Mit diesen Worten führte ihn Wu Jen auf einen hohen Berg, trat auf einen steilen Felsen am Rand eines hundert Klafter tiefen Abgrunds, wandte sich und ging rückwärts, bis seine Fußsohlen zu zwei Dritteln in die Luft ragten. Da winkte er dem Yü Kou vorzutreten. Der aber duckte sich zur Erde, und der Schweiß rann ihm bis zu den Fersen herunter.

Da sprach Be Hun Wu Jen: »Ein Adept kann hinauf-
blicken zum blauen Himmel oder mit seinem Auge hin-
unterdringen bis zu den Flüssen der Unterwelt oder hin-
ausschweifen in alle Fernen, ohne daß seine Geisteskraft
beeinflußt wird. Du aber hast Angst und wagst nicht um
dich zu blicken, du sitzest mitten auf dem Land und fühlst
dich doch nicht sicher.«

*

Der Fährmann

Yän Hui fragte den Dschung Ni und sprach: »Ich fuhr
über die Untiefe von Tschang Schen (tiefer Becher). Der
Fährmann lenkte das Boot wie ein Gott. Ich fragte ihn
und sprach: ›Kann man das Lenken der Boote lernen?‹ Er
sprach: ›Ja, wer schwimmen kann, den kann man es lehren; ein tüchtiger Schwimmer kann es von selber. Was
aber ein Taucher ist: der erblickt zum erstenmal ein Boot
und kann es sofort lenken.‹ Wonach ich gefragt hatte, das
hat er mir aber nicht gesagt. Darf ich fragen: Was meinte
er mit seinen Worten?«

Dschung Ni sprach: »Wie oft habe ich mit dir schon
diese Ideen behandelt, und nun sie dir wirklich vor Augen
treten, so verstehst du sie doch nicht. Was muß ich nun
erst wieder die ganze Sache bereden!

Die, die schwimmen können, kann man es lehren; denn
sie fürchten das Wasser nicht. Ein guter Schwimmer lernt
es von selber; denn er kümmert sich nicht um das Wasser.
Was aber ein Taucher ist, der erblickt zum erstenmal ein
Boot und kann es sofort lenken, weil in seinen Augen die
Wassertiefe ist wie das trockene Land und das Kentern des
Bootes wie das Festfahren eines Wagens. Beim Kentern
wie beim Festfahren liegt die Welt vor ihm da, ohne in sein
Inneres eindringen zu können. Da ist es ganz natürlich,
daß er sich daran macht und ganz ruhig dabei bleibt.

Es ist wie beim Auffange-Spiel. Hascht man um Ziegelsteine, so ist einer vielleicht geschickt, geht es um Gürtelspangen, so wird er zagend, geht es um gelbes Gold, so verliert er alle Besinnung. Und doch ist seine Geschicklichkeit die gleiche, aber er wird ängstlich und nimmt das Äußere wichtig. Wer aber das Äußere wichtig nimmt, der wird in seinem Inneren betört.«

*

Der Alte am Wasserfall

Meister Kung betrachtete den Wasserfall von Lü Liang, der dreißig Klafter hoch herabstürzt, also daß meilenweit das Wasser schäumt und selbst Schildkröten, Fische und Molche nicht hinunterschwimmen können. Da sah er einen Menschen, der hinunterschwamm. Er meinte, er habe Bitternis und wolle sich den Tod geben, und ließ seine Jünger an den Fluß eilen, um ihn aufzufangen. Aber nach ein paar hundert Schritten kam er wieder heraus, trocknete sein Haar und sang im Gehen, während er unten am Ufer umherwandelte.

Meister Kung ging ihm nach, fragte ihn und sprach: »Der Wasserfall von Lü Liang stürzt dreißig Klafter hoch herab, also daß meilenweit das Wasser schäumt und selbst Schildkröten, Fische und Molche nicht hinunterschwimmen können. Als ich Euch hinunterschwimmen sah, dachte ich, Ihr habet Bitternis und wollet Euch den Tod geben. Ich ließ meine Jünger hinuntereilen, um Euch aufzufangen. Nun kamet Ihr heraus und trocknet Euch die Haare und sanget im Gehen: da dachte ich, Ihr wäret ein Geist. Sehe ich Euch genauer an, so seid Ihr ein Mensch. Darf ich fragen, ob es geheimen SINN gibt, der das Wandeln auf dem Wasser lehrt?«

Jener sprach: »Nein, ich habe kein Geheimnis. Anfangs Gewöhnung, wurde es mir zur Natur und ist mir nun

39

Schicksal. Mit dem saugenden Wirbel zusammen gehe ich
hinein, mit dem schäumenden Strudel zusammen komme
ich heraus. Ich folge dem Sinn des Wassers und tue nichts
selbst. Das ist es, warum ich darin wandeln kann.«

Meister Kung sprach: »Was bedeutet das: Anfangs
Gewöhnung, wurde es mir zur Natur und ist mir nun
Schicksal?« Jener sprach: »Ich bin geboren in diesen
Hügeln und fühle mich in diesen Hügeln wohl: das ist die
Gewohnheit. Ich wurde groß im Wasser und fühle mich
im Wasser wohl: das ist meine Natur. Ohne zu wissen,
warum ich es so mache, mache ich es so: das ist mein
Schicksal.«

Konfuzius und seine Nachfolger

Kungfutse (Konfuzius)

Drei nützliche und drei schädliche Freunde

Meister Kung sprach: »Es gibt dreierlei Freunde, die von Nutzen sind, und dreierlei Freunde, die vom Übel sind. Freundschaft mit Aufrichtigen, Freundschaft mit Beständigen, Freundschaft mit Erfahrenen ist von Nutzen. Freundschaft mit Speichelleckern, Freundschaft mit Duckmäusern, Freundschaft mit Schwätzern ist vom Übel.«

*

Drei nützliche und drei schädliche Freuden

Meister Kung sprach: »Es gibt dreierlei Freuden, die von Nutzen sind, und dreierlei Freuden, die vom Übel sind: Freude an der Selbstbeherrschung durch Kultur und Kunst, Freude am Reden über andrer Tüchtigkeit, Freude an vielen würdigen Freunden: das ist von Nutzen. Freude an Luxus, Freude am Umherstreichen, Freude an Schwelgerei: das ist vom Übel.«

*

Drei Fehler im Verkehr mit Älteren

Meister Kung sprach: »Im Zusammensein mit einem (älteren) Herren gibt es drei Vergehen: wenn er das Wort noch nicht an einen gerichtet hat, zu reden: das ist vorlaut; wenn er das Wort an einen gerichtet hat, nicht zu reden: das ist versteckt; ehe man seine Miene beobachtet hat, zu reden: das ist blind.«

✳

Dreierlei Vorsicht

Meister Kung sprach: »Der Edle hütet sich vor dreierlei. In der Jugend, wenn die Lebenskräfte noch nicht gefestigt sind, hütet er sich vor der Sinnlichkeit. Wenn er das Mannesalter erreicht, wo die Lebenskräfte in voller Stärke sind, hütet er sich vor der Streitsucht. Wenn er das Greisenalter erreicht, wo die Lebenskräfte schwinden, hütet er sich vor dem Geiz.«

✳

Dreierlei Ehrfurcht

Meister Kung sprach: »Der Edle hat eine (heilige) Scheu vor dreierlei: er steht in Scheu vor dem Willen Gottes, er steht in Scheu vor großen Männern, er steht in Scheu vor den Worten der Heiligen (der Vorzeit). Der Gemeine kennt den Willen Gottes nicht und scheut sich nicht vor ihm, er ist frech gegen große Männer und verspottet die Worte der Heiligen.«

✳

Vier Klassen des Wissens

Meister Kung sprach: »Bei der Geburt schon Wissen zu haben, das ist die höchste Stufe. Durch Lernen Wissen zu erwerben, das ist die nächste Stufe. Schwierigkeiten haben und doch zu lernen, das ist die übernächste Stufe. Schwierigkeiten haben und nicht lernen: das ist die unterste Stufe des gemeinen Volks.«

✳

Neunerlei Gedanken

Meister Kung sprach: »Der Edle hat neun Dinge, worauf er denkt: beim Sehen denkt er auf Klarheit, beim Hören denkt er auf Deutlichkeit, in seinen Mienen denkt er auf Milde, in seinem Benehmen denkt er auf Würde, in seinen Worten denkt er auf Wahrheit, in seinen Geschäften denkt er auf Gewissenhaftigkeit, in seinen Zweifeln denkt er an das Fragen, im Zorn denkt er an die Schwierigkeit (der Folgen), angesichts des Empfangens denkt er auf Pflicht.«

✳

Demut

Meister Dsong sprach: »Begabt sein und doch noch von Unbegabten lernen; viel haben und doch noch von solchen lernen, die wenig haben; haben als hätte man nicht, voll sein als wäre man leer; beleidigt werden und nicht streiten: einst hatte ich einen Freund, der in allen Dingen so handelte.

✳

Stufen der Entwicklung des Meisters

Der Meister sprach: »Ich war fünfzehn, und mein Wille stand aufs Lernen, mit dreißig stand ich fest, mit vierzig hatte ich keine Zweifel mehr, mit fünfzig war mir das Gesetz des Himmels kund, mit sechzig war mein Ohr aufgetan, mit siebzig konnte ich meines Herzens Wünschen folgen, ohne das Maß zu übertreten.«

✻

Die schwere Last und der weite Weg

Meister Dsong sprach: »Ein Lernender kann nicht sein ohne großes Herz und starken Willen; denn seine Last ist schwer, sein Weg ist weit. Die Sittlichkeit, die ist seine Last: ist sie nicht schwer? Im Tode erst ist er am Ziel: ist das nicht weit?«

✻

Das Ideal und der Schüler

Yen Yüan seufzte und sprach: »Ich sehe empor, und es wird immer höher, ich bohre mich hinein, und es wird immer undurchdringlicher. Ich schaue es vor mir, und plötzlich ist es wieder hinter mir. Der Meister lockt freundlich Schritt für Schritt die Menschen. Er erweitert unser Wesen durch (Kenntnis der) Kultur, er beschränkt es durch (die Gesetze des) Geziemenden. Wollte ich ablassen, ich könnte es nicht mehr. Wenn ich aber alle meine Kräfte erschöpft habe und glaube es schon erreicht, so steht es wieder klar und fern. Und wenn ich noch so sehr ihm folgen möchte, es ist kein Weg dahin!«

✻

Vom Schweigen

Der Meister sprach: »Die Alten sparten ihre Worte; denn sie schämten sich, mit ihrem Betragen hinter ihren Worten zurückzubleiben.«

✳

Der Weg des Wirkens

Bo-Tschang Kiën befragte den Meister Kung und sprach: »Ich bin freilich nur ein niedriger Diener des Hauses Dschou, doch halte ich mich nicht für unwürdig, einem Edlen ehrfürchtig zu dienen, deshalb erlaube ich mir eine Frage: Wollte man dem rechten Weg (Tao) entsprechend handeln, so findet man keine Anerkennung unter diesem Geschlecht; wollte man den rechten Weg verleugnen bei seinen Handlungen, so widerspricht das unserem Gefühl. Nun möchte ich wissen, gibt es einen Weg, auf dem man so handeln kann, daß man selbst nicht zur Erfolglosigkeit verdammt ist und doch auch den rechten Weg nicht zu verleugnen braucht?«

Meister Kung sprach: »Vortrefflich ist Eure Frage. Ich habe noch nie einen Menschen gehört, der wie Ihr, mein Herr, in seinen Worten so einsichtig gewesen wäre. Ich habe einst gehört, daß der Edle, wenn er vom Wege spricht, beachtet, daß, wenn der Hörer nicht aufmerkt, der Weg keinen Eingang findet, und daß man, wenn man zu sehr ins Große und Außerordentliche geht, das sich nicht nachprüfen läßt, keinen Glauben findet für den Weg.

Wiederum habe ich gehört, daß, wenn der Edle von Regierungsangelegenheiten redet, er beachtet, daß, wenn die Ordnungen keine festen Regeln haben, die Regierungsangelegenheiten sich nicht durchführen lassen und daß, wenn die Regierung allzu kleinlich und genau ist, das Volk nicht zur Ruhe kommt.

Wiederum habe ich gehört, daß, wenn der Edle von seinen Entschlüssen redet, er beachtet, daß, wer zu hart und unbeugsam ist, nichts zu Ende bringt, wer zu bequem und lässig ist, häufig zu Schaden kommt, wer hochmütig und herrisch ist, keine Liebe findet, und wer auf Vorteil aus ist, unter allen Umständen zugrunde geht.

Wiederum habe ich gehört, daß der Edle, dem es um das Wohl seiner Zeit zu tun ist, sich nicht vordrängt, wo es einem leicht gemacht wird, und sich nicht hintan hält, wo es einem schwer gemacht wird, daß er ein Ideal zeigt, aber niemand zu seiner Befolgung zwingt, und daß er den rechten Weg vor Augen stellt, ohne Rechthaberei. Diese vier Dinge sind es, die ich gehört habe.«

✳

Drei Ansichten über Weisheit und Liebe

Dsï Lu trat vor Meister Kung. Meister Kung sprach: »Wie verhält sich der Weise, wie verhält sich der Gütige?« Dsï Lu erwiderte: »Der Weise bewirkt, daß die Menschen ihn kennen, der Gütige bewirkt, daß die Menschen ihn lieben.« Der Meister sprach: »Das sind die Worte eines gebildeten Mannes.«

Dsï Lu ging hinaus, und Dsï Gung kam herein und dieselbe Frage wurde ihm vorgelegt. Dsï Gung sprach: »Der Weise kennt die Menschen, der Gütige liebt die Menschen.« Der Meister sprach: »Das sind die Worte eines edlen und gebildeten Mannes.«

Dsï Gung ging hinaus, und Yen Hui kam herein, und dieselbe Frage wurde ihm vorgelegt. Er erwiderte: »Der Weise kennt sich selbst, der Gütige liebt sich selbst.« Der Meister sprach: »Das sind die Worte eines weisen und edlen Mannes.«

✳

Wahrung des Lebens

Yen Yüan war im Begriffe, nach Westen in den Staat Sung zu reisen. Beim Abschied fragte er den Meister Kung: »Wie muß man sein Leben führen?«

Der Meister sprach: »Ernst, Ehrfurcht, Treue und Zuverlässigkeit: darauf allein kommt es an. Durch Ernst bleibt man frei von Leid, durch Ehrfurcht gewinnt man die Liebe anderer, durch Treue gelangt man zur Harmonie mit den Menschen, durch Zuverlässigkeit erlangt man, daß man mit einem Amt betraut wird. Eifer in diesen vier Dingen befähigt einen selbst zur Leitung eines Staates, um wieviel mehr zur Führung des eignen Lebens.

Wer sich aber nicht an seine Nächsten hält, sondern an die Fremden, rückt der nicht dem Ziele fern? Wer nicht sein Inneres pflegt, sondern sein Äußeres, macht der es nicht verkehrt? Wer seine Entschlüsse nicht vorbereitet hat, sondern erst plant, wenn es sich um die Entscheidung handelt, kommt der nicht zu spät?«

✳

Beim Studium des Buchs der Wandlungen

Meister Kung las im Buch der Wandlungen. Als er an die Zeichen für Minderung und Mehrung kam, da seufzte er tief.

Dsï Hia stand vor seinem Platze und fragte: »Warum seufzt Ihr, Meister?«

Meister Kung sprach: »Wer sich selbst mindert, wird gemehrt werden. Wer sich selbst mehrt, wird zerbrochen werden. Darum seufze ich.«

Dsï Hia sprach: »Ja, darf man sein Wissen dann auch nicht mehren?«

Der Meister sprach: »Nicht die Mehrung des Sinns (Tao) ist damit gemeint. Je mehr der Sinn gemehrt wird,

47

desto mehr wird das Ich gemindert. Wer nach Wissen strebt, mindert seine Selbstsucht, um, leer geworden, von anderen zu nehmen; auf diese Weise kann er Fülle und Weite erreichen. Der Weg (Tao) des Himmels ist es, daß, wenn etwas vollendet ist, es sich wandelt. Daß etwas auf dem Gipfelpunkt der Fülle lange verweilen könnte, ist noch nie vorgekommen. So heißt es: Wer sich selbst für weise hält, dessen Ohr vernimmt nicht die guten Worte in der Welt [...].«

*

Der vollendete Mensch

Yen Hui fragte den Meister Kung: »Wie ist der Wandel eines vollendeten Menschen?«

Der Meister sprach: »Wer sich auf die Art menschlicher Gefühle und menschlichen Wesens versteht, wer über die Veränderungen der Klassen aller Dinge Bescheid weiß, wer den Grund des Wechsels von dunkel und hell weiß und wer den Ursprung der ziehenden Naturkräfte erschaut, einen solchen kann man einen vollendeten Menschen nennen. Wenn einer es fertigbringt, ein vollendeter Mensch zu sein, und dem noch Güte, Pflicht, Sittlichkeit und Musik hinzufügt, so ist das der Wandel eines vollendeten Menschen. Wenn ein solcher dann die Kräfte seines Geistes völlig der Erkenntnis der schöpferischen Umgestaltung widmet, so erreicht er die Fülle der Tugend.«

MONG DSÏ

Wie ein Mensch sich selbst verliert

Mong Dsï sprach: »Die Wälder auf dem Kuhberg waren einstens schön. Aber weil er in der Nähe der Markung einer Großstadt lag, wurden sie mit Axt und Beil gefällt. Konnten sie da schön bleiben? Doch wirkte Tag und Nacht die Lebenskraft, Regen und Tau feuchteten den Boden; so fehlte es denn nicht, daß neue Triebe und Sprossen wuchsen. Da kamen die Rinder und Schafe dahinter und weideten sie ab. Nun steht er kahl da. Und wenn die Menschen ihn in seiner Kahlheit sehen, so meinen sie, er sei niemals mit Bäumen bestanden gewesen. Aber wie will man behaupten, das sei die Natur des Berges?

Und ganz ebenso verhält es sich mit den Menschen. Wie kann man sagen, daß sie nicht Liebe und Pflicht in ihrem Herzen haben? Aber wenn einer sein echtes Herz verloren gehen läßt, so ist das gerade, wie wenn Beil und Axt in den Wald kommen. Wenn er Morgen für Morgen es verwüstet, kann es da gut bleiben? Doch das Leben wächst weiter Tag und Nacht; in der Kraft der Morgenstunden werden seine Neigungen und Abneigungen denen der anderen Menschen wieder ähnlich. Aber wie lange dauert's, dann schlagen seine Tageshandlungen sie wieder in Fesseln und zerstören sie. Wenn so seine besseren Regungen immer wieder gefesselt werden, so ist schließlich die Kraft der Natur nicht mehr stark genug, sie zu erhalten, und er sinkt herunter auf eine Stufe, da er vom Tier nicht mehr weit entfernt ist. Wenn nun die Menschen sein tierisches Wesen sehen, so meinen sie, er habe niemals gute Anlagen gehabt. Aber wie will man behaupten, das seien die wirklichen Triebe des Menschen? Darum: es gibt nichts, das nicht wachsen würde, wenn ihm seine rechte Pflege zuteil wird, und es gibt nichts, das nicht in Verfall geriete, wenn es der rechten Pflege entbehren muß.

Meister Kung sprach: ›Halt es fest, und du behältst es; laß es los, und du verlierst es. Es kommt und geht; kein Mensch weiß, wo und wann.‹ Das sagt er vom Herzen.«

✳

Notwendigkeit und Freiheit

Mong Dsï sprach: »Das Bedürfnis des Geschmacksinns nach Leckerbissen, das Bedürfnis des Gesichtssinns nach schönen Farben, das Bedürfnis des Gehörsinns nach schönen Tönen, das Bedürfnis des Geruchsinns nach Wohlgerüchen, das Bedürfnis des Leibes nach Ruhe und Behagen: das alles sind Bedürfnisse unserer Natur. Aber sie werden beschränkt durch den göttlichen Willen; darum redet der Edle nicht von schrankenlosem Ausleben seiner Natur. – Daß die Liebe walte zwischen Vater und Sohn, daß die Pflicht walte zwischen Herrscher und Diener, daß der Anstand walte zwischen Gast und Wirt, daß die Weisheit walte zur Erkenntnis der Würdigen, daß der Heilige walte über des Himmels Weg: das alles sind Gebote des göttlichen Willens. Aber der Mensch besitzt in seiner Natur die Freiheit zu ihrer Erfüllung. Darum redet der Edle nicht untätig von der Notwendigkeit, mit der der göttliche Wille herrsche.«

LÜ BU WE

Das Vorhandensein von Maßstäben

[...] Die Könige des Altertums konnten nicht alles wissen. Sie hielten sich an Eines, und alles kam in Ordnung. Daß die Leute dieses Eine nicht festhalten können, kommt davon her, daß sie sich von den Außendingen betören lassen. Darum heißt es: Man muß die Vorurteile der Gedanken durchdringen, die Verwirrungen des Herzens auflösen, die Verwicklungen des Charakters beseitigen, die Hindernisse des rechten Wegs überwinden. Vornehmheit, Reichtum, Berühmtheit, Ansehen, Name, Gewinn: Diese sechs Dinge schaffen den Gedanken Vorurteile. Äußeres, Bewegungen, Mienen, Prinzipien, Stimmungen, Gedanken: Diese sechs Dinge schaffen im Herzen Verwirrung. Abneigung, Zuneigung, Freude, Zorn, Trauer, Fröhlichkeit: Diese sechs Dinge verwickeln den Charakter. Weisheit, Fähigkeit, Abwendung, Zuwendung, Nehmen, Verlassen: Diese sechs Dinge behindern den rechten Weg.

Wenn diese vier Sechsergruppen nicht in der Brust sich umtreiben, so wird man recht. Ist man recht, so wird man ruhig. Ist man ruhig, so wird man rein und klar. Ist man rein und klar, so wird man frei. Ist man frei, so braucht man nichts zu tun, und dennoch bleibt nichts ungetan.

*

Da Yüo – Große Musik

Die Ursprünge der Musik liegen weit zurück. Sie entsteht aus dem Maße und wurzelt im großen Einen. Das große Eine erzeugt die zwei Pole; die zwei Pole erzeugen die Kraft des Dunkeln und des Lichten. Die Kraft des Trüben und des Lichten wandelt sich; die eine steigt in die Höhe, und die andere sinkt in die Tiefe; sie vereinigen sich und bilden die Körper, wogend und wallend. Sind sie getrennt, so vereinigen sie sich wieder; sind sie vereint, so trennen sie sich wieder. Das ist der ewige Lauf des Himmels. Himmel und Erde sind im Kreislauf begriffen. Auf jedes Ende folgt wieder ein Anfang, auf jedes Äußerste folgt eine Wiederkehr. Alles ist aufeinander abgestimmt. Sonne, Mond und Sterne gehen teils schnell, teils langsam. Sonne und Mond stimmen nicht überein in der Zeit, die sie zur Vollendung ihrer Bahn brauchen. Die vier Jahreszeiten treten nacheinander hervor. Sie bringen Hitze und Kälte, Kürze und Länge, Weichheit und Härte. Das, woraus alle Wesen entstehen und ihren Ursprung haben, ist das große Eine; wodurch sie sich bilden und vollenden, ist die Zweiheit des Dunkeln und Lichten. Sobald die Keime sich zu regen beginnen, gerinnen sie zu einer Form. Die körperliche Gestalt ist innerhalb der Welt des Raumes, und alles Räumliche hat einen Laut. Der Ton entsteht aus der Harmonie. Die Harmonie entsteht aus der Übereinstimmung. Harmonie und Übereinstimmung sind die Wurzeln, aus denen die Musik, die die alten Könige festsetzten, entstand.

Wenn die Welt in Frieden ist, wenn alle Dinge in Ruhe sind, alle in ihren Wandlungen ihren Oberen folgen, dann läßt sich die Musik vollenden. Die vollendete Musik hat ihre Wirkungen. Wenn die Begierden und Leidenschaften nicht auf falschen Bahnen gehen, dann läßt sich die Musik vervollkommnen. Die vollkommne Musik hat ihre Ursache. Sie entsteht aus dem Gleichgewicht. Das Gleichgewicht entsteht aus dem Rechten, das Rechte entsteht aus dem Sinn der Welt. Darum vermag man nur mit einem Menschen, der den Weltsinn erkannt hat, über die Musik zu reden.

Die verfallenden Staaten und die dem Untergang reifen Menschen entbehren freilich auch nicht der Musik, aber ihre Musik ist nicht heiter. Die Ertrinkenden lachen ja, auch die zum Tode Verurteilten singen ja, auch die Wahnsinnigen sind kampfbereit. So ungefähr verhält es sich mit der Musik eines sich in Verwirrung befindlichen Zeitalters. Fürst und Beamter nehmen nicht die richtigen Stellungen ein. Vater und Sohn finden nicht das richtige Verhältnis zueinander, und die Beziehungen zwischen Mann und Frau sind außer Ordnung geraten. Wenn nun das Volk seufzt und klagt, so hält man das für Musik. Wie verkehrt ist dieses Gebaren!

Die Musik beruht auf der Harmonie zwischen Himmel und Erde, auf der Übereinstimmung des Trüben und Lichten.

Die Natur ist es, die den Menschen hervorbringt. Wenn der Mensch nichts zu tun hat, so entsteht in ihm von Natur die Lust. Ohne diese gäbe es für den Menschen kein Begehren. Es entsteht im Menschen von Natur der Haß; ohne diesen gäbe es für den Menschen keine Entfremdung. Lust und Haß hat der Mensch von Natur; er kann von sich aus nichts hinzufügen, nichts daran ändern. Unter den Gelehrten unserer Zeit gibt es einen, der die Musik verwirft; wie kommt er wohl dazu? Die große Musik ist etwas, worüber sich Fürst und Beamter, Vater und Sohn, Alter und Jugend erfreut und ergötzt. Die Freude entsteht aus dem inneren Gleichgewicht; das innere Gleichgewicht entsteht aus dem Sinn. Was man »Sinn« nennt ist etwas, danach blickt man, ohne es zu sehen, danach horcht man, ohne es zu hören, man kann es nicht körperlich empfinden. Wer das unmittelbare Schauen, das unhörbare Hören, die gestaltlose Gestalt erkennt, der kommt der wahren Erkenntnis nahe.

Was man »Sinn« nennt, ist etwas höchst Feines, das man sich nicht vorstellen und nicht begrifflich benennen kann. Als Notauskunft kann man es mit dem Namen das große Eine bezeichnen. Das Eine befiehlt, das Zweite gehorcht. Die Weisen der Urzeit wandten sich ab vom Zweiten und hielten sich an das Eine, darum erkannten sie das Wesen aller Dinge.

Wer in diesem Einen zu regieren vermag, der erfreut Fürst und Beamten, bringt Nah und Fern zusammen, erheitert die Scharen des Volkes und verbündet die Verwandten untereinander. Wer in diesem Einen seine Person zu regieren weiß, der vermeidet das Unheil, vollendet sein ihm zugemessenes Alter und vervollkommnet seine Natur. Wer in diesem Einen sein Volk zu leiten versteht, dem bleiben die Verkehrten fern, die Würdigen nahen sich ihm, und groß ist der Einfluß, den er hervorbringt. Wer in diesem Einen die Welt zu beherrschen vermag, der bringt Kälte und Hitze in Ordnung und schafft, daß Wind und Regen ihre Zeit innehalten. Darum erkennt der Weise das Eine. Wer das Eine erkennt, ist verständig; wer sich nur auf das Zweite versteht, ist ein Narr.

LI GI – DAS BUCH DER SITTEN UND BRÄUCHE

Yüo Lun – Theorie der Musik

Die Musik bewirkt Vereinigung, die Sitten bewirken Trennung. In der Vereinigung lieben die Menschen einander, durch die Trennung achten die Menschen einander. Wenn die Musik überwiegt, so entsteht die Gefahr des Zerfließens. Wenn die Sitte überwiegt, so besteht die Gefahr der Erstarrung. Die Gefühle in Einklang zu bringen und die Äußerungen zur Schönheit zu bringen, das ist die Aufgabe von Sitte und Musik.

Wenn der Sinn der Sitte feststeht, so gliedern sich vornehm und gering. Wenn die Kunst der Musik vereinigt, so leben hoch und niedrig in Frieden. Indem der Fürst seiner Liebe zum Guten und seinem Haß gegen das Böse Ausdruck gibt, werden Tüchtige und Untaugliche unterschieden. Wenn durch Strafen Gewalttaten verhindert werden und durch Ehrungen die Tüchtigen erhoben werden, so wird die Regierung ebenmäßig. Durch die Gütigkeit werden die Menschen zur Liebe geführt; durch Gerechtigkeit werden die Menschen zum Rechttun geführt. Auf diese Weise kommt des Volkes Ordnung in Gang.

Die Musik kommt aus dem Innern hervor. Die Sitten gestalten von außen her. Weil die Musik aus dem Innern hervorkommt, darum bewirkt sie Ruhe. Weil die Sitten von außen her gestalten, darum bewirken sie Schönheit. Deshalb ist höchste Musik stets leicht und höchste Sitte stets einfach. Die höchste Musik entfernt den Groll, die höchste Sitte entfernt den Streit. Durch Freundlichkeit und Nachgiebigkeit die Welt zu ordnen, das ist der Sinn von Sitte und Musik. Wenn gewalttätige Menschen sich nicht erheben, wenn die Lebensfürsten sich willig unterwerfen, wenn Wehr und Waffen nicht erprobt werden, wenn die fünf Strafen nicht gebraucht werden, wenn die Untertanen nicht leiden und der Sohn des Himmels nicht zürnt, dann hat die Musik ihren Zweck erfüllt. Wenn sich Vater und Sohn in Liebe vereinigen, wenn die Unterschiede zwischen Alter und Jugend klar erkannt werden, wenn die Menschen innerhalb der vier Meere einander achten, dann hat die Sitte ihre Wirkung erreicht.

Die große Musik wirkt mit Himmel und Erde zusammen harmonische Vereinigung. Die große Sitte wirkt mit Himmel und Erde zusammen rhythmische Gliederung. Harmonische Vereinigung bewirkt, daß die Dinge nicht verlorengehen. Rhythmische Gliederung ermöglicht, dem Himmel zu opfern und der Erde zu spenden. In der Sichtbarkeit herrschen Sitte und Musik; im Unsichtbaren herrschen Geister und Götter. Auf diese Weise sind alle Menschen vereint durch gegenseitige Achtung und verbunden durch gegenseitige Liebe. Der Zweck der Sitte ist es, die verschiedenen Tätigkeiten durch Achtung zu vereinen; der Zweck der Musik ist es, die verschiedenen Formen durch Liebe zu vereinigen. Sitte und Musik stimmen ihrem letzten Wesen nach überein. Daher haben sie die weisen Könige gemeinsam gefördert. So kamen die Werke in Einklang mit der Zeit und die Namen zur Deckung mit den Leistungen.

*

Dunkel und Licht

Was Kraft ausstrahlt, ist aktiv; was Kraft einzieht, ist reaktiv. Darum ist das Licht aktiv und das Dunkle reaktiv.

Die Samenkraft des Lichtes (Yang) heißt Geist (Schen), die Samenkraft des Dunklen (Yin) heißt Seele (Ling). Geist und Seele sind die Wurzel aller Lebewesen und der Anfang von Sitte und Musik, Güte und Gerechtigkeit und die Quelle von Gut und Böse, Ordnung und Verwirrung.

Wenn das Dunkle (Yin) und das Lichte (Yang) ihre Kräfte an der ihnen gebührenden Stelle wirken lassen, dann herrscht Ruhe. Wenn sie einseitig wirken, entsteht Wind, wenn sie zusammen auftreten, Donner, wenn sie sich kreuzen, Blitz, wenn sie chaotisch sind, Nebel, wenn sie harmonisch sind, Regen. Wenn die Kraft des Lichten überwiegt, so dehnt sie sich aus und wird zu Regen und Tau. Wenn die Kraft des Dunklen überwiegt, so kristallisiert sie sich und wird zu Reif und Schnee. Die absolute Vorherrschaft der Kraft des Dunklen wird zu Schloßen.

Hagel und Schloßen sind die Verwandlungen je einer der Grundkräfte.

∗

Maß und Mitte

DIE GRUNDLAGEN

Was der Himmel (dem Menschen) bestimmt hat, ist sein Wesen. Was dieses Wesen (zum Rechten) leitet, ist der Weg. Was den Weg ausbildet, ist die Erziehung.

Der Weg darf nicht einen Augenblick verlassen werden. Dürfte er verlassen werden, so wäre es nicht *der* Weg.

Darum ist der Edle vorsichtig gegenüber dem, das er nicht sieht, und besorgt gegenüber dem, das er nicht hört.

Es gibt nichts Offenbareres als das Geheime, es gibt nichts Deutlicheres als das Allerverborgenste; darum ist der Edle vorsichtig in dem, was er allein für sich ist.

Der Zustand, da Hoffnung und Zorn, Trauer und Freude sich noch nicht regen, heißt die Mitte. Der Zustand, da sie sich äußern, aber in allem den rechten Rhythmus treffen, heißt Harmonie. Die Mitte ist die große Wurzel aller Wesen auf Erden, die Harmonie ist der zum Ziel führende Weg auf Erden.

Bewirke Harmonie der Mitte, und Himmel und Erde kommen an ihren rechten Platz, und alle Dinge gedeihen.

MASS UND MITTE ALS ZIEL

Dschung Ni sprach: Der Edle hält sich an Maß und Mitte, der Gemeine widerstrebt Maß und Mitte. Maß und Mitte des Edlen bestehen darin, daß er ein Edler ist und allezeit in der Mitte weilt. Die Mittelmäßigkeit des Gemeinen be-

steht darin, daß er ein Gemeiner ist und vor nichts zu-
rückscheut.

Der Meister sprach: Maß und Mitte sind das Höchste,
aber selten sind die Menschen, die lange dabei verweilen
können.

Der Meister sprach: Warum der Weg nicht begangen
wird, das weiß ich: Die Klugen gehen (mit ihren Meinungen) darüber hinaus, und die Törichten erreichen ihn
nicht. Warum der Weg nicht erkannt wird, das weiß ich:
Die Tüchtigen gehen (in ihren Handlungen) darüber hinaus, und die Untüchtigen erreichen ihn nicht. Unter den
Menschen gibt es keinen, der nicht ißt und trinkt, aber
selten sind die, die den Geschmack unterscheiden können.

Der Meister sprach: Ach, daß der Weg nicht begangen
wird!

DER WEG ALS OFFENBARES GEHEIMNIS

Der Meister sprach: Geheime Künste erforschen und
Wunder wirken, daß die Nachwelt etwas zu erzählen hat:
das mache ich nicht.

Der Edle ehrt den Weg und wandelt ihn. Auf halber
Straße stehenbleiben: das mache ich nicht.

Der Edle hält sich an Maß und Mitte. Sich vor der Welt
verbergen und unerkannt bleiben, ohne es zu bedauern:
das kann nur der Heilige.

Der Weg des Edlen ist ausgebreitet (vor aller Augen)
und doch geheimnisvoll. Die Torheit eines gewöhnlichen
Mannes und Weibes kann ihn erkennen; aber er reicht in
Weiten, die auch der Heilige nicht alle erkennt. Die
schwachen Kräfte eines gewöhnlichen Mannes und Weibes reichen aus, ihn zu gehen; aber er reicht in Weiten, die
auch der Heilige nicht alle erreichen kann.

Bei aller Größe des Himmels und der Erde haben die

Menschen doch noch manches an ihnen auszusetzen. Darum: Wenn der Edle von Größe redet, meint er eine solche, die nichts auf Erden fassen kann; wenn er von Kleinheit redet, meint er eine solche, die nichts auf Erden zerstückeln kann. In den Liedern heißt es:

»Der Falke fliegt zum Himmel auf,
die Fische tauchen tief zum Grund.«

Damit ist gemeint, daß man den Weg in allen Höhen und Tiefen erforschen muß.

Der Weg des Edlen nimmt seinen Anfang bei den Angelegenheiten des gewöhnlichen Mannes und Weibes; aber er reicht in Weiten, da er Himmel und Erde durchdringt.

DIE GOLDENE REGEL

[...] Darum ordnet der Edle den Menschen durch den Menschen, er verändert ihn nicht, sondern bessert ihn nur.

Gewissenhaftigkeit und Mitgefühl (Bewußtsein des Zentrums und der Gleichartigkeit der anderen mit dem Selbst) lassen dich nicht weit vom Weg abirren. Was du nicht liebst, wenn es dir selbst angetan wird, das tue du keinem andern Menschen an.

Zum Weg des Edlen gehören aber noch vier weitere Dinge, von denen ich auch nicht eines schon kann: So meinem Vater dienen, wie ich es von meinem Sohn erwarten würde, kann ich noch nicht. So meinem Fürsten dienen, wie ich es von meinem Beamten erwarten würde, kann ich noch nicht. So meinem älteren Bruder dienen, wie ich es von meinem jüngeren Bruder erwarten würde, kann ich noch nicht. So meinem Freund gegenüber zuerst handeln, wie ich es von ihm erwarte, kann ich noch nicht.

Aber wenn ich in der Übung der ganz gewöhnlichen Tugenden oder in der Achtung auf die ganz gewöhnlichen

Reden Gebrechen habe, so wage ich nicht, mich nicht an-
zustrengen. Wenn ich ein Übriges tue, so wage ich nicht,
es zu betonen. Die Worte müssen auf die Taten blicken,
die Taten müssen auf die Worte blicken.

Wie sollte der Edle nicht unbedingt aufrichtig sein!

DER EDLE UND DAS SCHICKSAL

Der Edle richtet sich nach seiner Stellung bei allem, was er
tut, und wünscht sich nichts außerhalb davon. Wenn er
sich in Reichtum und Ehren sieht, so handelt er, wie es in
Reichtum und Ehren sich geziemt. Wenn er sich in Armut
und Niedrigkeit sieht, so handelt er, wie es in Armut und
Niedrigkeit sich geziemt. Wenn er sich unter Barbaren
sieht, so handelt er, wie es unter Barbaren sich geziemt.
Wenn er sich in Leid und Schwierigkeiten sieht, so handelt er, wie es in Leid und Schwierigkeiten sich geziemt.
Der Edle kommt in keine Lage, in der er sich nicht selber
findet. In hoher Stellung unterdrückt er nicht die Unteren, in niederer Stellung kriecht er nicht vor den Oberen.

Er macht sich selber recht und verlangt nichts von den
andern Menschen; so bleibt er frei von Groll. Nach oben
grollt er nicht dem Himmel, nach unten zürnt er nicht den
Menschen.

So weilt der Edle in Gelassenheit und nimmt sein
Schicksal gefaßt entgegen. Der Gemeine aber übt List und
Tücken, um ein unverdientes Glück zu erjagen.

Der Meister sprach: Der Schütze hat eines mit dem Edlen gemein: Wenn er das Ziel verfehlt hat, so wendet er
sich um und sucht den Fehler bei sich selbst.

*

Die Sitte

Die Sitte wurzelt im Großen Einen. Dies teilt sich in Himmel und Erde; es beginnt seinen Kreislauf und erscheint als das Kräftepaar von Schattigem und Lichtem; es wandelt sich und zeigt sich als die vier Jahreszeiten; es tritt auseinander und erscheint als Geister und Götter. Seine Offenbarung heißt Bestimmung. Sein Wirken ist im Himmel.

Die Sitte hat ihre Wurzel stets im Himmel; bewegt, gelangt sie auf die Erde; geordnet, zeigt sie sich bei den Arbeiten; angepaßt, folgt sie den Zeiten und richtet sich nach Stellung und Geschicklichkeit eines jeden. Als dem Menschen innewohnende Kraft heißt sie das, was seinen Wandel fördert und ihm die Kraft gibt zu Nachgiebigkeit beim Trinken und Essen, bei Verleihung des Männerhuts und Eheschließung, beim Opfern, beim Gauschießen, beim Wagenfahren, bei Hofe und beim Empfang der Gäste.

Die Sitte und das Recht sind des Menschen große Anfänge. Darum wird durch Reden der Wahrheit und Pflege der Eintracht der innere und äußere Zusammenhang der Menschheit gefestigt gleich wie die Verbindung von Haut und Fleisch und der Zusammenhang von Sehnen und Knochen. Darum ist die Sitte auch das große Mittel, um die Lebenden zu nähren, die Toten zur Ruhe zu geleiten, Geistern und Göttern zu dienen. Sie ist das große Tor, das zu den Wegen des Himmels und zur Harmonie mit den Gefühlen der Menschen führt. Aber nur der Heilige erkennt es, daß man die Sitten nicht aufgeben kann. Ein Staat, der dem Untergang verfallen ist, ein Haus, das dem Sturze zueilt, ein Mensch, der zugrunde geht: sie alle tun zuerst die Regeln der Sitte von sich.

Die Sitte ist für den Menschen, was die Hefe für den

Wein; er wird ein edler Charakter, wenn er sie reichlich
hat, und ein gemeiner Mensch, wenn er sich dürftig darin
zeigt.

Die Kraft der Sitte ist es, durch die Himmel und Erde zu-
sammenwirken, durch die die vier Jahreszeiten in Harmonie kommen, durch die Sonne und Mond scheinen, durch
die die Sterne ihre Bahnen ziehen, durch die die Ströme
fließen, durch die alle Dinge gedeihen, durch die Gut und
Böse geschieden werden, durch die Freude und Zorn den
rechten Ausdruck finden, durch die die Unteren gehorchen, durch die die Oberen erleuchtet sind, durch die alle
Dinge trotz ihrer Veränderungen nicht in Verwirrung
kommen. Weicht man von ihr ab, so geht alles zugrunde.
Ja wirklich, die Sitte ist doch das Vollkommenste!

*

Das Goldene Zeitalter

Im Altertum waren die Ordner des Weltreiches stets Hei-
lige. Wenn Heilige das Reich haben, so verfinstern sich
Sonne und Mond nicht. Die Sterne schießen nicht als Ko-
meten über die Tierkreisbilder. Das Meer ändert seinen
Ort nicht. Die Flüsse überschwemmen nicht das Land.
Die Wasserläufe und Seen trocknen nicht aus. Die Berge
stürzen nicht ein, und die Erde bebt nicht. Die Täler werden nicht verstopft, und die Tiefe erschöpft sich nicht.
Zur rechten Zeit kommt der Drache, ohne auszubleiben.
Der Phönix kommt herab und fliegt nicht davon. Die
Raubtiere vergessen zu rauben, und die Raubvögel vergessen zu morden. Bienen und Skorpione stechen nicht
die kleinen Kinder. Stechmücken und beißende Insekten
beißen nicht die jungen Füllen. Der Lo-Fluß bringt eine
Zauberschrift hervor, der Gelbe Fluß bringt einen Zau-
berplan hervor.

Seit uralten Zeiten beugt sich die Natur vor der Güte. Des Reiches Blüte, des Reiches Bestand beruht auf der Zuverlässigkeit der Güte. Darum gibt es keine Belohnung noch Strafe, und das Volk gibt sich alle Mühe. Die Wagen sind nicht mit Waffen ausgerüstet, und Ferne und Nahe unterwerfen sich alle. In dichten Zügen gehen die Wanderer auf den Straßen hin, und alle erreichen ihr Ziel. Kein Groll besteht mehr und kein Haß; alles wird von der einen Geisteskraft geleitet. So herrscht ohne Ende die Sitte, so herrscht ohne Ende der Ruhm. Die Tüchtigen tun alle ihr Bestes, und alle Schäden werden zur Zeit weniger. Man erhebt die Guten, die als gut gerühmt werden, und die Geeigneten, die als geeignet gerühmt werden. Man erbarmt sich des Volkes und gebraucht Gütige, und täglich kommen gütige Gäste mit ihren Ratschlägen herbei.«

Mo Ti

Maßstäbe

Meister Mo Ti sagte: Einer, der in der Welt etwas ausführt, kann dies nicht ohne einen Maßstab. Denn wenn er keinen Maßstab hat, ist er nicht in der Lage, sein Unternehmen auszuführen. Selbst die vollkommensten Gelehrten, welche Generäle oder Minister werden, sie alle haben einen Maßstab. Und ebenso die besten Handwerker, die irgendeine Arbeit ausführen, haben alle einen Maßstab. Machen sie ein Rechteck, benutzen sie den Winkel, für den Kreis nehmen sie den Zirkel, für die Gerade eine

Schnur und für die Senkrechte ein Lot. Geschickte Handwerker ebenso wie ungeschickte bedienen sich dieser fünf Instrumente als Richtmaße. Die geschickten treffen die Richtung, und die ungeschickten, obwohl sie nicht treffen, verlassen sich doch auch bei ihren Arbeiten auf ihre Instrumente und kommen dadurch gleichsam über sich selbst hinaus. So haben alle Handwerker bei ihren Arbeiten eine Richtschnur, mit der sie messen.

Nun regieren die Größten das Reich, und nach ihnen kommen die Großstaaten, doch sie haben keine Richtschnur, mit der sie messen könnten, und so reichen sie noch nicht einmal an die Handwerker heran. Was sollten sie aber auch als Richtschnur für ihre Regierungstätigkeit nehmen? Sollten sie etwa alle ihre Eltern als Vorbild nehmen? Eltern gibt es in der Welt ja eine Menge, aber menschlich sind nur wenige unter ihnen. Würden sie nun alle ihre Eltern zum Vorbild nehmen, dann wäre dies ein unmenschliches Vorbild, und ein Vorbild, das unmenschlich ist, darf nicht als Vorbild gelten. Oder sollten sie alle ihre Lehrer zum Vorbild nehmen? Lehrer gibt es in der Welt eine Menge, aber menschlich sind nur wenige unter ihnen. Würden sie nun alle ihre Lehrer zum Vorbild nehmen, dann wäre dies ein unmenschliches Vorbild, doch ein unmenschliches Vorbild darf nicht als Vorbild dienen. Oder sollten sie etwa alle die Fürsten zum Vorbild nehmen? Die Zahl der Fürsten in der Welt ist groß, aber wenige unter ihnen sind menschlich. Falls alle das Vorbild ihrer Fürsten befolgten, so wäre dies ein schlechtes Vorbild, doch ein schlechtes Vorbild darf nicht als Vorbild dienen.

Demnach taugen also weder Eltern noch Lehrer noch Fürsten zum Vorbild für die Regierung. Was kann aber dann als Vorbild für die Regierung dienen? Die Antwort ist: Das beste Vorbild ist der Himmel. Des Himmels Wege sind allumfassend und uneigennützig; er gewährt in Hülle und Fülle und bildet sich nichts auf seine Wirkkraft ein. Sein Licht ist ewig und nimmt nie ab. Daher haben die heiligen Könige den Himmel zum Vorbild genommen.

Nimmt man den Himmel zum Vorbild, dann muß man sich in allem seinem Tun am Himmel orientieren und das, was der Himmel wünscht, befolgen, und unterlassen, was er nicht wünscht. Doch was wünscht der Himmel und was mißfällt ihm? Ganz gewiß wünscht der Himmel, daß die Menschen einander lieben und sich gegenseitig unterstützen, und er wünscht nicht, daß die Menschen einander hassen und sich gegenseitig schädigen. Doch woher nehmen wir die Überzeugung, der Himmel wünsche, daß die Menschen einander lieben und sich gegenseitig unterstützen, und er wünsche nicht, daß sie sich hassen und gegenseitig schädigen? Daher, daß der Himmel selbst alle liebt und allen nutzt. Und woher wissen wir das? Daher, daß er alle Menschen in seiner Macht hat und sie alle ernährt.

In der Welt sollte es nicht die Unterscheidung in große und kleine Staaten geben, denn alle sind Stätten des Himmels. Und die Menschen sind alle ohne Ansehung des Alters oder der Klassenzugehörigkeit Untertanen des Himmels.

Daher züchten sie überall Rinder und Schafe, mästen Hunde und Schweine, lagern Wein und Most und Gefäße mit Hirse, um verehrend dem Himmel zu dienen. Heißt das nicht, daß der Himmel alle ohne Ausnahme in seiner Gewalt hat und sie alle ernährt? Und wenn der Himmel alle besitzt und nährt, wie könnte man da behaupten, er wünsche nicht, daß alle Menschen einander lieben und sich gegenseitig fördern?

Deshalb heißt es: Solche, die ihre Mitmenschen lieben und sie unterstützen, beglückt der Himmel; doch jene, die ihre Mitmenschen hassen und schädigen, denen bringt er Unglück. Solche, die täglich Unschuldige ermorden, la-

den dadurch Unheil auf sich. Wie könnte da einer behaupten, denjenigen, die sich gegenseitig umbringen,
sende der Himmel kein Unheil? Somit ist klar: der Himmel wünscht, daß die Menschen einander lieben und sich
gegenseitig unterstützen, und es ist gegen seinen Willen,
wenn sie einander hassen und sich schädigen.

*

Gegen den Angriffskrieg

Da gibt es einen Mann, der in eines anderen Obstgarten
eindringt und daraus Pfirsiche und Birnen stiehlt. Jedermann, der davon hört, wird ihn verurteilen. Und wenn
die Oberen, die die Regierung in Händen halten, seiner
habhaft werden, werden sie ihn bestrafen. Warum ist das
so? Weil er einen anderen schädigt, um sich selbst Vorteile
zu verschaffen. – Wenn einer die Hunde, Schweine, Hühner oder Ferkel eines anderen wegnimmt, dann ist die
Verwerflichkeit einer solchen Handlung noch größer als
aus dem Obstgarten eines anderen Pfirsiche und Birnen
zu stehlen. Warum ist das so? Weil der Verlust des anderen
größer ist, ist seine Verwerflichkeit noch größer und sein
Verbrechen noch schwerwiegender. – Wenn jemand in die
Stallungen eines anderen eindringt und dessen Pferde und
Ochsen an sich bringt, dann ist die Verwerflichkeit noch
größer als die eines solchen, der Hunde, Schweine, Hühner und Ferkel stiehlt. Warum ist das so? Weil er dem
anderen noch größeren Schaden zufügt; und da er dem
anderen noch größeren Schaden zufügt, ist seine Verwerflichkeit auch noch größer und das Verbrechen schwerwiegender. – Wenn einer gar einen unschuldigen Menschen tötet, ihm die Kleider und den Pelz auszieht und
Speer und Schwert an sich bringt, dann ist seine Verwerflichkeit noch viel größer als bei dem, der in die Stallungen
eines anderen eindringt und dessen Ochsen und Pferde

stiehlt. Inwiefern? Die Schädigung anderer Menschen ist dabei noch größer. Denn je höher der Grad der Schädigung, desto größer ist die Verwerflichkeit und desto schwerwiegender das Verbrechen.

Die Edlen im Reiche wissen das alle und verdammen so etwas, und sie bezeichnen es als unrechtschaffen. Doch wenn nun einer in großem Maßstab solches tut und einen Staat angreift, dann wissen sie dies nicht zu verurteilen, sondern sie loben ihn noch und nennen ihn rechtschaffen. Kann man da noch sagen, daß sie den Unterschied zwischen Rechtschaffenheit und Verwerflichkeit kennen?

Wenn jemand einen anderen tötet, dann nennen sie es verwerflich und setzen darauf die Todesstrafe. Führt man diese Argumentationsweise fort, so ist einer, der zehn Menschen tötet, zehnmal verwerflicher und hat auch die zehnfache Strafe zu erwarten. Und tötet einer hundert Menschen, so ist er hundertmal verwerflicher und hat hundertfach sein Leben verwirkt. Die Edlen im Reiche erkennen dies alle an, verurteilen solche Handlungsweise und nennen sie verwerflich. Doch wenn in großem Maßstab Verwerflichkeit vorkommt und jemand einen Staat angreift, dann wissen sie es nicht zu verurteilen, loben es sogar noch und nennen es Rechtschaffenheit. Sie wissen wahrlich nicht, was Verwerflichkeit ist. Deshalb schreiben sie auch Berichte von ihren Kriegen nieder, um sie späteren Generationen zu überliefern. Denn wären sie sich der Verwerflichkeit des Kriegführens bewußt, würden sie das dann auch noch aufzeichnen und ihre verwerflichen Handlungen niederschreiben, um sie späteren Generationen zu überliefern?

Angenommen ein Mensch würde heute, wenn er wenig Schwarz sähe, dieses schwarz nennen, wenn er aber viel Schwarz sähe, es als weiß bezeichnen. Wir müßten diesen Menschen für unfähig halten, weiß und schwarz zu unterscheiden. Oder ein anderer kostet etwas Bitteres und

nennt es bitter, wenn er aber viel Bitteres kostet, nennt er
es süß. Auch von einem solchen Menschen würden wir
sagen, daß er nicht weiß, süß und bitter zu unterscheiden.
Wenn nun ein kleiner Fehler begangen wird, dann wissen
sie, ihn zu verurteilen; aber wenn ein großer Fehler begangen wird, wie das Angreifen eines Staates, dann wissen
sie nicht, ihn zu verurteilen, sondern sie loben ihn sogar
noch und nennen es Rechtschaffenheit. Kann man da
noch sagen, daß sie den Unterschied von Recht und Unrecht kennen? – Daher wissen wir, daß die Edlen des
Reiches hinsichtlich der Unterscheidung von Recht und
Unrecht verwirrt sind.

Die lyrische Welt Chinas

Gedichte von Han Shan

Kannst du etwa durch Bücherlesen dem Tode entrinnen?
Kannst du etwa durch Bücherlesen dir Armut ersparen?
Warum nur will ein jeder lesen lernen?
Weil man damit die andren übertreffen kann!
Der stattlichste Mann, kann er nicht lesen
Findet kein Auskommen in dieser Welt
Drum tauche deine Medizin in etwas Knoblauchsoße
Und du vergißt, daß sie so bitter ist

＊

Stufe auf Stufe prächtiger Landschaften
Nephritfarbene Berge vom Morgenrot eingefaßt
Nebel wischt Feuchte auf meine Baumwollkappe
Tau netzt den Umhang von geflochtnem Stroh
Die Füße unbeschwert in Pilgersandalen
Die Hand hält einen alten Wanderstab
Einmal hinausgeschaut über die Welt des Staubes
Wie könnte ich zurückkehren ins Reich der Träume!

＊

Es gibt zu viele Intellektuelle auf der Welt
Die haben ausgiebig studiert und wissen einfach alles
Doch kennen sie ihr ursprüngliches Wahres-Wesen nicht
Und wandeln fern, so fern vom Weg!
Wie eingehend sie auch die Wirklichkeit erklären
Was nützen denn alle die leeren Formeln?
Wenn du ein einzig mal dein Selbst-Wesen erinnerst
Dann tut sich dir des Buddhas Einsicht auf

＊

Ihr eifrigen Schüler des WEGES laßt euch sagen
Daß ihr euch ganz umsonst um Fortschritte bemüht
Des Menschen Wesen ist ein geistig Ding
Es ist kein Wort und keine Wissenschaft
Ruft – und es antwortet unmißverständlich
Doch wohnts im Stillen und läßt sich nicht festhalten
Merkt euch: Am besten könnt ihr es bewahren
Indem ihr es durch nichts beflecken laßt!

*

Die Quelle ist klar und glitzert wie ein Edelstein
Ich sehe tief in den Grund des Wahren-Selbst
Kein einziger Gedanke in meinem Sinn
Durch Myriaden Welten nicht zu bewegen
Da der Sinn nicht mehr unnötig aufgerührt
Bleibt er zahllose Kalpa* bestehen
Hast du erst dieses Wissen erlangt
Weißt du: Es gibt nicht Innen und Außen

* Ein »Kalpa« ist im Buddhismus die Zeitdauer zwischen dem Entstehen und Vergehen eines Weltsystems, zwischen zwei ›Welt-
bränden‹. In ununterbrochener Abfolge, ohne Anfang und ohne
Ende, folgen Myriaden von Weltsystemen aufeinander. Die indi-
sche Tradition gibt für die unvorstellbare Zeitdauer eines Kalpas
folgendes Gleichnis:
Berührte man ein gigantisches Gebirge aus Granit alle hundert
Jahre einmal ganz leicht mit einem feinen Tuch, so würde es ein
Kalpa dauern, um das Gebirge auf diese Weise abzunützen.

Einst reiste ich umher mit Schwert und Schriftrollen
Ich lebte unter drei vollkommnen Herrschern
Im Osten als Beamter fand ich nicht Anerkennung
Im Westen als Soldat erwarb ich keine Ehrenzeichen
Studierte schöne Künste und auch das Kriegshandwerk
Studierte Kriegshandwerk und auch die schönen
  Künste

Bis heute bin ich nichts geworden als ein Greis
Was bleibt von meinem Leben – nicht der Rede wert.

✳

Mein Körper, existiert er oder nicht?
Gibt es ein Ich oder gibt es kein Ich?
Vertieft in die Ergründung solcher Fragen
Sitze ich an den Fels gelehnt während die Zeit verrinnt
Zwischen den Zehen sprießt das grüne Gras
Auf meinem Haupt setzt sich der rote Staub
Schon kommen Menschen aus der Welt
Früchte und Wein an meinem Totenbette darzubringen

GEDICHTE VON WANG WEI

Die Laube im Bambushain

Ich sitze allein im dunklen Bambushain
Schlage die Zither* und summe und brumme dazu.
Niemand weiß um mich hier im tiefen Wald,
Nur der volle Mond kommt, mir zu leuchten.

---

* Die chinesische *Ch'in*, ins Deutsche oft mit »Laute« oder »Leier«
übersetzt, ist genaugenommen eine Art Zither, ähnlich der japanischen *Koto*.
Die Ch'in spielte für die chinesischen Künstler und Weisen eine
besondere Rolle. Das Spielen der Ch'in war für die Meister dieses
Instruments nämlich ein meditativer Vorgang, ein Weg der Versenkung und Einswerdung mit dem Tao. Auf vielen chinesischen
Gemälden, die einen Weisen darstellen, sehen wir deshalb einen
Knaben, der ihm dieses Instrument nachträgt.
Die Bedeutung der Ch'in als Musikinstrument trat oft so weit zu-
rück, daß die taoistischen Meister eine saitenlose Ch'in an die

71

Wand ihrer Klause gelehnt hatten. Was es damit auf sich hatte, geht aus den folgenden Zeilen aus einem taoistischen Text hervor: »Die Leute wissen, geschriebene Bücher zu lesen – die ungeschriebenen wissen sie nicht zu lesen; sie können die Ch'in mit Saiten spielen – die saitenlose Ch'in wissen sie nicht zu spielen. Wer sich derart mit der Erscheinung statt mit dem Wesen beschäftigt, wie könnte der verstehen, was Musik und Dichtung sind!«   *Ts'ai Ken T'an*

*

In einer Herbstnacht einsam sitzend

Einsam sitzend, bekümmert ob der grauen Schläfen,
Im leeren Zimmer ersehn ich die zweite Nachtwache.
Wilde Beeren fallen im Rauschen des Regens,
Unter der Lampe zirpt eine Heuschrecke.
Des Schopfs Ergrauen ist schließlich unumkehrbar,
Das Lebenselixier hat niemand je zustandgebracht.
Wer wissen will, was Krankheit und Alter überwindet,
Der muß sich allein dem Ungeborenen widmen.

*

Ich klettere zur kleinen Terrasse auf dem Haus des Gelehrten P'ei Ti hinauf

Wer richtig lebt, braucht nicht aus der Tür zu gehen –
So weit das Auge sieht nur wolkenverhangene Berge.
Im schrägen Abendlicht ziehen Vögel hinab zum
    Horizont,
Jenseits der Menschenwelt die Offenheit der
    Herbstebene.
Ganz weit dort draußen ahnt man den fernen
    Waldesrand,
Von dort sieht kein Mensch die Plattform auf diesem
    Haus.

Manch lieber Gast nutzt das Mondlicht zu einem Besuch,
Drum laß offen das Tor und lege den Riegel nicht auf!

＊

Der Landsitz am Chung-nan-Gebirge

Seit meinen Dreißigern bin ich ein Freund des Tao,
Nun steht mein Alterssitz am Rand des Südgebirges.
Kommt es mich an, dann ziehe ich allein von dannen,
Da gibt es manches Wunder, von dem ich selbst nur weiß.
Ich geh' und lange an, wo die Wasser versiegen,
Sitze und schaue, wie die Wolken aufsteigen.
Manchmal begegnet mir ein Alter aus dem Walde,
Wir schwatzen, lachen, wollen gar nicht heimkehren.

GEDICHTE VON TU FU

Rückkehr

Gegürtet kehr ich heim auf meinem Pferde;
Hinüber dann im Boot, von Ost nach West.
Ich fand im Wald nur dieses Fleckchen Erde,
Wo sich, auch fern der Schlucht, kein Himmel sehen läßt.

Im stillen Glanze lebt der Mensch weit droben;
Im Alltagslärm zieht ihn Gemeinheit nieder.
Siehst du an fremder Statt den Abend nahn,
Bleibt dir nur eins: zu dichten schöne Lieder.

＊

Verdeckte Spuren
I

Einfältig geh den eignen Weg ich hin.
Mein Haus liegt menschenfern, doch nah den Dingen:
Der Maulbeerbaum, der Hanf hängt regenschwer;
Die Schwalbenbrut im Nest regt bald die Schwingen.

Im Dorf von Zeit zu Zeit ein Paukenschlag.
Ein Fischerboot folgt in der Bahn des andern.
Auf meinen Stock gestützt, sinn ich dem Altern
    nach –
Mein Herz blieb rein, und auch die Spur von meinem
    Wandern.

II

Erst spät erheb ich mich: im Hause nichts zu tun.
Von Frieden ist die Stätte stets erfüllt.
Die wüsten Felder säumt des Bambus Leuchten;
Im Flusse schwebt der Hütte Spiegelbild.

Die Kinder sind beim Lernen faul. Was machts?
Die Frau vergrämt, weil uns die Not nie fremd.
Ich will im Rausch verbringen hundert Jahre.
Schon einen Monat bin ich ungekämmt.

✳

Herbstliches Land

Leicht ist es, um des Lebens Ordnung wissen,
Und schwerlich lernt ein Wesen, ihr zu wehren:
Im tiefen Wasser liegt der Fische Glück;
Zum dichten Wald wird gern der Vogel kehren.

Zufrieden ist ein Greis, auch arm und krank.
Im Ruhm und Glanz wird all dein Tun gemessen.
Mir bläst der Wind um Bank und Wanderstab.
Will unbeirrt den Farn des Nordbergs essen.

Gedichte von Tao Yuanming

Körper, Schatten und Geist

Arm oder reich, weise oder dumm, es gibt niemanden, der nicht sein Leben liebt und daran hängt. Und doch ist dies eine große Täuschung. Deshalb habe ich die Klagen und Beschwerden von Körper und Schatten zusammengestellt und lasse den Geist als Vertreter der Natur antworten. Diejenigen, die empfinden wie ich, werden sich diese Gedanken zu Herzen nehmen.

I *Der Körper spricht zum Schatten*
Himmel und Erde bestehen für immer,
Berge und Flüsse verändern sich nicht.
Gräser und Bäume bewahren ihren Lebensrhythmus:
Im Frost erstarrt, werden sie vom Tau neu belebt.
Es heißt, nur der Mensch sei empfindsam und weise,
Doch er allein ist nicht wie jene:
Durch Zufall kommt er in die Welt,
Und verläßt sie jäh – ohne Wiederkehr.
Wer merkt denn, wenn ein Mensch fehlt,
Da kaum Verwandte und Freunde seiner gedenken?
Geblieben sind nur Dinge, die er einst gebrauchte,
Sie ziehen Blicke auf sich, erwecken Kummer und Trauer.
Auch ich beherrsche keine Verwandlungskünste,

Daß es so sein muß, daran zweifle ich nicht.
Ich rate euch, meine Worte zu beherzigen:
Wenn es Wein gibt, so schlagt ihn nicht leichthin aus!

II *Der Schatten antwortet dem Körper*
Über Unsterblichkeit zu sprechen ist nicht nötig,
Überleben ist schon schwer genug.
Natürlich möchte ich im Paradies umherschweifen,
Aber der Weg ist weit und der Zugang verschüttet.
Seit ich mit dir zusammentraf,
Haben wir Freud und Leid geteilt.
Trennten wir uns kurz an schattigen Orten,
So brachte das Licht der Sonne uns wieder zusammen.
Unsere Verbindung wird nicht ewig halten,
Gemeinsam wird uns die Dunkelheit auslöschen.
Ist der Körper vergangen, vergeht auch der Name;
Bedenke ich dies, so brennt mir mein Inneres.
Tue Gutes, so wird dich deine Liebe überdauern!
Warum nicht alle Kraft dem widmen?
Der Wein mag wohl die Sorgen zerstreuen,
Doch ist das nicht der bessere Weg!

III *Der Geist erklärt*
Der Himmel besitzt keine eigene Macht;
Die Zehntausend Dinge existieren aus sich selbst.
Daß der Mensch zwischen Himmel und Erde steht,
Liegt das nicht an mir?
Obwohl ihr von mir verschieden seid,
Bin ich im Leben an euch gebunden.
Im Guten wie im Bösen zusammengehörend –
Wie könnten wir nicht miteinander sprechen?
Die drei erhabenen Kaiser waren große Weise,
Wo aber sind sie heute zu finden?
Wenn auch Pengzu unglaublich lang lebte,
So mußte er doch gehen, als er noch bleiben wollte.
Alte und Junge sind im Tode gleich,

Weise und Dumme – sie sind ungezählt.
Im täglichen Trinken mag man Vergessen finden,
Aber heißt das nicht, sein Leben verkürzen?
Gutes zu tun, ist wohl eine Freude,
Doch niemand muß dich dafür loben!
Tiefes Nachsinnen schadet meinem Leben,
Richtig ist es, sich dem Lauf der Dinge zu fügen.
Laß' dich von den Wellen des großen Wandels tragen:
Nicht überglücklich, nicht angsterfüllt.
Wenn deine Zeit gekommen ist, dann gehe einfach,
Ohne lange darüber zu grübeln.

✳

Der Pfirsichblütenquell

Während der Taiyuan-Periode in der Jin-Zeit ruderte ein
Fischer aus Wuling stromaufwärts; gedankenverloren
merkte er nicht, wie weit er schon gefahren war, als er sich
plötzlich in einem blühenden Pfirsichhain befand. Mehrere hundert Fuß lang säumte er zu beiden Seiten die Ufer,
und nicht eine andere Baumart war darunter. Das duf-
tende Gras stand saftig und frisch, die Äste waren einge-
hüllt in grünes Blattwerk, und Blüten wirbelten umher
wie Schneeflocken. Verwundert fuhr der Fischer weiter
und gelangte zum Ende des Hains. Bei einer Quelle erhob
sich ein Berg vor ihm, und aus einem kleinen Eingang
schien Licht hervorzuschimmern. Da stieg er aus dem
Boot aus und trat ein. Zunächst war die Öffnung so eng,
daß sie kaum einem Mann Eintritt gewährte; aber einige
zehn Fuß weiter tat sich eine lichte Ebene vor ihm auf,
und hübsche Häuser, fruchtbare Äcker, klare Quellen
und Baumgruppen von Maulbeer und Bambus lagen vor
ihm. Das Ackerland war von Pfaden durchzogen, Hähne
krähten, und Hunde bellten sich gegenseitig an. Es
herrschte rege Betriebsamkeit unter den Männern und

Frauen beim Säen und Pflügen. Ihre Kleider sahen aus wie
die der Leute draußen; jung und alt waren gleichermaßen
zufrieden und glücklich. Als sie den Fischer erblickten,
fragten sie erstaunt, wo er herkäme, und er erzählte ihnen
alles. Da luden sie ihn zu sich nach Hause ein, boten ihm
Wein, schlachteten Hühner und bereiteten ein Festmahl
zu. Als die Dorfbewohner von dem Neuankömmling er-
fuhren, erschienen sie vollzählig, um sich nach Neuigkei-
ten zu erkundigen. Sie erzählten, ihre Vorfahren seien den
Unruhen der Qin-Zeit entkommen, hätten hier mit
Frauen, Kindern und Nachbarn Zuflucht gesucht und
wären nie mehr wieder heimgekehrt; so seien sie von der
Außenwelt abgeschnitten. Sie fragten nach der gegenwär-
tigen Dynastie, denn sie hatten weder von Han, noch von
Wei oder Jin gehört. Sie seufzten alle, als er ihre Fragen
eine nach der anderen beantwortete. Nun luden sie ihn
der Reihe nach zu sich ein und bewirteten ihn mit Wein
und Speisen. So blieb er einige Tage, bis er die Heimreise
antrat. Sie baten ihn, den Menschen in der Welt nichts
über sie zu erzählen. Er gelangte wieder nach draußen,
bestieg sein Boot, markierte jedoch überall den Weg, auf
dem er gekommen war. In der Stadt suchte er den Präfek-
ten auf und berichtete ihm alles. Dieser schickte sofort
Leute aus, den markierten Weg zu suchen; doch sie ver-
irrten sich und fanden ihn nicht mehr. Liu Ziji aus Nan-
yang, ein Mann von edlem Charakter, hörte davon und
plante zuversichtlich, dorthin zu gehen. Doch bevor er
sich auf die Suche begeben konnte, wurde er krank und
starb. Danach fragte niemand mehr nach der Furt.

Als die Sippe der Ying die Himmelsordnung zerschlug,
Flohen die tapferen Männer aus dieser Welt.
Huang und Qi gingen zum Berg Shang,
Und andere folgen ihnen nach.
Die Spuren ihres Fortgangs verblichen allmählich,

Unkraut wuchs auf ihren Wegen.
In Einigkeit bebauten sie das Land,
Nach Sonnenuntergang begaben sie sich zur Ruhe.
Maulbeerbäume und Bambus warfen üppige Schatten,
Und je nach Jahreszeit pflanzten sie Bohnen und Hirse.
Im Frühling sammelten sie die langen Fäden der
      Seidenraupe,
Im Herbst waren keine Abgaben an den König zu
      entrichten.
Kein Verkehr auf den verwilderten Pfaden –
Nur das Gackern von Hühnern und Bellen von Hunden.
Die Opfergefäße waren aus alter Zeit,
Der Stil der Kleider blieb unverändert.
Kinder sprangen singend umher,
Die Alten gingen sorglos spazieren.
Erblühten die Gräser, erwarteten sie die warme
      Jahreszeit,
Welkten die Bäume, so wußten sie, der Wind wird kalt.
Lebten sie auch ohne Kalender,
Verbanden sich doch die vier Zeiten zu einem Jahr.
Glück und Zufriedenheit gab es im Übermaß,
Wozu sollten sie nach Wissen und Weisheit streben!
Fünfhundert Jahre blieben ihre Spuren wundersam
      verborgen,
Bis man eines Tages ihr Paradies entdeckte.
Doch Rein und Trüb entspringen verschiedenen
      Quellen –
Bald war es wieder in Verborgenheit versunken.
Laßt mich euch wandernde Gelehrte fragen,
Wie Ihr ergründet, was jenseits von Staub und Lärm liegt?
Ich wünsche dem sanften Wind zu folgen,
Mich zu erheben auf der Suche nach meinem Kameraden.

2. Japan

Ein Schöpfungsmythos

Wie die Welt und Japan entstanden –
Aus dem Kojiki

Die älteste Chronik Japans ist das »Kojiki«, der »Bericht über die alten Dinge«. Sie wurde 712 n. Chr. von dem Edelmann und Höfling Futo no Yasumaro niedergeschrieben, »einem Beamten der oberen Abteilung der Ersten Klasse des Fünften Rangs und der Fünften Ordnung des Verdienstes« (gestorben 723), und enthält die frühesten Lehren des nationalen Shinto-Glaubens mit seiner Naturverehrung und seinem Polytheismus, macht aber auch Anleihen beim chinesischen Denken.

Der folgende Abschnitt aus dem Vorwort gibt die Grundlinien des langen komplexen Mythos an, der dann im Haupttext ausführlich erzählt wird: Himmel und Erde trennten sich, und die drei Gottheiten (die Gottheit »Herr-der-erhabenen-Mitte-des-Himmels«, die Gottheit

»Hocherhabener-wunderbarer-Schöpfer« und die Gottheit »Göttlicher-wunderbarer-Schöpfer«) begannen ihr Schöpfungswerk. Wie in den chinesischen Kosmologien entwickelten sich die dualen Prinzipien von Yin und Yang – hier das »passive« und das »aktive« Element. Personifiziert als Izanami (das »Weib, das einlädt«) und Izanagi (der »Mann, der einlädt«), wurden sie die »Vorfahren aller Dinge«.

Die nun folgenden Ereignisse werden hier nur kurz skizziert: Ein Spiegel wurde aufgehängt und lockte die Sonnengöttin aus ihrer Höhle. Susa-no-wo (die »Ungestüme-männliche-Gottheit«) empfing Edelsteine von seiner Schwester und spuckte sie wieder aus. »Hundert Könige« folgten einander, wahrscheinlich ist gemeint im japanischen Reich. Ein Schwert wurde von der Sonnengöttin zerbissen, eine Schlange wurde von Susa-no-wo zerschnitten, nachdem er aus dem Himmel verstoßen worden war, und »Zehntausende von Gottheiten« gelangten »zu ihrem Gedeihen«. Gemeinsam vermitteln diese Merkmale einen guten Eindruck von den chaotischen Beziehungen unter den mächtigen, wunderbaren, schrecklichen Kräften des Anfangs.

Barbara Sproul

Ich, Yasumaro, sage:

Als das Chaos angefangen hatte, sich zu verdichten, aber weder Urkraft noch Form schon offenbar waren, und es nichts Benamtes und nichts Gemachtes gab, wer hätte da dessen Gestalt erkennen können?

Jedoch Himmel und Erde begannen sich zu trennen, und die drei Gottheiten vollführten den Anfang der Schöpfung; das weibliche und das männliche Prinzip entfalteten sich dann und die beiden Geister [Izanami, die Schöpferin, und Izanagi, der Schöpfer] wurden die Urahnen aller Dinge.

Daher ging er [Izanagi] ins Dunkel ein und trat ins Licht heraus; Sonne und Mond entfalteten ihren Glanz beim Waschen seiner Augen, er schwamm dahin und versank in das Wasser des Meeres, und Himmlische und Irdische Gottheiten kamen beim Waschen seines Körpers zum Vorschein. Demnach erlangen wir in der Dunkelheit des großen Anfangs auf Grund der ursprünglichen Lehren Kenntnis von der Zeit, wo die Länder erzeugt und die Inseln geboren wurden; in der weiten Ferne des Uranfangs gelangen wir im Vertrauen auf die früheren Weisen zur Wahrnehmung des Zeitalters, wo die Götter erzeugt und die Menschen eingesetzt wurden. Wissen wir doch vom Aufhängen eines Spiegels, vom Ausspeien von Juwelen und von der Aufeinanderfolge von hundert Königen, vom Zerbeißen eines Schwertes, vom Zerschneiden einer Schlange, und wie dadurch Zehntausende von Gottheiten zu ihrem Gedeihen gelangten.

Nach Beratungen im Ruhigen Flusse [des Himmels] brachte man das Reich zur Ruhe; unter Gesprächen am Kleinen Strande reinigte man das Land.

Die lyrische Welt Japans

Marionetten

Auf der Marionettenbühne
Erscheint
Ein Körper,
Wandelt sich
Zu König, Fürst
Oder gewöhnlichem Mann –
Macht uns vergessen,
Daß da in Wirklichkeit
Nur eine Holzpuppe ist.
Narren
Nehmen diese
Für den Wahren Menschen.

Ikkyu Sôjun

*

Verlorene Erleuchtung

Verlorene
Erleuchtung
Macht alles nichtig.
Die Zukunft wird sein
Wie das Vergangene.
Gold oder Messing?
Das Echte vom Falschen zu scheiden,
Ist selbst für Buddha schwer.
Buddha oder Dämon?
Man sagt,
Der Unterschied
Sei dünn wie Papier.

Ikkyu Sôjun

*

Der Weg des Irrens

Ich finde
Nicht Anfang, nicht Ende
In meinem Sinn.
Buddha-Wesen
Wird uns nicht
In die Wiege gelegt;
Daß wir
Als Buddha geboren würden,
Gibt ein falsches Bild.
Von Anbeginn
Allen Lebenden gemeinsam
Ist der Weg des Irrens.

Ikkyu Sôjun

*

Maulwurfsgrille*

Wie flüchtig ist doch
Das Leben der Maulwurfsgrille!
So auch die Bindung
Zwischen Mann und Frau
Mag sie noch so tief scheinen.

Yanagibara Mukou

* Fängt man eine Maulwurfsgrille zwischen Daumen und Zeige-
finger, so gebärdet sie sich, als wolle sie »Harakiri« begehen. Man
sieht darin ein Zeichen für schicksalhafte Resignation.

*

Der Meister

Schwierig, einen guten Lehrer zu finden,
schwierig für ihn auch das Lehren,
ist es auch schwer, gut zu hören,
schwerer noch ist es, zu glauben.

Jôdo Wasan

*

Strahlende Klarheit

*Nichts Schwieriges am Großen Weg
Nur vor dem Wählen hüte Dich!
Allein wer weder haßt noch liebt
Erkennt in strahlender Klarheit.*

Sôjan Zenji

*

Im Leben zum Toten werden

*Das Beste ist, noch im Leben durchaus
zum Toten zu werden und tun, was man will.*

Bunan Shido

GEIST UND LEHRE DES ZEN

Was ist Zen?

Es zeigt sich gerade vor Deinem Gesicht, und in diesem Augenblick ist das Ganze Dir schon gegeben. Für einen verständigen Menschen sollte ein einziges Wort genügen, ihn von der Wahrheit zu überzeugen. Aber schon hat sich der Irrtum eingeschlichen. Und dies um so rascher, sobald Papier und Feder daran beteiligt sind oder Vortrag in Worten oder logische Sophisterei; dann entgleitet es Dir immer weiter und weiter. Die große Wahrheit des Zen ist in jedermanns Besitz. Schau hinab in Dein eigenes Wesen und suche es nicht durch andere. Dein eigener Geist ist jenseits aller Form, ist frei und still und sich selbst genügend. Immerwährend prägt er sich selbst in Deinen sechs Sinnen und in den vier Elementen. In seinem Lichte löst sich alles auf. Bringe die Zweiheit von Subjekt und Objekt zum Schweigen, vergiß beide, überspringe den Intellekt, trenne Dich vom Verstand und dringe unmittelbar in die Tiefe bis zur Identität mit dem Buddha-Geist; außerhalb seiner gibt es keine Wirklichkeit.

*

Gelübde einer Zen-Gemeinschaft

Obwohl die vielen Dinge ohne Zahl sind,
gelobe ich, sie zu erretten.
Obwohl Gier, Haß und Unwissenheit immer aufs neue
  ihr Haupt erheben,
gelobe ich, sie in mir abzutöten.
Obwohl der Dharma unermeßlich und unauslotbar ist,
gelobe ich, ihn zu verstehen.

Obwohl der Weg des Buddha unerreichbar ist,
gelobe ich, diesen Weg ganz und gar zu verkörpern.

✳

Die So-heit der Dinge

Das Zen-Training führt den Schüler von der Unwissenheit weg über das Infragestellen der Dinge zur Erkenntnis
ihrer So-heit. Wie der Zen-Meister Ching Yuan (8. Jahrhundert) es ausdrückt.

> Bevor du Zen studierst, sind Berge Berge und Flüsse
> Flüsse. Während du Zen studierst, sind Berge keine
> Berge und Flüsse keine Flüsse mehr. Hast du dann
> die Erleuchtung gewonnen, sind Berge wieder Berge
> und Flüsse wieder Flüsse.

✳

Ein grünes Salatblatt

In seinen Anweisungen an den *Tenzo*, also den Koch des
Klosters, dringt Dogen Zenji darauf, dieser solle das für
die Zubereitung der Mahlzeiten verwendete Gemüse sowie die Körnerfrüchte behandeln, »als wären sie deine eigenen Augäpfel«. In diesem Zusammenhang verwies er
weiterhin auf den folgenden Ausspruch eines alten Meisters: »Kochst du Reis, betrachte den Kochtopf als dein
eigenes Haupt. Wäschst du Reis, sei dir bewußt, daß das
Wasser dein eigenes Leben ist.« Dann fährt Dogen Zenji
fort:

> »Wenn jemand dies nicht begreift, so hat das seine
> Ursache darin, daß sein Denken umherrennt wie ein
> wildes Pferd und sein Gefühl herumhüpft wie ein
> Affe im Wald. Haltet ihr hingegen das Pferd und den
> Affen ein wenig im Zaume und laßt ihr sie über sich
> selbst nachdenken, so wird das Einssein aller Dinge

ohne viel Umschweife erkannt. Ihr nehmt dann ein grünes Salatblatt und verwandelt es in eine sechzehn Fuß hohe Buddhastatue; ebenso aber könnt ihr eine sechzehn Fuß hohe Buddhastatue nehmen und sie in ein grünes Salatblatt verwandeln.«

*

Schüler und Meister

Der Schüler ist wie ein gutes Stück Holz; der Meister gleicht dem Zimmermann. Und wenn das Holz noch so krumm ist, wird eine geschickte Hand schon bald ihr wunderbares Können darin offenbaren. Je nachdem der Meister wahr oder falsch ist, wird die Erweckung des Schülers nur scheinbar oder wirklich sein. Dies sollte man genau verstehen.

Aber seit alters her hat in unserem Land niemals ein wahrer Meister gelebt. Woher kann man dies wissen? Um darüber zu urteilen, genügt es, ihre Worte zu hören, so wie wir Wasser aus einem Fluß schöpfen, um etwas über seine Quelle zu erfahren.

In unserem Land haben die Meister bis zum heutigen Tag Bücher geschrieben, Schüler unterwiesen und den Menschen und himmlischen Wesen Gaben dargebracht. Aber ihre Worte sind noch grün, ihr Reden unreif. Sie haben die höchste Stufe im Studium des Weges noch nicht erreicht. Wie könnten sie in die Nähe der Verwirklichung gekommen sein? Sie haben nur Schriftzeichen und Sätze übermittelt oder gelehrt, Worte zu rezitieren. Sie haben nichts anderes getan, als fremde Schätze Tag und Nacht aufzuzählen, ohne selbst einen Heller zu besitzen. Die Verantwortung dafür tragen die Meister von einst. Die einen lehrten die Menschen, Erleuchtung außerhalb ihres eigenen Geistes zu suchen; die anderen lehrten sie, danach zu trachten, in einem anderen Land wiedergeboren zu werden. Solche Lehren sind Quellen des Irrtums und der Verwirrung; sie sind der Grund für falsche Vorstellungen.

Angenommen, man gibt euch eine gute Arznei: Wenn man euch nicht lehrt, wie man (ihre Rückstände im Körper) zum Verschwinden bringt, wird die Krankheit, die sich einstellt, schlimmer sein, als hättet ihr Gift genommen. Seit alters her sind die Verhältnisse in unserem Lande so, als habe es niemals jemanden gegeben, der eine gute Arznei verabreicht hätte und als habe es auch niemals Meister gegeben, die gelehrt hätten, wie man die toxischen Wirkungen der Heilmittel zum Verschwinden bringt. Wenn also schon Geburt und Krankheit nicht aus der Welt geschaffen werden können, wie sollten wir dann Alter und Tod entgehen? Dies alles ist die Schuld der Meister, nicht die der Schüler. Warum ist das so? Diejenigen, die die Meister der Leute waren, sind für diesen Zustand verantwortlich, weil sie die Leute gelehrt haben, das Studium der Wurzeln abzulehnen, um statt dessen die Äste zu studieren.

Solange man sich selbst noch nicht verstanden hat und man sich nur dem egoistischen Geist zuwendet, wenn man leichtsinnigerweise andere unterweist, dann ermutigt man sie, dem Irrtum zu verfallen. Das ist bedauerlich. Aber wenn sogar derjenige, der Meister ist, den Irrtum nicht selbst erkennen kann, wie sollten dann die Schüler zwischen richtig und falsch unterscheiden? Es ist bedauerlich, daß unser kleines Land, so randständig und wenig zivilisiert es sein mag, ein Ort ist, an dem sich die Lehre Buddhas noch nicht weit verbreitet hat und wo wahre Meister noch nicht erschienen sind. Wenn man den erhabenen buddhistischen Weg studieren will, muß man weit gehen und sich bei den Freunden der Güter von Sung erkundigen; dann kann man erkennen, wie weit sich ein Lebensweg auftut, auf den man nicht gefaßt gewesen war. Wenn man keinen Meister hat, ist es besser, nicht zu studieren.

Für einen wahren Meister ist es nun wichtig, daß er – ungeachtet seines Alters oder seiner Greisenhaftigkeit – das wahre Gesetz durchdrungen hat und von einem authentischen Meister bestätigt worden ist. Für ihn haben Schriftstücke und Verständnis keinerlei Bedeutung; statt dessen braucht er außergewöhnliche Kraft und einen das übliche Maß übersteigenden Willen. Derjenige, der nicht an der Sicht des »Mein« anhaftet und auch nicht bei schöngeistigen Erkenntnissen verweilt, bei dem sich dagegen Handlungen und Kenntnisse gegenseitig durchdringen – derjenige ist ein wahrer Meister.

✳

Die Lehre des Meister aufnehmen

Das Verständnis des Gesetzes und die Erlangung des Weges hängen von der Kraft des Meisters ab. Wir müssen nur wissen, daß wir, wenn wir einen Zen-Meister befragen und ihm zuhören, seine Anweisungen nicht an unseren persönlichen Vorstellungen messen dürfen. Derjenige, der das täte, wäre nicht in der Lage, die Belehrungen des Meisters zu verstehen. Wenn wir einen Meister nach dem Gesetz befragen, müssen wir Körper und Geist reinigen und Augen und Ohren still werden lassen, damit wir einfach zuhören und seine Belehrungen empfangen, ohne irgendeinen anderen Gedanken damit zu vermischen. Körper und Geist müssen ein und dasselbe sein mit denen des Meisters, so wie Wasser, das von einem Gefäß in ein anderes gegossen wird. Nur wer in der Lage ist, sich in dieser Weise hinzugeben, wird die Lehre des Meisters aufnehmen können.

✳

Jegliche Form ist Leere

Alles unterliegt dem Gesetz der Veränderung
einem Traum, einem Phantom, einer Luftblase,
einem Schatten gleich,
wie der Tau des Morgens oder das Zucken des
 Blitzes;
in dieser Weise solltet ihr kontemplieren.

Diese Verse stehen am Ende des Diamant-Sūtras; sie beziehen sich nicht nur auf die Kürze des Lebens, sondern gleichermaßen auf das Gewebe eines jeden Augenblickes. Er hat keine Substanz, ja wie es im Herz-Sūtra heißt – er ist gänzlich leer.

Weil es unmöglich ist, die buddhistische Doktrin der Leere intellektuell zu begreifen, wird sie immer wieder mißverstanden. Einige buddhistische Gelehrte begnügen sich mit der Erklärung, der Begriff der Leere stehe nur für die Vergänglichkeit aller Aspekte der phänomenalen Welt: »Wenn du ›jetzt‹ sagst, ist es bereits vorüber.« Aber das ist nicht der ausschließliche Wortsinn.

Mit dem Wort »Leere« bezeichnen wir einfach alles, was eigenschafts- und alterslos ist – das vollkommen Leere und zugleich durch und durch Wirksame. Man kann es auch Buddha-Wesen, Selbst, Wahres-Wesen nennen, aber solche Worte sind nichts weiter als Etiketten oder Hinweisschilder.

Jegliche Form ist Leere, und, wie das Herz-Sūtra sagt, das Leere ist Form. Die grenzenlose Leere des Universums ist in letzter Hinsicht das Wesen unseres Alltagslebens, ob wir nun einen Laden betreiben, für unsere Kinder sorgen, unsere Rechnungen bezahlen oder sonst einer gewöhnlichen Tätigkeit nachgehen.

Zen-Geschichten

Zen beim Handeln

Zenmeister Man-an schrieb an einen Laienschüler des Zen:

»Willst du möglichst rasch die Meisterschaft in allen Wahrheiten und Unabhängigkeit in allen Wechselfällen gewinnen, gibt es keinen besseren Weg als Konzentration beim Handeln. Deshalb heißt es, Schüler der Esoterik, die sich auf dem Weg befinden, sollten mitten im weltlichen Leben sitzen und meditieren.

Der dritte Patriarch des Zen hat gesagt: ›Wenn du auf dem Weg zur Einheit vorwärtskommen willst, dann wende dich nicht von den Gegenständen der sechs Sinne ab!‹ Das heißt nicht, daß du dich den Gegenständen der sechs Sinne hingeben sollst. Aber es heißt, daß du fortwährend bewußt und achtsam sein und im Alltag die Gegenstände der sechs Sinne weder ergreifen noch von dir stoßen sollst, wie eine Ente im Wasser, deren Federn nicht naß werden.

Verachtest du statt dessen die Gegenstände der sechs Sinne und suchst sie zu meiden, so wirst du der Tendenz zur Weltflucht verfallen und niemals den Weg der Buddhaschaft vollenden können. Siehst du aber klar das Wesen der Dinge, so werden die Gegenstände der sechs Sinne selbst zur Meditation, die Sinnenwünsche selbst zum Weg zur Einheit und alle Dinge zu Manifestationen der Wirklichkeit. Wenn du in die große Ruhe des Zen, gespalten weder von Bewegung noch von Bewegungslosigkeit, eintrittst, werden Körper und Geist befreit und erlöst.«

*

Zen im Alltag

Man-an schrieb an einen Regierungsbeamten: »Die Menschen jeden Berufs müssen sich um alle möglichen Dinge kümmern. Wie sollen sie da noch Zeit und Muße finden, jeden Tag in schweigender Kontemplation still dazusitzen? Hier gibt es Zenlehrer, denen es nicht gelungen ist, die konzentrierte Sitzmeditation mit ihren Schülern zu entwickeln. Sie lehren statt dessen Zurückgezogenheit und Ruhe außerhalb der Menschenansammlungen und behaupten, ›intensive, konzentrierte Meditation ist in der Hektik des Berufs, der Geschäfte und der Arbeit nicht zu schaffen‹. Dadurch führen sie ihre Schüler in eine falsche Richtung geistiger Aktivität.

Menschen, die auf solche Reden hören, denken dann, Zen sei etwas schwer zu Vollbringendes und Praktizierendes. Sie geben infolgedessen ihren Impuls, Zen zu pflegen, auf, verlassen die Quelle, versuchen der Aufgabe auszuweichen und werden so immer wieder zu einer Art geistiger Wanderarbeiter. Es ist wirklich ein Jammer. Und wenn sie aufgrund irgendeiner Ursache in der Vergangenheit doch noch von einem inneren Drang und Streben erfüllt sind, begeben sie sich irgendwohin, wo sie ihren Beruf vernachlässigen und um des Weges willen alle sozialen Tugenden verlieren.

Wie einst ein Alter gesagt hat: Sehnten sich die Menschen heutzutage so sehr nach Erleuchtung, wie sie sich nach der Umarmung ihrer Geliebten sehnen, so wäre es gleichgültig, wie beschäftigt sie beruflich und wie luxuriös ihre Wohnungen eingerichtet sind. Sie würden sich unbedingt und unablässig konzentrieren, bis das große Wunder geschähe.

Viele Menschen der alten und neuen Zeit sind zum Weg erwacht und haben das Wesentliche inmitten der Hektik der Geschäfte erblickt. Alle Wesen zu allen Zeiten und an allen Orten sind Manifestationen des einen Geistes. Wenn der Geist erregt ist, empören sich die Dinge gegen ihn. Ist der Geist ruhig, sind alle Dinge ruhig. Solange der eine Geist noch ungeboren ist, sind alle Dinge ohne Tadel. Deshalb: Selbst wenn jemand sich an ruhigen und stillen Orten tief im Gebirge aufhält und in schweigender Meditation ruhig dasitzt – solange dem ›Begriffspferd‹ des ›Geistesaffen‹ die Straße nicht verlegt ist, verschwendet er nur seine Zeit.

Der dritte Patriarch des Zen hat gesagt: ›Versuchst du, die Bewegung mit Gewalt anzuhalten und zur Stille zu kommen, so wird dieses Anhalten nur noch mehr Bewegung erzeugen. Versuchst du, wahres Sosein zu erreichen, indem du die zufälligen Gedanken zu vernichten trachtest, wirst du deinen Lebensgeist nur quälen, deine Gedankenenergie verringern und dich selbst krank machen. Und nicht nur dies: Du wirst vergeßlich und zerstreut werden und dich in ein Chaos der Verwirrung stürzen.‹«

✳

Richtlinien

Settan schrieb einst Richtlinien für Zenklöster nieder: »Ein Alter hat gesagt, das Zenstudium habe drei wesentliche Voraussetzungen: erstens eine starke Glaubenswurzel, zweitens ein großes Staunen, drittens eine große Entschlossenheit. Fehlt eine dieser drei, seid ihr wie ein Dreifuß, dem ein Bein fehlt.

Ich stelle keine besonderen Forderungen. Ich verlange nur, daß ihr deutlich erkennt: Jeder Mensch besitzt eine wesentliche Natur, die wahrgenommen werden kann. Und: Es gibt eine wesentliche Wahrheit, zu der jedermann durchdringen kann. Nur wenn ihr das erkennt, werdet ihr standhaft bleiben. Außerdem gibt es Aussprüche, um über sie nachzudenken. Wenn jemand nur halbbewußt und halbwach herumläuft, kann er im Zen nicht wirklich erfolgreich sein. Es ist unbedingt notwendig, achtsam und standhaft zu sein.«

*

Ethik des Zen

Im Japan des 18. Jahrhunderts lebte eine Nonne namens Jimon. In einer kalten Nacht kam ein Dieb in ihre Hütte, der nach Wertgegenständen suchte. Völlig furchtlos erhob sich Jimon von ihrem Lager und sagte: »Wie unangenehm es gewesen sein muß, in einer solch kalten Nacht über die Berge und Felder hierherzukommen. Warte einen Augenblick, dann werde ich dir etwas Warmes geben.« Sie bereitete ihm eine Hafersuppe und nötigte ihn, sich ans Feuer zu setzen. Dann sagte sie zu ihm: »Ich habe mich von der Welt zurückgezogen und besitze deshalb keinerlei Wertsachen mehr, aber nimm nur alles, was du willst. Gestatte mir nur, daß ich dir etwas sage. Ich habe dich genau angesehen, und mir scheint, es dürfte dir nicht schwerfallen – egal durch welche Arbeit –, deinen Lebensunterhalt auf ehrliche Weise zu verdienen. Gereicht es dir aber unter diesen Umständen nicht zur Unehre, daß du so tief gesunken bist und nicht nur über dich, sondern auch über deine ganze Familie solche Schande bringst? Überdenke deshalb deinen Standpunkt und nimm Abstand von deinem bisherigen Geschäft. Nimm alles, was ich habe, verkauf es und mach daraus ein Kapital, das es dir gestattet, eine Tätigkeit auszuüben, die deinen Fähigkeiten entspricht. Dann wird dir wohler sein.« Diese Worte hinterließen bei dem Dieb einen so tiefen Eindruck, daß er ohne Beute von dannen ging.

*

Ein bekehrter Ketzer

Im Alter von vierzehn oder fünfzehn begann Ummon konfuzianische Bücher und religiöse Texte zu studieren. Im Alter von 22 aber erfuhr er eine Herzensumkehr: »Selbst wenn ich jedes exoterische und esoterische Buch, das es gibt, lese«, überlegte er bei sich selbst, »was hilft mir das an der Grenze zwischen Leben und Tod?«

Und er trennte sich von all seinen Büchern und hängte das akademische Studium an den Nagel.

Dann suchte er einen Zenmeister auf. Dieser wollte ihm die Arbeit mit Koans beibringen.

Aber Ummon protestierte: »Ich habe keine Lust, mit Koans zu arbeiten. Da ich weiß, daß ich einst als bloßer Aschenhaufen in einen Zustand des endgültigen Todes und unwiderruflichen Aufhörens gelangen werde, hege ich keinen Zweifel mehr. Was geschieht denn tagein, tagaus? Ist es da? Ist es nicht da? Solange ich mich das frage, genügt das.«

Der Zenmeister sagte: »Wenn du so weitermachst, wirst du zum Ketzer werden.«

Ummon erwiderte: »Dann werde ich eben ein Ketzer! Es genügt mir, wenn ich den Frieden des Gemüts erreicht habe.« Ummon fuhr weitere zwei Jahre fort, in unbeirrbarer Ausrichtung zu meditieren.

Als er eines Tages Feuerholz im Wald sammelte, fühlte er, wie die ganze Welt, einschließlich er selbst, in sich zusammenstürzte. In diesem Augenblick erlangte er den Zugang kosmischer Freude.

Nun überlegte Ummon: »Zwar habe ich jetzt Frieden und Glück erlangt. Aber das ist nicht mehr, als worüber die kanonischen Schriften gewöhnlich berichten. Wie jedoch verhält es sich mit der Zenbotschaft, die außerhalb der offiziellen Lehren und auf besonderen Wegen vermittelt wird?«

Er verdoppelte also seine Anstrengungen für weitere zwei Jahre, bis ihm schließlich die lebendige Erfahrung des Zen zuteil wurde. Jetzt war sein Geist vollkommen frei.

Als Ummon den Tod nahen fühlte, ermahnte er seine Schüler mit den Worten: »Ich habe vier Regeln. Erstens: Durchschneide alle Gedankenknoten und verlasse dich allein auf die universelle Wahrheit. Zweitens: Laß Körper und Geist los und streife Geburt und Tod ab. Drittens: Schreite über das Absolute hinaus und schaffe dir ein individuelles Leben. Viertens: Schleppe Steine, häufe Erde und gib dadurch dem Weisheitsleben Dauer.«

Ummons Abschiedsgedicht lautete:

Das letzte Wort
Erhellt den Himmel
Und erhellt die Erde.

Koans

Ein Koan ist der rätselhafte Ausspruch des Zen-Meisters, der paradox ist und mit den Mitteln von Verstand und Vernunft nicht vollständig begriffen bzw. ›gelöst‹ werden kann. Der Schüler, der eine Frage an den Meister gerichtet hat, soll auf diese Weise aus seinen gewohnten Denkmustern geworfen werden und auf eine andere Ebene des Begreifens gelangen, wenn möglich sogar zur Erleuchtung.

M G.

*

Das Koan Mu

Ein Beispiel

Ein Mönch fragte Chao-chou: »Hat ein Hund wirklich Buddha-Wesen oder nicht?«
Chao-chou sagte: »Mu.«

Wu-Mens Kommentar

Die Praxis des Zen verlangt gebieterisch, daß wir die von den alten Meistern errichteten Schranken überwinden. Um zur erhabenen Erleuchtung zu gelangen, müssen wir die Straße des Denkens abrupt verlassen. Falls wir jedoch die von den alten Meistern errichteten Schranken nicht überwinden und die Straße des Denkens nicht abrupt verlassen, so gleichen wir Geistern, die sich an Büsche und Grashalme klammern.

Was aber ist die von den alten Meistern errichtete Schranke? Diese einzige Schranke unseres Glaubens ist eben dies eine Wort MU. Wir nennen sie auch »die torlose Schranke des Zen«. Sobald es uns jedoch gelingt, diese Schranke zu passieren, treten wir nicht nur in ein vertrautes Gespräch mit Chao-chou ein, sondern wir wandeln gleichsam Hand in Hand mit den alten Meistern aller Generationen unserer Tradition einher, und die Härchen unserer Augenbrauen sind mit den ihren verwoben; wir sehen mit den gleichen Augen wie sie und hören mit den gleichen Ohren. Ist das nicht herrlich? Gibt es wohl irgend jemanden, der diese Schranke nicht passieren möchte?

Wir sollten deshalb unseren ganzen Körper in eine einzige Masse des Zweifels verwandeln und uns mit unseren sämtlichen 360 Knochen und Gelenken und unseren 84 000 Haarfollikeln auf dieses eine Wort Mu konzentrieren. Tag und Nacht sollten wir dieses Rätsel zu ergründen suchen. Dabei dürfen wir jedoch nicht in den irrtümlichen Glauben verfallen, es handle sich dabei um nichts. Auch Attribute wie »hat« oder »hat nicht« sind bedeutungslos. Das Ganze gleicht etwa dem Verschlingen einer glühend-heißen Eisenkugel. Wir bemühen uns verzweifelt, sie herauszuwürgen, jedoch ohne Erfolg. So reinigen wir uns allmählich und befreien uns von mißverstandenem Wissen und falschen Einstellungen, die wir aus der Vergangenheit mitgebracht haben. Innen und außen werden wir eins. Und wir gleichen einem stummen Menschen, der einen Traum hat. Wir kennen diesen Traum nur für uns ganz allein.

Plötzlich bricht MU auf. Der Himmel ist starr vor Erstaunen; die Erde bebt. Es ist, als würden wir dem General Kuan sein großes Schwert entreißen. Wenn wir einem Buddha begegnen, so töten wir den Buddha. Wenn wir Bodhidharma begegnen, so töten wir Bodhidharma. Auf dem unendlich schmalen Grat zwischen Geburt und Tod entdecken wir die Vollkommene Freiheit. In den sechs

Welten und den vier Arten der Geburt erfreuen wir uns eines Samādhi der Fröhlichkeit und des Spiels.

Wie aber sollten wir mit diesem Koan arbeiten? Indem wir all unsere Lebensenergie auf dieses eine Wort MU verwenden. In dem Augenblick, da wir nicht mehr zaudern, ist es schon geschehen. Ein einziger Funke genügt, um unsere Dharma-Kerze zu entzünden.

WU-MENS VERS

Hund! Buddha-Wesen!
Der vollkommene Ausdruck des Ganzen.
Nur ein wenig »hat« oder »hat nicht« genügt,
und der Körper ist verloren; das Leben ist verloren.

*

Sitzen schlägt den Buddha tot

Als Mönch war der hochgewachsene Ma im Jahre 734 dem Meister Nan-yüä dadurch aufgefallen, daß er unablässig auf einer Felsplatte sitzend meditierte – als wäre er aus Stein gehauen. Einmal fragte der Meister beiläufig: »Was hat es eigentlich damit auf sich, daß du immer in tiefem Schweigen aufrecht dasitzt?« Ma sagte: »Nichts weiter als Meditieren.«

»Und was willst du damit erreichen?« – »Durch konsequentes Sitzen in der Versenkung möchte ich zum Buddha werden.«

Der Meister sagte dazu nur: »Ah, so«, und ging weiter. Später hob er im Hof ein Stück Dachziegel auf und fing nicht allzuweit von Ma entfernt an, es ständig auf einem Steinblock hin- und herzureiben. Nach einiger Zeit fragte Ma verwundert: »Ehrwürdiger, was macht Ihr eigentlich?« – »Ich reibe diesen Ziegel hier, wie du siehst.« – »Was wollt Ihr denn damit erreichen?« – »Ich möchte durch das Hinundher-Fummeln einen Spiegel daraus schleifen.« Ma lachte und rief: »Wie soll aus einem Ziegelstein je ein Spiegel werden?« Da lachte auch der Meister, warf den Ziegel weg und sprach: »Aus einem Ziegelstein wird allerdings auch durch noch so vieles Polieren nie ein Spiegel. Und niemand wird auch durch noch so vieles Sitzen in der Versenkung je zum Buddha.«

Ma sprang von seinem Sitz auf und fragte tief betroffen: »Was? Durch eiserne Beharrlichkeit im Sitzen soll man nicht zum Buddha werden können?« Statt einer Antwort fragte Nan-yüä zurück: »Wenn Ochs und Wagen nicht vorankommen, haut man dann auf den Wagen ein oder auf die Ochsen...? *Wer das Sitzen in Versenkung um der Buddhaschaft willen betreibt, schlägt den Buddha damit tot.* Durch Fixieren auf das Sitzen als Form der Meditation wird der Sinn, der eben darin liegen soll, in sein Gegenteil verkehrt.«

Bei diesen Worten wurde es dem Mönche Ma mit einem Male weit ums Herz, in seinem Innern ging ein Licht auf, und er verneigte sich vor dem Meister: »Wodurch läßt sich solche gestaltlose Versunkenheit erreichen?«

Nan-yüä legte ihm die Hand auf die Schulter: »Das, was *du* dazu tun kannst, den Seelengrund zu finden, gleicht dem Ausstreuen der Samenkörner in den Acker; das, was ich dazu beitragen werde, indem ich mir deutlich mache, worauf es im GESETZ ankommt, entspricht dem Naß des Himmels, das den Boden befeuchtet. Mir geistig verwandt, wirst du deinen Weg sehen und gehen.«

Ma war sich dessen nicht so sicher und fragte: »Wenn aber der WEG weder Form noch Erscheinung ist, wie ist er dann überhaupt zu sehen?«

Der Meister gab zur Antwort: »Das Wahrheitsauge auf dem Seelengrunde kann den Weg sehr wohl sehen, so ist es auch mit der gestaltlosen Versunkenheit.«

Ma, dessen Erkenntnis immer heller wurde, erbat sich noch eine Antwort: »Gibt es auch im innigsten Erkennen ein Werden und Vergehen?«

Der Meister antwortete: »Unangebracht wäre es, auch den WEG noch im Licht der Gegensätze von Werden und Vergehen, Sammlung und Zerstreuung, zu betrachten. Mein Vers lautet dazu:

> Im Seelengrunde ruht ein Quantum Samen.
> In Himmels Feuchte sprießt es voll und grün.
> Versunkenheit als ewige Blume ungestaltet,
> Wie sollte jemals welken sie, und wie erblühn?«

※

Die fragende Schatzkammer

Als ein Mönch vor Ma äußerte, er suche das Gesetz des Buddha, versetzte der Patriarch: »Du läßt also den Schatz, den du im eigenen Haus verborgen hast, gleichgültig herumliegen, läufst fort und suchst in der Welt nach anderen Schätzen. Was soll das? Hier bei mir ist für dich nichts zu holen, auch kein Buddhagesetz.« Der Mönch fragte: »Was ist denn das für eine Schatzkammer, die sich in meinem Haus befinden soll?« Ma erklärte: »Eben das, was jetzt hier an mich diese Frage stellt, das ist deine Schatzkammer.« In diesem Augenblick ging dem Mönch ein großes Licht auf.

※

Aus dem Brunnen heraus

Ein Wandermönch Yang-schan hatte zuvor einen Meister nach dem unvermeidlichen »Sinn des Kommens unseres Patriarchen aus dem Westen« befragt und zur Antwort erhalten: »Stelle dir einen Menschen vor, der tausend Fuß tief in einem Brunnen sitzt. Wenn es dir gelingt, diesen

Mann ohne das kleinste Stück Brunnenseil aus der Tiefe herauszuziehen, dann werde ich dir sagen, was der Sinn jener Ankunft aus dem *Osten* ist.« Der Mönch wies lachend auf den Versprecher »Osten« (statt aus dem »Westen«) hin; doch der Meister rief ungerührt dem Aufwärter zu: »Wirf den Leichnam da hinaus!«

Kopfschüttelnd trug der Mönch Yang-schan diese Geschichte dem Meister Dan-yüan vor und fragte: »Wie könnte man nur dem Mann aus dem Brunnen heraushelfen?« Dan-yüan schrie ihn an: WAS WILLST DU DENN, DU EINFALTSPINSEL? WER SITZT DENN IM BRUNNEN? Yang-schan stutzte, konnte sich jedoch immer noch nicht finden. Einige Zeit später legte er dieselbe Frage We-schan vor. Der rief ihn bei seinem Vornamen »Hui-dji!« Yang-schan sagte: »Jawohl.« Da konstatierte We-schan: »Er ist heraus!« Das endlich verhalf Yang-schan zur großen Einsicht. – Als Meister sagte er später: »Bei Dan-yüan ergriff ich die Sache als solche, bei We-schan erlebte ich ihre Wirkung.«

*

Was ist es mit Buddha?

Der spätere Meister Tai-sui war in der ersten Hälfte des 9. Jahrhunderts als Sohn vornehmer Eltern in der Stadt Yäntin aufgewachsen und hatte sich als junger Mönch auf die weite Pilgerfahrt ins große Reich begeben, um möglichst alle Lehrer von Rang selbst zu erleben.

»Auf dieser langen Wanderschaft von einem ZEN-Kloster zum anderen hatte ich nur den einen Wunsch: jedem Meister ganz in die Augen zu sehen; wenn ich in den Augen etwas entdeckte, das so aussah, als wäre es *feinstofflich* von DEM, dann blieb ich ein halbes Jahr. Bei *grobstofflicher* Gemütsart blieb ich bloß zwei Tage. Zähle ich's zusammen, so sind es über sechzig anerkannte Lehrer des Gesetzes, zu deren Füßen ich gesessen habe. Das große Auge habe ich bei einem oder zweien gefunden. Die Weisheiten der anderen kann ich getrost vergessen.«

Mehrere Jahre hielt sich der spätere Meister Tai-sui im Kreise von We-schan auf und kümmerte sich als Aufwärter um das tägliche Feuermachen. Eines Tages sprach ihn We-schan an: »Jetzt bist du schon einige Jahre hier; wie kommt es, daß du noch immer nicht verstehst, vorzutreten und eine Frage zu stellen?« Tai-sui sagte: »Was muß ich denn fragen, um Es zu erlangen?« We-schan erwiderte: »Wenn du schon nicht selber drauf kommst, so könntest du fragen: ›Was ist es mit Buddha?‹« Da sprang Tai-sui vor und hielt dem We-schan mit der Hand den Mund zu. Nach einer Weile sagte We-schan anerkennend: »Falls du irgendwann einmal den bisherigen Aufwärter suchst, wirst du ihn kaum mehr finden.

ZEN-DICHTUNGEN

Preislied des Zen

Alle Wesen sind ihrem Wesen nach Buddha,
wie Eis seinem Wesen nach Wasser ist.
Ohne Wasser gibt es kein Eis,
ohne Wesen keinen Buddha.

Wie traurig, daß die Menschen das Nahe nicht sehn
und die Wahrheit in der Ferne vermuten –
wie jemand, der umgeben von Wasser,
laut aufschreit vor Durst –
wie ein Kind aus reichem Hause,
das unter den Armen wandelt.

Verloren auf den Wegen des Nichtverstehens
wandeln wir durch die Sechs Welten –
von Weg zu Weg nur immer Dunkelheit,
wann werden wir frei sein von Geburt und Tod?

O, das Zazen des Mahāyāna!
Ihm sei der höchste Preis!
Verehrung, Reue und Schulung,
die vielen Paramitas –
sie alle haben ihren Ursprung in Zazen.

Auch wenn wir nur einmal Zazen praktizieren,
befrein wir uns von Verbrechen ohne Anfang.
Wo sind all die dunklen Wege dann?
Das Reine Land selbst ist nah.

Wer immer diese Wahrheit nur einmal hört
und mit dankbarem Herzen ihr lauscht,
sie wertschätzt und verehrt,
dem werden Segnungen zuteil ohne Ende.

Noch mehr jenen, die kehrtmachen
und Zeugnis ablegen für das Selbst-Wesen,
ein Selbst-Wesen, das Kein-Wesen ist –
sie gehen weit über den Buchstaben der Lehre hinaus.

Hier fallen Ursache und Wirkung zusammen,
der Weg ist weder zwei noch drei.
Mit der Form, die Nicht-Form ist,
mit dem Kommen und Gehen können wir
nicht in die Irre gehen.
Mit dem Denken, das Nicht-Denken ist –
selbst Singen und Tanzen sind die Stimme des
    Gesetzes.

Wie grenzenlos frei ist der Himmel des Samadhi!
Wie leuchtend der Vollmond der Weisheit!
Wahrhaftig – herrscht jetzt noch irgendein Mangel?
Nirvana ist hier – direkt vor unseren Augen;
der Platz, auf dem wir stehn, ist das Lotus-Land;
dieser Körper hier, der Buddha.

Hakuin Zenji

*

Gedicht vom Vertrauens-Geist

Der Erhabene Weg ist nicht schwer
für den, der frei von Vorlieben ist.
Bist du ohne Liebe und Haß,
wird alles klar und unverhüllt.
Machst du jedoch nur die kleinste Unterscheidung,
dann sind Himmel und Erde unendlich getrennt.
Willst du die Wahrheit sehen,
dann sei ohne Meinung für oder gegen etwas.
Das, was du magst, gegen das zu stellen, was du nicht
    magst,
ist die Krankheit des Geistes.

Wird die tiefe Bedeutung der Dinge nicht erkannt,
so wird der Friede des Geistes nur nutzlos gestört.

Der Weg ist vollkommen wie der weite Raum,
es gibt kein Zuwenig und kein Zuviel.
Wirklich, nur Ergreifen und Verwerfen sind der
    Grund,
warum wir das wahre Wesen der Dinge nicht erkennen.
Lebe weder in Verstrickung mit den äußeren Dingen
noch in der Vorstellung innerer Leerheit.
Sei heiter in der Einheit der Dinge,
und solche irrigen Ansichten verschwinden von selbst.
Wenn du versuchst, Aktivität zum Stillstand zu bringen,
    um Passivität zu erlangen,
erfüllt dich schon dieses Bemühen mit Aktivität.
Solange du in einem der Extreme weilst,
wirst du die Einheit nie kennen.

Wer nicht den einzigen WEG lebt,
verfehlt beides: Tätigkeit und Untätigkeit,
Behauptung und Verleugnung.
Die Wirklichkeit der Dinge leugnen
heißt ihre Wirklichkeit verfehlen;
die Leerheit der Dinge behaupten
heißt ihre Wirklichkeit verfehlen.
Je mehr du darüber sprichst und nachsinnst,
um so weiter entfernst du dich von der Wahrheit.
Hör auf, zu reden und zu denken,
dann gibt es nichts, was du nicht wissen kannst.
Zur Wurzel zurückzukehren heißt den Sinn entdecken,
doch den Erscheinungen nachzujagen heißt den
    Ursprung verfehlen.
Der Augenblick der inneren Erleuchtung
liegt jenseits von Erscheinung und Leerheit.
Die scheinbaren Wandlungen in der Welt der Leerheit
erscheinen uns nur aus Verblendung wirklich.

Suche nicht nach der Wahrheit;
höre nur auf, Meinungen zu hegen.

Verharre nicht in dualistischen Anschauungen;
vermeide sorgsam, ihnen zu folgen.
Gibt es auch nur eine Spur
von Dies und Das, von richtig und falsch,
geht der Geist in Verwirrung verloren.
Obwohl alle Zweiheit aus dem *Einen* kommt,
darfst du auch nicht dem *Einen* anhängen.
Wenn der Geist auf dem WEG ungestört weilt,
kann nichts auf der Welt mehr verletzten,
und wenn etwas nicht mehr zu verletzen vermag,
hört es auf, auf die alte Weise zu sein.

Wenn keine unterscheidenden Gedanken aufsteigen,
hört der alte Geist auf zu existieren.
Wenn die Gedanken-Objekte verschwinden,
verschwindet auch das denkende Subjekt,
und wenn der Geist verschwindet, verschwinden die
    Objekte.
Die Dinge sind Objekte, weil es ein Subjekt gibt, einen
    Geist;
und der Geist ist ein Subjekt, weil es Objekte gibt.
Erkenne die gegenseitige Abhängigkeit von beiden
und die grundlegende Wirklichkeit: Einheit in der
    Leerheit.
In dieser LEERHEIT ist beides ununterscheidbar,
und jedes von beiden enthält in sich die ganze Welt.
Wenn du nicht zwischen grob und fein unterscheidest,
wirst du nicht zu Vorurteil und Meinung verführt.

Den Erhabenen Weg zu leben
ist weder leicht noch schwer.
Aber jene, deren Blick begrenzt ist,
sind furchtsam und unentschlossen:

Je mehr sie eilen, um so langsamer kommen sie
    voran.
Dem Festhalten und Anhaften sind keine Grenzen
    gesetzt;
selbst das Anhaften an die Idee der Erleuchtung
bedeutet, auf Abwege zu geraten.
Belasse die Dinge einfach, wie sind sind,
und es wird weder Kommen noch Gehen geben.

Folge dem Wesen der Dinge,
und du wirst frei und ungestört wandeln.
Wo der Gedanke in Fesseln liegt, ist die Wahrheit
    verborgen,
denn alles ist dunkel und unklar.
Die Last des Urteilens
bringt Verdruß und Erschöpfung.
Welcher Nutzen läßt sich ableiten
aus Unterscheidungen und Trennungen?

Willst du den *Einen Weg* erfahren,
so verachte gerade die Welt der Sinne und Vorstellungen
    nicht.
Wirklich, sie vollkommen zu bejahen
kommt wahrer Erleuchtung gleich.
Der Weise verfolgt keine Ziele,
der Narr hingegen fesselt sich selbst.
Es gibt einen Dharma, nicht viele;
Unterscheidungen entstehen durch das Bedürfnis der
    Unwissenden, sich anzuklammern.
Den *Einen Geist* mit dem unterscheidenden Geist zu
    suchen
ist der größte Fehler von allen.

Ruhe und Unruhe entstammen der Illusion;
Erleuchtung ist ohne Zuneigung und Abneigung.
Alle Dualitäten entstehen durch Irrtum.

Sie sind wie Träume von Blumen in der Luft:
lächerlich, sie mit den Händen greifen zu wollen.
Gewinn und Verlust, richtig und falsch:
Schaffe solche Gedanken mit einem Mal ab.

Wenn das Auge niemals schläft,
vergehen alle Träume von allein.
Wenn der Geist keine Unterscheidungen trifft,
dann sind die zehntausend Dinge,
wie sie sind – aus einer Essenz.
Das Geheimnis dieser Einen Essenz zu verstehen
heißt, von allen Verstrickungen frei zu sein.
Wenn die Gleichheit aller Dinge gesehen wird,
ist die zeitlose Essenz des Selbst gefunden.
Vergleiche und Analogien sind nicht mehr möglich,
wenn Ursache und Beziehung verschwunden sind.

Betrachtest du Bewegung in Stille
und Stille in Bewegung,
so verschwinden Bewegung und Stillstand zugleich.
Wenn solche Dualitäten zu existieren aufhören,
kann auch die *Einheit* selbst nicht mehr sein.
Auf diese letzte Endgültigkeit
trifft kein Gesetz und keine Beschreibung mehr zu.

Ist der vereinigte Geist in Übereinstimmung mit dem
    WEG,
endet alles selbstbezogene Streben.
Zweifel und Unentschlossenheit verschwinden,
und ein Leben in wahrem Vertrauen ist möglich.
Auf einen Schlag sind wir von den Fesseln frei;
nichts hängt an uns, und wir hängen an nichts.
Alles ist leer, klar, selbst-erleuchtend,
ohne Anstrengung des Geistes.
Hier sind Denken, Fühlen, Wissen und Vorstellung ohne
    Wert.

In dieser Welt der *So-heit*
gibt es weder Selbst noch andere.

Willst du in unmittelbare Harmonie mit dieser
    Wirklichkeit gelangen,
sag, wenn der Zweifel kommt, einfach: »Nicht zwei.«
In diesem »nicht zwei« ist nichts getrennt
und nichts ausgeschlossen.
Ganz gleich, wann oder wo,
Erleuchtung heißt, in diese Wahrheit einzutreten.
Und diese Wahrheit ist jenseits von Ausdehnung oder
    Zusammenziehung in Zeit und Raum;
in ihr währt ein einziger Gedanke zehntausend Jahre.

Leerheit hier, Leerheit dort,
aber das unendliche Universum steht
immer vor deinen Augen.
Unendlich groß und unendlich klein;
kein Unterschied, denn alle Definitionen sind
    verschwunden
und keine Grenzen sind zu erkennen.
Das gleiche gilt für Sein und Nicht-Sein.
Verschwende keine Zeit in Zweifel und Streit,
die damit nichts zu tun haben.

Ein Ding, alle Dinge,
alles zusammen und durcheinandergemischt,
ohne Unterscheidung.
In dieser Verwirklichung leben
heißt, ohne Angst vor Unvollkommenheit sein.
In diesem Vertrauen leben ist der Weg zur
    Nichtdualität,
weil das Nichtduale eins ist mit dem vertrauenden
    Geist.

Worte!
Der WEG ist jenseits von Sprache,
denn auf ihm gibt es
    kein Gestern,
    kein Morgen,
    kein Heute.

Sôsan Zenji

3. TIBET

DIE BOTSCHAFT DES
DALAI LAMA

*Worte zu Frieden, Geduld und
Freigebigkeit*

Den Weltfrieden können wir nur
durch die innere Wandlung
der einzelnen Menschen herbeiführen.
Friede muß zuerst in jedem einzelnen Leben
entwickelt werden.
Ich glaube, daß Liebe, Mitleid und Selbstlosigkeit
grundlegend für den Frieden sind.
Sie schaffen eine Atmosphäre der Harmonie.

*

Wir haben alle dieselbe Natur,
wir erleiden alle dasselbe Los.
So hat es keinen Sinn, miteinander feindselig
und zornig umzugehen.
Wir können denken,

daß das Böse ein vorübergehendes Gebrechen ist,
das wir verringern können.
Auch unsere Gegner und Feinde haben einen Wert,
denn sie geben uns die Gelegenheit,
Geduld zu entwickeln.

*

Geduld ist ein Geisteszustand,
in dem man angesichts der Schäden,
die einem von anderen Menschen zugefügt werden,
nachsichtig ist.
Es gibt drei Arten von Geduld:
Die erste besteht darin, durch den zugefügten Schaden
nicht aus der Fassung zu geraten.
Die zweite heißt, freiwillig Leiden auf sich zu nehmen.
Und die dritte heißt, das Leiden zu ertragen.

*

Durch die Kraft unserer Freigebigkeit
können wir lernen,
die Dinge um uns rechtzeitig loszulassen.

*

Der Weg zu innerem Frieden

Wie lassen sich innerer Friede und heitere Gelassenheit
entwickeln? Ich glaube, daß die menschliche Natur ihrem
eigentlichen Wesen nach gut ist. Sicher sind auch Haß und
Eifersucht ein Teil von uns, die dominierende Kraft aber
scheint mir Warmherzigkeit und Wohlwollen zu sein.
Von der Geburt bis zum letzten Atemzug basiert unser
Dasein auf menschlicher Zuwendung und Wärme. Es ist
unübersehbar, daß Kinder, die im Schoß einer liebevollen
Familie aufwachsen, sich leichter tun, ihre menschlichen
Qualitäten zu entwickeln als solche, die in ihrer Kindheit

Liebe und Mitgefühl vermissen mußten. Ihr Verhalten wird später viel eher von negativen Emotionen bestimmt sein und überall für Spannungen sorgen. Anwesenheit oder Abwesenheit von Liebe und Mitgefühl in einer Familie haben also sichtbare Auswirkungen. Die medizinische Wissenschaft ist der Ansicht, daß innere Ausgeglichenheit eine wichtige Voraussetzung für die Gesundheit des einzelnen ist. Die physische Zuwendung, Körperkontakt mit der Mutter oder einer anderen Bezugsperson, spielt übrigens eine entscheidende Rolle bei der Entwicklung des kindlichen Gehirns.

Wir alle haben schon die Erfahrung gemacht, daß es uns dann, wenn wir guter Dinge sind und die Umwelt in einem freundlichen Licht sehen, leichter fällt, eine Widrigkeit oder eine schlechte Nachricht zu akzeptieren. Ist unser Geist jedoch unruhig, frustriert und verstört, kann schon ein unbedeutender Vorfall den Ausbruch negativer Emotionen provozieren. Lassen wir uns dann von diesen negativen Emotionen mehr und mehr beherrschen, verlieren wir unseren Appetit, unseren guten Schlaf und laufen Gefahr, unserer Gesundheit zu schaden und damit möglicherweise unser Leben zu verkürzen. Geistige Ruhe und innere Ausgeglichenheit sind also ein wahrer Segen.

Ich habe den Eindruck, daß man in der westlichen Welt mehr Wert auf die *Aktion* legt als auf die *Motivation*. In meinen Augen ist die Motivation wichtiger, denn ohne das dahinterstehende Motiv zu kennen, ist es manchmal schwierig, den Wert einer Tat einzuschätzen. Motivation ist der Antrieb des Lebens, der Motor allen Tuns. Ihr Wirkungsbereich ist die Ebene des Denkens, und Gedanken und Emotionen sind entweder positiv oder negativ. Man muß sie voneinander unterscheiden lernen und sich dann bemühen, positive Gedanken zu fördern und die negativen auszuschalten. Auf diese Weise entwickelt sich innerer Friede.

Heilsame Gedanken und unheilsame Gedanken auseinanderhalten zu können: Dies macht den Unterschied!

∗

Haß und Wut schwächen

[...] Wir beginnen also damit, uns von negativen Gedanken zu distanzieren und ihr Gegenteil, daß heißt Mitgefühl, Verzeihen und Anteilnahme, zu fördern. Auf diese Weise stärken wir schrittweise die Kraft der positiven Emotionen und schwächen gleichzeitig die negativen. Auch wenn letztere weiterhin auftreten, so sind sie doch flüchtiger und berühren unseren Geist nicht mehr allzu stark. Um sich ihrer endgültig zu entledigen, ist es manchmal besser, Haß und Ressentiment, die auf bestimmte Ereignisse in der Vergangenheit zielen, herauszulassen und auszudrücken. Im allgemeinen aber führt das Herauslassen von Haß und anderen negativen Emotionen dazu, daß man sich dies angewöhnt und es in der Folge immer öfter zu Haßausbrüchen kommt. Ich halte es aus diesem Grund für eher nützlich, sich eine gewisse Disziplin aufzuerlegen, um den eigenen Geist zu zähmen. Wenn sie nicht von außen kommt, sondern unsere eigene Intelligenz uns dazu führt, werden wir sie akzeptieren.

Ein Kernpunkt in diesem Geistestraining ist der Faktor Zeit. Man darf nicht erwarten, daß sich eine Wandlung in wenigen Minuten oder Wochen vollzieht. Eine derartige Einstellung ist unrealistisch. Wandlung braucht Zeit, manchmal vergehen Jahre, vielleicht sogar Jahrzehnte. Doch wenn wir an unserem Ziel festhalten und an den Mitteln, die uns dahin führen, werden wir auf jeden Fall Fortschritte machen.

Wie kann man Haß und Wut schwächen? Wut kann manchmal auch positiv sein, nämlich dann, wenn sie von Mitgefühl motiviert ist, während Haß stets negativ ist.

Wir müssen uns über seine Gefährlichkeit im klaren sein. Wie ich bereits sagte, läßt der Haß uns unsere Gesundheit verlieren und unsere Freunde, um schließlich unser ganzes Leben zu verpfuschen. Die negativen Emotionen schaffen Probleme auf jeder Ebene – auf persönlicher, familiärer, gesellschaftlicher, nationaler und selbst auf internationaler. Wie die Geschichte der Menschheit zeigt, waren jene, die unglaubliches Leid über andere gebracht haben, meist von Habgier und grenzenlosem Haß getrieben – in manchen Fällen war es auch einfach nur Unwissenheit. Dies soll nicht heißen, daß solche Wesen grundsätzlich böse sind, immerhin sind es *menschliche* Wesen. Nur haben sie ihren Geist völlig von negativen Emotionen beherrschen lassen und sind auf diese Weise schließlich zu Massenmördern geworden.

*

Positiver Geist

[…] Meine eigenen Erfahrungen und die Erfahrungen von anderen Menschen haben mir deutlich gemacht, wie sehr diese positive Einstellung zu unserem Glück und zu dem Glück anderer beiträgt und wie destruktiv sich eine negative Einstellung auswirkt. Nachdem ich dies festgestellt habe, bin ich es mir geradezu schuldig, mich mit allen Kräften um die Entwicklung meines Geistes zu bemühen.

Geist und Lehre des tibetischen Buddhismus

Der Dalai Lama

Zuflucht Buddha

Wir leben in einem Meer von Existenzkreisläufen, dessen Tiefe und Ausdehnung unermeßlich sind. Immer wieder bedrängen uns die Plagen von Begierde und Haß – es ist so, als ob wir ununterbrochen von Haien angegriffen würden.

Geist und Körper werden durch frühere, verunreinigte Handlungen und Plagen beherrscht, die der Grund für gegenwärtiges Leiden sind und zukünftiges Leiden auslösen. Solange eine solche Kreislaufexistenz andauert, gehen wir angenehmen und unangenehmen Gedanken nach: »Was werden die Leute denken, wenn ich dies tue?« »Tue ich es nicht, wird es zu spät sein, und ich mache keinen Gewinn.« Wenn wir etwas Angenehmes sehen, denken wir: »Oh, wenn ich das nur haben könnte!« Wir sehen, es geht anderen gut, und wir entwickeln Eifersucht, unfähig zu ertragen, daß es ihnen gut geht. Wir sehen einen anziehenden Menschen und wollen eine Beziehung. Wir sind nicht zufrieden mit einer vorübergehenden Beziehung, wir wollen, daß sie für immer dauert. Sind wir dann mit dem Betreffenden zusammen, begehren wir jemand anders. Sehen wir jemanden, den wir nicht mögen, werden wir zornig und fangen nach einem Wort Streit an. Wir haben das Gefühl, wir müssen fort, ohne auch nur eine Stunde in der Nähe dieser Person zubringen zu können. Tag und Nacht, Nacht und Tag verbringen wir unser Leben in der Gesellschaft von Plagen, lassen Begierde für die angenehmen Dinge entstehen und

Zorn für die unangenehmen. Das setzen wir sogar fort, wenn wir träumen: unfähig zu entspannen, bleibt der Geist ganz und gar ununterbrochen vermischt mit Gedanken von Begierde und Haß.

Wo können wir Zuflucht nehmen? Eine Quelle der Zuflucht müßte alle Unzulänglichkeiten vollständig und endgültig überwunden haben, sie muß frei sein von allen Fehlern. Sie muß auch über alle Attribute der Selbstlosigkeit verfügen, also jene Erlangungen haben, die notwendig sind um das Wohl anderer zu verwirklichen. Es ist zu bezweifeln, daß jemand Zuflucht gewähren könnte, dem diese beiden Voraussetzungen fehlen. Es wäre so, als würde man in einen Graben fallen und jemanden, der sich auch im Graben befindet, fragen, ob er einem heraushilft. Man muß jemanden um Hilfe fragen, der außerhalb des Grabens steht – es ist sinnlos sich an jemanden zu wenden, der sich in derselben mißlichen Lage befindet. Eine Zuflucht, die geeignet ist, vor den vielfältigen Schrecken Schutz zu bieten, darf nicht in diesem Leiden gebunden sein; sie muß von ihm frei und unbeeinträchtigt sein. Sie muß außerdem auch über die vollkommenen Erlangungen verfügen, denn es ist sinnlos, wenn man in den Graben gefallen ist, jemanden um Hilfe anzugehen, der draußen steht, aber nicht den Wunsch hat zu helfen oder den Wunsch hat, aber nicht die Möglichkeit.

Nur ein Buddha hat alle Fehler ausgelöscht und alle Erlangungen erreicht. Deshalb sollte man in seinem Geist zu einem Buddha Zuflucht nehmen, ihn mit der Rede preisen, und ihm mit dem Körper Achtung erweisen. Man sollte in die Lehre eines solchen Wesens eintreten.

VERSCHIEDENE SCHRIFTEN

Aus dem Miśrakastotra von Matrceta und Dignāga

Ich befinde mich im Existenzkreislauf,
dem Ozean, dessen Tiefe ohne Grenze ist.
Die furchterregenden Seeungeheuer der Begierde usf.
verzehren meinen Körper.
Wo werde ich nun Zuflucht nehmen?

Wer Verstand hat
würde seine Zuflucht zu ihm nehmen,
zu dem, der keinerlei Fehler hat,
der in jeder Hinsicht über glückverheißende Vorzüge
    verfügt.
Es wäre richtig diesen zu preisen, ihm
Verehrung zu erweisen und in seiner Lehre zu verweilen.

*

Aus der Schrift der Hörer

Formen sind wie Schaum.
Empfindungen sind wie Luftblasen.
Unterscheidungen sind wie Luftspiegelungen.
Zusammensetzungsfaktoren sind [hohl] wie die Stämme
    des Bananenbaumes.
Bewußtsein gleicht magischen Illusionen.
So hat der Freund der Sonne [Buddha] gesagt.

*

Aus den 60 Strophen der Beweisführung von Nāgārjuna

Die Pfade von Entstehen und Vergehen
wurden zu einem sinnvollen Zweck gelehrt.
Indem man Entstehen kennt, kennt man Vergehen.
Indem man Vergehen kennt, kennt man Vergänglichkeit.

Indem man Vergänglichkeit kennt, kennt man die
    hervorragende Lehre.
Diejenigen, die wissen, wie man das Entstehen und
    Vergehen
von dem aufgibt, das in Abhängigkeit entsteht,
die überqueren den Ozean des Existenzkreislaufes mit
    seinen [schlechten] Ansichten.

Dementsprechend sollte man den Zweck der Belehrung
von der Vergänglichkeit verstehen, denn ein Geist, der
sich ganz angezogen fühlt von den zusammengesetzten
Dingen, hat nicht den Wunsch, den Existenzkreislauf zu
verlassen. Als Gegenmittel dafür werden die Pfade der
Vergänglichkeit und des Leidens gelehrt, wodurch der
Wunsch entsteht, den Existenzkreislauf zu verlassen.
Wenn man dann – mit Entstehen und Vergehen als
Grund – die hervorragende Lehre versteht, daß das in Abhängigkeit Entstehende kein inhärent existierendes Entstehen und Vergehen hat, dann wird man aus dem Existenzkreislauf frei. Der Pfad der Befreiung ist also eben
diese Erkenntnis, daß die Person und andere Erscheinungen nicht inhärent existieren; die Pfade der Vergänglichkeit usf. sind Mittel, diese Erkenntnis entstehen zu lassen,
und Pfade, die den Geistesstrom üben.

✳

Aus dem Totenbuch der Tibeter

›Siehe! Der Vater und die Mutter, der große Sturm, der Wirbelwind, der Donner, die erschreckenden Projektionen und all diese auftauchenden Phänomene sind ihrer Natur nach trügerisch. Wie sie auch erscheinen, sie sind nicht wirklich. Jeder Stoff ist trügerisch und unwirklich. Sie sind wie ein Phantom, sie sind nicht beständig, sie sind nicht unveränderlich. Was soll mir Begierde? Was soll mir Furcht? Heißt das doch, das Nicht-Existente für existent zu halten. All das sind Projektionen meines Geistes, und da der Geist selbst von Anbeginn illusorisch und nicht-existent ist, woher sollten sie derart auftauchen? Dies habe ich bisher nicht so verstanden, und deshalb habe ich das Nichtexistente für existent gehalten, das Unwahre für wahr, die Illusion für Wirklichkeit; darum wanderte ich so lange im Samsāra. Und wenn ich nicht erkenne, daß sie Illusionen sind, werde ich weiterhin für lange Zeit im Samsāra wandern und sicherlich in den schlammigen Sumpf des Leidens stürzen. Doch sie sind alle wie Träume, wie Illusionen, wie Echos, die Städte des Gandharvas, wie Phantome, wie Trugbilder, wie optische Täuschungen, wie der Mond im Wasser; sie sind nicht wirklich, auch nicht für einen Augenblick. Gewiß sind sie nicht wahr, sondern trügerisch!

GESHE THUBTEN NGAWANG

Wenn wir uns bemühen

Alle Handlungen hinterlassen ihre Eindrücke und Nach-
wirkungen im Bewußtsein. Sie formen Anlagen, die später unter dem Einfluß weiterer äußerer und innerer Bedingungen zu Glück oder Leid heranreifen. Entspringen
die Handlungen einer falschen Sicht der Wirklichkeit,
sind sie etwa von Haß oder Begierde motiviert, so führen
sie zu Leid. Hat man sich bemüht, die Realität korrekt zu
erkennen, handelt man motiviert von Mitgefühl und geht
gegen negative Emotionen mit wirksamen Mitteln vor, so
werden diese Bestrebungen sowohl auf kurze als auch auf
lange Sicht zu Glück für einen selbst und andere führen.

Ähnlich wie wir in jungen Jahren selbst die Bedingungen für ein angenehmes Leben im Alter schaffen müssen,
tragen wir auch selbst die Verantwortung dafür, in diesem
Leben in uns die Ursachen für Glück in der weiteren Zukunft zu schaffen. Wenn man jung ist und es später gut
haben möchte, muß man sich selbst dafür anstrengen,
etwas lernen, arbeiten und Geld verdienen. Man kümmert sich um seine Gesundheit, bemüht sich um angenehme Freunde und darum, einen geeigneten Lebens-
partner zu finden.

Diese Mittel helfen allerdings wenig für die Zeit nach
diesem Leben, für die zukünftigen Existenzen. Um für
diese Zeit etwas Positives zu bewirken, muß man sich
nach besten Kräften bemühen, heilsame Taten durchzuführen und unheilsame Taten beiseite zu lassen. So werden gute Anlagen im Bewußtsein gesetzt, und die guten
und schlechten inneren Anlagen sind das einzige, was
man über den Tod hinaus mitnimmt.

Auch hier liegt die Verantwortung ganz bei einem
selbst. Wenn man stirbt, nützen all die Freunde, die

Reichtümer, das gute Essen, die schöne Wohnung und dergleichen nichts mehr. So heißt es im *Eintritt in das Leben zur Erleuchtung* des indischen Meisters und *Bodhisattva* Śāntideva (II, 37):

> Wie eine Traumerfahrung wird all das, was ich nun genieße, bloße Erinnerung werden. Das Vergangene, was es auch sei, werde ich nicht wiedersehen.

Nicht nur schwinden und enden die äußeren Reichtümer, sogar unser eigener Name wird bedeutungslos. Auch unser Körper, an dem wir sehr hängen, hilft uns nicht weiter, wir können ihn nicht mitnehmen. Haben wir uns in unserem Leben viel darauf eingebildet, zu diesem oder jenem Land, zu einer bestimmten Kultur, Menschenrasse oder Ideologie zu gehören, so wird das nun alles nutzlos. So sagt Śāntideva (VIII, 33) weiter:

> Geboren werde ich allein, allein muß ich sterben. Kein anderer hat Teil an meiner Qual. Was sollen mir all die Freunde dieses Lebens?

Wie man Geburt angenommen hat, muß man auch sterben: ganz allein. Wenn man auch noch so viele Freunde hat, kann man nicht zu ihnen sagen: »Nimm du die Hälfte von meinem Leid und du ein Viertel und auch du ein bißchen, so daß ich nicht so viel mitnehmen muß.« Von diesem Gesichtspunkt aus betrachtet hat es keinen großen Wert, immer wieder nach neuen Bekanntschaften Ausschau zu halten.

Jetzt, da wir Menschen sind, geht es uns eigentlich recht gut. Wenn wir uns bemühen, können wir uns durch unsere Arbeit viele Annehmlichkeiten verschaffen. Selbst wenn man nichts hat, stützt einen oft noch die menschliche Gemeinschaft, beispielsweise das Sozialamt. Wenn wir sterben, hilft uns allerdings das Sozialamt nicht weiter. Zu dem Zeitpunkt zählen allein die guten Anlagen, die wir in uns gesammelt haben. Dann hilft es nicht zu sagen: »Ich habe doch so und so viel Geld, Freunde und Macht.«

Darauf kann man nicht mehr setzen, es ist sinnlos geworden.

Aus diesen Gründen ist es wichtig, daß man sich bemüht, an jedem Tag möglichst viele positive Handlungen durchzuführen, gute Anlagen im eigenen Bewußtsein zu schaffen und sich mit Hilfe der Meditation und anderer Schulungen heilsam zu verändern. Wenn man so handelt, setzt man die wahren Ursachen für dauerhaftes Glück. Zudem schafft man die inneren Voraussetzungen dafür, auch in Zukunft immer wieder auf spirituelle Lehrer und Lehren zu treffen und Dharma anwenden zu können.

Schon wenn man morgens aufwacht, sollte man daran denken, daß man in Vergangenheit Ursachen für Leiden geschaffen hat und sich immer noch in einer Situation der Unfreiheit befindet. Alter, Krankheit und Tod werden kommen. Niemand will diese Leiden haben. Als Ausübender von Dharma sagt man sich: »Ich will dieses wertvolle Menschenleben nutzen, um etwas für jene Zukunft zu tun, die über die bloßen Dinge dieses Lebens hinausgeht, und um mich aus der Unfreiheit des Leidenskreislaufs zu befreien.« Diese Motivation sollten wir auch in uns entwickeln, wenn wir uns mit Dharma beschäftigen.

*

Veränderung ist möglich

Wenn man sich mit den vier Kontemplationen und ihren korrekten Begründungen in der täglichen Meditation immer mehr vertraut macht, ändert sich allmählich der schlechte Charakterzug der Selbstsucht, daß man immer nur an sich selbst und die eigene Sache dachte. In Zukunft wird sich dadurch die eigene Einstellung so zum Positiven ändern, daß man nur noch an den anderen und ihrem Glück Interesse findet. Die Veränderung von schlechten Charaktereigenschaften hin zu guten ist die eigentliche

Erfahrung, die auf dem Pfad angestrebt wird. Daß dies möglich ist, möchte ich an einem einfachen Beispiel verdeutlichen.

Stellen wir uns vor, daß ein Mensch, der insgesamt achtzig Jahre alt wird, die erste Hälfte seines Lebens in einem bestimmten Land verbringt. Mit vierzig Jahren hat er dann alle Lebensgewohnheiten dieses Landes angenommen, sich ganz und gar an seine Sprache, seine Denkweise, seine Verhaltensweise und so weiter gewöhnt. Wenn er die zweite Hälfte seines Leben in einem ganz anderen Land lebt und dieses ihm zur zweiten Heimat wird, werden seine Lebensgewohnheiten und landestypischen Charaktereigenschaften wiederum umgewandelt, sei es die Sprache, die Denkweise, die Verhaltensweise. In Übereinstimmung mit dieser Gesetzmäßigkeit muß man auch auf einem religiösen Pfad Erfahrungsresultate erzielen. Altruismus zu schulen bedeutet auch nichts anderes, als sich an neue Denkweisen und Erfahrungen immer mehr zu gewöhnen und sie sich dadurch zu eigen zu machen.

Wenn man so durch Gleichmut den Boden bereitet, ihn bewässert mit dem Wasser der Liebe, den guten Samen des Erbarmens pflanzt und ihn mit der Wärme der Außergewöhnlichen Geisteshaltung nährt, wächst aufgrund all dieser guten Bedingungen schrittweise der Keim der heilsamen Erfahrungen und Erkenntnisse. Aus diesem Keim wächst wie schöne Blüten ein heilsames körperliches und sprachliches Verhalten, das es einem leicht macht, mit anderen ein gutes Verhältnis aufzunehmen. Man macht auf andere stets einen freundlichen, zuvorkommenden Eindruck, wird alles in allem ein gern gesehener Mensch. Das ist der zeitliche Nutzen. Aus diesen Blüten des guten Verhaltens können weiter die Früchte der letztlichen Hilfe für die anderen reifen. Das sind die Fähigkeiten, die gebraucht werden, um jedem Wesen entsprechend seiner Veranlagung und Neigung die Mittel nahezubringen, mit denen es seinen eigenen Geist zur Reife bringen und sich von tieferliegenden Ursachen für Leid sowie von anderen Hindernissen und Beschränkungen befreien kann.

DAS TOTENBUCH DER TIBETER

Das Bardo-Gebet, das vor Furcht schützt

So die Reise meines Lebens nun beendet ist,
Und da keine Verwandten mit mir aus dieser Welt
  dahingehen,
Wandere ich einsam im Bardo-Zustand;
Mögen die friedlichen und rasenden Buddhas die Macht
  ihres Erbarmens aussenden,
Und die dichte Dunkelheit des Unverstands ausräumen.

So ich getrennt von den geliebten Freunden einsam
  wandere,
Und die leeren Formen meiner eigenen Projektionen mir
  erscheinen,
Mögen die Buddhas die Macht ihres Erbarmens
  aussenden,
Damit die Schrecken des Bardo nicht auftreten.

So die fünf glänzenden Weisheitslichter strahlen,
Möge ich furchtlos mich selbst erkennen;
So die Formen der Friedlichen und Rasenden erscheinen,
Möge ich furchtlos und vertrauensvoll den Bardo
  erkennen.

So ich leide ob der Macht des üblen Karma,
Mögen die friedlichen und rasenden Buddhas das Leid
ausräumen;
So der Klang des Dharmatā wie tausend Donnerschläge
grollt,
Möge er verwandelt werden in den Klang der
Mahāyāna-Lehre.

So ich meinem Karma folge, ohne Zuflucht,
Mögen die friedlichen und rasenden Buddhas mir
Zuflucht sein;
So ich das Karma unbewußter Neigungen erleide,
Möge mir der Samādhi von Glückseligkeit und Glanz
aufgehen.

Im Augenblick der spontanen Geburt im Bardo des
Werdens,
Mögen die falschen Lehren der Versucher nicht aufstehen;
So ich durch übernatürliche Macht an jeden Ort meines
Wunsches gelange,
Möge der Wahn des Schreckens üblen Karmas nicht
entstehn.

So die wilden Raubtiere brüllen,
Möge es zum Klang des Dharma, den Sechs Silben werden;
So ich von Schnee, Regen, Wind und Dunkelheit verfolgt
werde,
Möge ich das klare, göttliche Weisheitsauge erlangen.

Mögen alle Lebewesen des gleichen Bereichs im Bardo,
Frei von Eifersucht, in einem höheren Zustand geboren
werden;
So die Leidenschaften großen Durst und Hunger
verursachen,
Mögen die Qualen von Hunger und Durst, Hitze und
Kälte nicht entstehen.

So ich meine künftigen Eltern in der Vereinigung sehe,
Möge ich die friedlichen und rasenden Buddhas mit ihren
  Gefährtinnen sehen;
Mit der Macht meinen Geburtsort zu wählen, möge ich
  zum Wohle anderer,
Einen vollkommenen Körper, geschmückt von den
  verheißungsvollen Zeichen, empfangen.

Indem ich so für mich einen vollkommenen
  Menschenkörper erlange,
Mögen alle, die mich sehen und hören, sofort befreit
  werden;
Möge ich nicht all meinem üblen Karma folgen,
Sondern allen Verdiensten, die ich habe, nachfolgen und
  sie erweitern.

Wo immer ich geboren werde, möge ich an jenem Ort,
Dem Yidam dieses Lebens von Angesicht zu Angesicht
  begegnen;
Möge ich von Geburt an gehen und sprechen können,
Und die Macht des Nichtvergessens und der Erinnerung
  an frühere Leben erlangen.

Auf allen Stufen des Lernens, hohen, mittleren und
  niederen,
Möge ich durch bloßes Hören, Denken und Sehen
  verstehen;
Wo immer ich geboren werde, möge das Land gesegnet
  sein,
So daß alle lebenden Wesen glücklich sein können.

O friedliche und rasende Buddhas, mögen ich und andere
So werden wie Ihr selbst, genau wie Ihr,
Mit Eurer Form und Eueren verheißungsvollen
  Merkmalen,
Eurem Gefolge, Eurem langen Leben und Euren Reichen.

Samantabhadra, die Friedlichen und Rasenden,
   unendliches Erbarmen,
Die Macht der Wahrheit der reinen Dharmatā,
Und die Jünger des Tantra in gesammelter Meditation:
Möge ihr Segen dieses Inspirationsgebet erfüllen.

CHÖGYAL NAMKHAI NORBU

Die Dzogchen-Lehren

Heutzutage sind viele Menschen überhaupt nicht an spirituellen Dingen interessiert. Ihr Desinteresse wird durch die allgemein herrschende materialistische Auffassung in unserer Gesellschaft verstärkt. Wenn man sie fragt, woran sie glauben, sagen sie womöglich, sie glauben an gar nichts. Solche Menschen denken, daß die ganze Religion auf Glauben beruhe, und diesen halten sie zwar für ein wenig besser als Aberglauben, aber ohne Bedeutung für die moderne Welt.

Dzogchen kann man nicht als Religion betrachten. Es wird von niemandem verlangt, irgend etwas zu glauben. Es wird vielmehr angeregt, daß sich jeder einzelne selbst beobachtet und herausfindet, in welcher Verfassung er sich wirklich befindet.

In den Dzogchen-Lehren heißt es, daß das Individuum auf drei unabhängigen Ebenen funktioniert, der des Körpers, der der Stimme bzw. Energie und der des Geistes. Sogar jemand, der sagt, er glaube an gar nichts, kann nicht behaupten, er glaube nicht an seinen eigenen Körper! Er ist die Basis seiner Existenz, und die Grenzen und Probleme des Körpers sind klar ersichtlich. Wir empfinden

Kälte und Hunger, fühlen Schmerz und Einsamkeit, und wir verbringen viel Zeit unseres Lebens mit dem Versuch, unsere physischen Leiden zu überwinden.

Die Ebene der Energie oder der Stimme ist nicht so leicht zu sehen und wird oft nicht genau verstanden. Selbst westliche Ärzte wissen meistens nichts davon und versuchen alle Krankheiten nur auf der physischen Ebene zu heilen. Wenn aber die Energie eines Menschen gestört ist, befindet sich weder sein Körper noch sein Geist im Gleichgewicht. Bestimmte Krankheiten wie Krebs werden durch Energiestörungen hervorgerufen und können nicht einfach durch Operation oder Medizin geheilt werden. Ähnlich ist es bei vielen Geisteskrankheiten und auch bei weniger ernsten mentalen Problemen. Sie werden durch einen zu schwachen Energiekreislauf verursacht. Unser Geist ist im allgemeinen sehr kompliziert und verwirrt. Selbst wenn wir ruhig bleiben wollen, stellen wir oft fest, daß es uns nicht gelingt, weil es unsere nervöse und erregte Energie nicht erlaubt. Um mit diesen Problemen des Körpers, der Stimme und des Geistes fertig zu werden, bieten die Dzogchen-Lehren Übungen, die auf jeder der drei Ebenen des Individuums wirken; Übungen, die in das tägliche Leben jedes Menschen integriert werden und damit unsere ganze Lebenserfahrung ändern können: von Anspannung und Verwirrung zu Weisheit und wirklicher Freiheit.

*

Der Urzustand

Die Lehre Dzogchens ist in ihrem Kern die Lehre vom Urzustand des Seins, der wahren Natur jedes Individuums seit Urzeiten. In diesen Zustand zu gelangen bedeutet, sich selbst als das zu erleben, was man ist, als das Zentrum des Universums – allerdings nicht im gewöhnlichen egoistischen Sinn. Das normale, auf das Ego zentrierte Bewußtsein beschreibt genau den begrenzten Käfig dualistischer Sichtweise, der die Erfahrung der eigenen wahren Natur ausschließt und damit den Raum des Urzustandes. Das Verständnis vom Urzustand ist das Verständnis der Lehre Dzogchens. Und die Aufgabe, die Dzogchen-Lehre zu vermitteln, bedeutet, diesen Zustand zu vermitteln. Jemand, der diesen Zustand erfahren hat, der das verwirklicht hat, was vorher nur verborgen vorhanden war, vermittelt es denen, die im Zustand der Dualität gefangen sind. Selbst der Name »Dzogchen« – er bedeutet ›große Vollkommenheit‹ – weist auf die innere Vollendung dieses Zustandes hin. Ein Zustand von ursächlicher Reinheit seit Anbeginn, ohne etwas, das abgelehnt oder angenommen wird.

∗

Körper, Stimme und Geist entspannen

Das Prinzip im Dzogchen ist Entspannung, doch dieses Entspannen ist niemals stumpf oder schläfrig, wie z. B. das einer Kuh auf dem Feld, die wiederkäut. Jener Zustand des Geistes wird *lung ma bstan* genannt und ist nicht *rip-pa*.

In Gegenwärtigkeit entspannen heißt: Wenn unsere Sinne in Kontakt mit einem Objekt sind, bilden wir uns keine Vorstellungen oder Urteile über dieses Objekt. Wir lassen es genauso wie es ist. Das heißt nicht, daß wir unsere Aufmerksamkeit scharf auf ein Meditationsobjekt richten oder versuchen, störende Gedanken zu unterdrücken. Wir würden nämlich bald entdecken, daß eine solche Unterdrückung im Grunde unmöglich ist. Je mehr wir versuchen unsere Gedanken zu unterdrücken, desto mehr Energie absorbieren sie, und sie kehren erst recht zurück.

Im Dzogchen spielt es keine Rolle, ob diskursive Gedanken (*rnam-tog*) auftauchen oder nicht, solange wir durch sie nicht zerstreut sind und ihnen folgen. Unser wirkliches Problem ist das, die Dinge so zu lassen wie sie sind, und nicht zu versuchen die aufkommenden Gedanken verändern oder korrigieren (*ma bcos-pa*) zu wollen.

Wenn wir fortfahren Kontemplation zu üben, können jedoch verschiedene Probleme durch Schläfrigkeit oder Erregtheit auftauchen. Es gibt Möglichkeiten mit diesen Schwierigkeiten umzugehen.

Außerdem können auch noch andere Erfahrungen während der Praxis auftauchen, vor allem angenehme Empfindungen (*bde-ba'i nyams*), Klarheit und Helligkeit (*gsal-ba'i nyams*) sowie Erfahrungen der Leere oder Nichtdiskursivität (*mi rtog-pa'i nyams*). Wir sollten diese Erfahrungen nicht mit Kontemplation oder *rip-pa* verwechseln oder uns von ihnen ablenken lassen. Es sind lediglich Erfahrungen, nichts weiter.

Wenn wir unseren Körper, unsere Stimme und unseren Geist entspannen, sind unsere Energien von der starken Kontrolle, die wir sonst über sie ausüben, befreit und sie beginnen dann sich frei und spontan zu entfalten.

Wir können schöne Visionen haben, Töne hören, uns seltsam fühlen usw. Doch wir sollten uns bewußt sein, daß dies alles nur Manifestationen unserer Energie sind und uns nicht von ihnen forttragen lassen. So können wir Fortschritte in der Praxis machen.

*

Essenz

Der Aspekt des Urgrundes, der als Essenz bezeichnet wird, ist seine grundlegende Lehre. Praktisch heißt das, daß z. B. jeder Gedanke, der entsteht, wenn man in seinen eigenen Geist schaut, als leer in den drei Zeiten gesehen werden kann, in Vergangenheit, Gegenwart und Zukunft. Wenn man also nach dem Ort sucht, wo der Gedanke herkam, findet man nichts. Wenn man den Ort sucht, wo der Gedanke bleibt, findet man nichts, und wenn man den Ort sucht, wo der Gedanke hingeht, findet man nichts: Leere. Es ist nicht so, daß es etwas »Leeres« gibt, von dem man sagen könnte, es sei selbst eine Art »Ding« oder »Ort«, sondern alle Phänomene, seien es mentale Ereignisse oder scheinbar »äußere« tatsächliche Gegenstände, auch wenn sie noch so solide erscheinen, sind eigentlich in ihrem Wesen leer, unbeständig, nur zeitweise existent. Man kann sehen, daß alle »Dinge« aus anderen Dingen bestehen, die wieder aus anderen Dingen bestehen usw. Vom unendlich Großen bis zum unendlich Kleinen und überall dazwischen kann alles, was als existent angesehen wird, als leer betrachtet werden. Ein Beispiel zeigt es so: Es heißt, diese Leere sei wie die grundlegende Reinheit und Klarheit eines Spiegels. Nun zeigt der Meister dem Schüler einen Spiegel und erklärt, daß der Spiegel selbst über die Reflexionen, die in ihm erscheinen, nicht urteilt, ob sie schön oder häßlich sind. Der Spiegel wird weder von irgendeiner auftauchenden Reflexion verändert, noch wird seine Fähigkeit zu reflektieren beeinträchtigt. Dann wird erklärt, daß die leere Natur des Geistes der Natur des Spiegels gleicht, rein, klar und durchsichtig. Was auch immer entsteht, die leere Essenz des Geistes kann nie verlorengehen, beschädigt oder getrübt werden.

MÄRCHEN UND MYTHEN

Die nicht gestorbene Prinzessin
Ein Märchen tibetischer Nomadenfrauen

Es gab einmal eine Familie mit drei Söhnen.

Der älteste Sohn hatte sich eine Frau genommen.

Der mittlere Sohn hatte sich eine Frau genommen.

Der jüngste Sohn hatte keine Frau.

Der Jüngste führte für den älteren und den mittleren Sohn die Bücher. So war er derjenige, der stets zu Hause war. Er führte gewissenhaft die Bücher und blieb daheim.

Die beiden älteren Brüder gingen auf Handelsreisen, arbeiteten, machten Profite und sammelten Besitz an. Was sie erhandelten, brachten sie nach Hause. Brav führte der Jüngste darüber Buch.

Die Frauen der beiden Brüder redeten auf den Jüngsten ein: »Sitze nicht in der Weise herum!« sagten sie. »Zwar erweist du uns große Dienste, doch dein Leben vergeudest du! Das solltest du nicht tun! Schaue dich um in der Welt! Baue dir deine eigene Existenz auf! Nimm dir eine Frau!«

Der Jüngste antwortete stets: »Ich bin's zufrieden! Ich will zu Hause bleiben! Meine Brüder haben mich in ihrer Güte als Buchhalter eingesetzt. Ich bin glücklich darüber! Mehr will ich nicht!«

»Für uns alle ist es von Vorteil, wenn du im Hause bleibst!« sagten die Frauen. »Für dich aber wird es schließlich von Nachteil sein! Fange etwas an mit deinem Leben! Mache Geschäfte! Schaffe dir deine eigenen Basis!«

»Ich verstehe mich nicht aufs Geschäftemachen! Ich

bin kein Geschäftsmann! Das einzige, was ich kann, ist die Buchhaltung zu führen!« antwortete der Jüngste.

»Du solltest dein Glück versuchen! Jeder kann Geschäfte machen! Es hat keinen Sinn, so herumzusitzen und in den Tag hinein zu leben! Was soll später aus dir werden? Versuche es! Gehe! Versuche ein bißchen Handel zu treiben! Oder aber suche dir eine Frau, die reich ist!« sagten die Frauen.

»Dann gehe ich lieber Handel treiben!« rief nun der Jüngste.

»Doch auch das geht nicht! Ich habe kein Kapital!« wandte er ein.

Da sagten die Frauen schnell: »Jeder von uns gibt dir drei Silberstücke! So geh!«

Sie gaben ihm jeder drei Silberstücke, und der Jüngste ging Handel treiben. Er machte Profit. Zwölf Silberstücke konnte er heimtragen. Zu Hause angekommen, setzte er sich sogleich wieder über die Bücher.

Die beiden Frauen fragten: »Warst du erfolgreich? Hast du Profit gemacht?«

»Oh ja«, antwortete der Jüngste. »Sechs Silberstücke habt ihr mir gegeben! Und jetzt habe ich zwölf!«

»Das hast du aber sehr gut gemacht! Das ist prima! Wir werden dir dein Kapital noch ein wenig aufstocken, soviel, daß du achtzehn Silberstücke hast! Versuche es noch einmal!«

Sie schickten ihn fort.

Zu der Zeit kamen die beiden älteren Brüder von ihrer Handelsreise zurück. Als sie hörten, der Jüngste sei außer Haus, da wurden sie böse.

»Als Buchhalter haben wir ihn eingesetzt! Draußen hat er nichts verloren! Er bekommt zu essen! Er hat ein Dach über dem Kopf! Was will er mehr! Es gibt nicht die geringste Notwendigkeit für ihn, Geschäfte zu machen. Er hat zu Hause zu bleiben! Wir haben ihm Arbeit gegeben!

Wir haben ihn als Buchhalter eingesetzt! Draußen hat er nichts verloren! Wir werden ihn töten!«

Die beiden Frauen riefen entsetzt: »Bitte, bitte, redet nicht so! Wir rieten ihm, Handel zu treiben! Wir haben ihn gedrängt! Von sich aus wäre er niemals gegangen! Wenn ihr schimpfen wollt, so beschimpft uns!«

Die beiden Brüder waren nicht zu beschwichtigen. Der Zorn hatte sie gepackt. »Wir werden ihn töten!« wiederholten sie wieder und wieder und begaben sich auf die Suche nach ihm.

Unterdessen kam der Jüngste zurück. Die beiden Frauen sprachen: »Die Brüder sind zurückgekommen! Sie sagen, sie wollen dich töten! Sie sind fest entschlossen! Wir zwei haben alles getan, um sie zu beschwichtigen. Es half nichts! Sie sind entschlossen, dich zu töten! Geh fort! Bitte! Geh sogleich! Bitte!«

»Ich gehe nicht!« antwortete der Jüngste. »Meine großen Brüder haben mich stets umsorgt! Sie haben mich aufgezogen. Ich habe alles von ihnen bekommen, was ich brauchte. Sie haben mir zu essen gegeben. Sie haben mir Kleider gegeben. Sie werden mich schon nicht töten! Warum sollte ich fortgehen! Ich bleibe!«

»Oh bitte, laufe fort! Sie meinen es ernst!« drängten die Frauen.

»Ich gehe nicht! Immer waren sie gütig zu mir. Warum sollte ich sie also verlassen? Warum sollte ich mich undankbar erweisen? Ich gehe nicht!« beharrte der Jüngste.

»Glaube uns! Sie werden dich töten! Sie sind eben fortgegangen, dich zu suchen! Auch uns befahlen sie, dich zu suchen. Wir müssen ihnen jetzt hinterher! Glaub uns doch! Sei vernünftig! Hör auf uns! Lauf fort! Bitte!«

Endlich begriff er. Er machte sich auf den Weg in die unbekannte weite Welt.

Als der Jüngste ein gutes Stück gegangen war, da begegnete ihm auf einem Marktflecken ein alter Mann mit einem Ochsen.

»He, Kleiner Mann!« rief der Alte. »Willst du mir nicht diesen Ochsen abkaufen?«

»Der Kleine Mann hat kein Geld, solch einen Ochsen zu kaufen!« rief der Jüngste zurück.

»Sag das nicht, Kleiner Mann! Kaufe den Ochsen! Bestimmt hast du genug Geld, den Ochsen zu kaufen!« rief der Alte.

»Nur achtzehn Silberstücke habe ich! Das ist niemals der Preis für einen Ochsen! Ich kann ihn dir also nicht abkaufen!« sagte der Jüngste.

»Oh, wenn du achtzehn Silberstücke hast, so gib sie mir! Das ist genau der Preis für den Ochsen!« meinte der Alte. »Ist gut«, sprach der Jüngste. Er übergab dem Alten die achtzehn Silberstücke und erhielt den Ochsen.

Er setzte auf und ritt auf dem Ochsen weiter seines Weges... Er ritt und ritt. Bis zum Abend hatte er bereits eine Pferdestrecke von achtzehn Tagen zurückgelegt.

Er traf einen reichen Kaufmann, der mit Hunderten und Tausenden von Maultieren unterwegs war und gerade sein Zeltlager aufschlug.

»Kleiner Mann, woher kommst du?« fragte der Kaufmann.

»Aus China komme ich! Heute nachmittag bin ich aus China gekommen!« antwortete der Jüngste.

»Was du nicht sagst«, bemerkte der Kaufmann, »von China kommst du! An einem Tage, an einem halben Tag bist du von China bis hierher geritten! Achtzehn Tage braucht es, die Strecke auf Pferden und Maultieren zurückzulegen! Und du sagst, du kommst heute von China! Das kann wohl nicht wahr sein!«

»Es ist aber wahr«, sagte der Junge.

»Auf einem Ochsen bist du geritten! Eine Achtzehn-Tage-Pferdestrecke willst du auf einem Ochsen an einem halben Tag zurückgelegt haben! Das ist nicht wahr!« beharrte der Kaufmann.

»Es ist aber wahr«, versicherte der Junge.

Der Kaufmann wurde nachdenklich und beschloß, dem Jungen zu glauben. »Er ist ein ungewöhnlicher Knabe«, dachte er.

»Willst du mich als Diener auf meinen Handelsreisen begleiten? fragte er den Jungen.

»Gut, ich komme mit«, antwortete der Junge.

»Was kannst du denn?« fragte der Kaufmann.

»Ich verstehe mich auf Buchführung«, sagte der Junge.

Der Kaufmann setzte ihn als seinen Buchhalter ein. Sie zogen auf Handelsreisen, hin und her, zwischen Tibet und China.

Nach zwei Jahren treuen Diensten sprach der Kaufmann zu dem Jungen: »Zwei Jahre bis du nun in meinen Diensten! Es wird Zeit, daß du dir deine eigene Existenz aufbaust! Vergeude nicht dein Leben! Ich gebe dir den Lohn für die zwei Jahre, die du für mich gearbeitet hast! Baue dir damit deine eigene Existenz auf! Nimm dir eine Frau!«

»Ich will nicht! Ich kann nicht! Ich weiß nicht, wie man das macht!« wehrte sich der Junge. »Ich verstehe mich nicht aufs Geschäftemachen! Ich kann mich nicht selbst ernähren! Ich kann nicht Frau und Kinder ernähren! Laßt mich bei Euch bleiben!«

Der Kaufmann blieb streng. »Du vergeudest dein Leben! Du bist ein guter und tüchtiger Junge! Was andere können, kannst du auch! Tue etwas! Schaffe dir deine eigene Existenz! Nimm dir eine Frau!«

Der Kaufmann entließ den Jungen.

Der Junge kam in eine große Stadt. Er dachte: »Der Kaufmann hat mir meinen Lohn ausgezahlt; vielleicht sollte ich versuchen, hier in dieser Stadt etwas Handel zu treiben!« Er betrat die Stadt. Er sah ein Haus ganz aus

Gold. Alle Fenster waren aus Gold. Alle Türen waren aus Gold. Aus einem der Fenster schaute ein wunderschönes Mädchen heraus...

»Das ist ein so reiches Haus, dort brauche ich erst gar nicht hinzugehen«, dachte der Junge. »Ich habe nicht das Kapital, um mit solche reichen Leuten Handel zu treiben.«

Der Junge machte kehrt und wollte verschwinden.

Da rief das Mädchen: »Kleiner Mann, wo gehst du denn hin? Kennst du mich denn nicht? Warum kommst du nicht zu uns herauf? Warum gehst du fort?«

»Wer ist dieses Mädchen?« dachte der Junge. »Ich habe sie doch noch nie gesehen! Sie kennt mich! Sie weiß meinen Namen! Wer sie wohl sein mag?«

Er ging zu ihr hoch. Nachdem er eingetreten war, fragte das Mädchen wieder: »Kleiner Mann, wieso bist du nicht gleich zu uns gekommen? Wohin wolltest du denn gehen? Nimm Platz! Trink! Iß!« Das Mädchen bot ihm erlesene Süßigkeiten an, wie Honig und Kandis, und setzte ihm die köstlichsten Speisen vor.

Der Junge aß und trank. Die Zeit verging...

Irgendwann jedoch kamen ihm Bedenken. »Ist es denn recht, daß ich in diesem goldenen Hause sitze und mich bedienen lasse?« fragte er sich.

Zu dem Mädchen sprach er: »Ich gehe!«

»Wieso willst du fort?« fragte das Mädchen. »Bleibe hier! Wir zwei wollen zusammenleben!«

»Nein, ich muß gehen! Ich will versuchen, ein paar Geschäfte zu machen!«

»Warum willst du Geschäfte machen?« fragte das Mädchen.

»Sieh, ich habe doch alles, was wir brauchen. Ich besitze Reichtümer in Hülle und Fülle! Auch an Nahrung fehlt es uns nicht! Du brauchst nicht auf die Suche nach Reichtümern zu gehen! Wir zwei, wir werden heiraten!«

»Oh, das geht nicht«, sagte der Junge. »Ich kann nicht heiraten. Ich kann keine Frau ernähren. Ich bin gänzlich unfähig. Ich habe nichts gelernt. Ich verstehe mich nicht aufs Geschäftemachen! Es hat keinen Sinn zu heiraten! Stell dir vor, wir bekommen Kinder! Wie soll ich sie denn ernähren? Ich bin unfähig! Meine Hände haben noch nie etwas zustande gebracht!«

»Das ist ganz in Ordnung«, sagte das Mädchen. »Mach dir keine Sorgen! Wir haben alles, was das Herz begehrt! Alles, was es an Reichtümern auf dieser Welt gibt, ist hier versammelt! Du brauchst keinen Handel zu treiben! Wir werden heiraten! Wir werden glücklich sein!«

Der Junge überlegte eine Weile und willigte dann ein.

Die beiden heirateten. Sie hatte mehr als genug zu essen und zu trinken. Sie hatten keine Sorgen. Sie lebten ihr Glück.

Nach einiger Zeit gebar sie einen Sohn. Jetzt, nachdem ihr ein Sohn geboren worden war, erwachte in dem Jungen das Verlangen, sich seinen Brüdern zu zeigen. Er wünschte sich, ihnen seine hübsche und kluge Frau vorzustellen, die ihm soviel Glück und Reichtum beschert und die ihm einen Sohn geboren hatte.

Ihn verlangte danach, seinen Brüdern, die ihn töten wollten, die schlecht über ihn gedacht hatten, zu zeigen, daß er erfolgreich, daß er zu Ansehen gekommen war. Zu seiner Frau sprach er:

»Laß uns meine Brüder besuchen gehen! Ich möchte sie wiedersehen!« Er wiederholte seine Bitte so oft, daß sie schließlich einwilligte.

Eines Tages machten sie sich auf den Weg. Als sie in der Familie der Brüder ankamen, waren beide gerade wieder auf einer Handelsreise. Die beiden Frauen der Brüder, alle Familienmitglieder und die gesamte Dienerschaft freute sich riesig, ihn wiederzusehen.

»Oh, ist das schön!« riefen sie. »Wie freuen wir uns! Du

hast eine Frau! Du hast einen Sohn! Du hast eine eigene Familie! Du bist reich! Alles ist gut geworden! Wie schön, daß du uns besuchen kommst!«

Sie arrangierten ein großes Wiedersehensfest mit den besten Speisen und Getränken, die sie herbeizuschaffen vermochten.

Die Frau des älteren Bruders hatte einen hohen Lama als Bruder. Zu ihm gingen die Frauen und erzählten: »Rimpotche, der Jüngste aus der Familie, ist zu Besuch. Alles ist gut geworden. Er hat eine hübsche, kluge Frau von edler Geburt erlangt! Er lebt in Reichtum! Wer hätte das gedacht – damals! Es war sein großes Glück, diese Frau zu finden!«

Der Lama dachte bei sich: »Sie denken, alles habe sich zum Guten gewendet. Sie denken, die Frau sei eine Göttin!«

Laut sagte er: »Es wird kein gutes Ende nehmen mit eurem Jüngsten! Was ich sehe, ist: die Frau des Jüngsten ist eine Dämonin. Sie ist eine gemeingefährliche Todesdämonin! Das kann nicht gutgehen!«

Die Frauen waren entsetzt über die Worte des Lamas. Sie glaubten ihm nicht. Sie sprachen: »Was redet Ihr? Sicher entspringt das Euren eigenen selbstsüchtigen Gedanken! Sie ist eine sehr gute Frau! Sie ist über alle Zweifel erhaben! Sie ist klug! Sie hat ein gutes Herz! Sie ist von edler Geburt! Eine bessere Frau hätte er niemals erhalten können! Ihr tut ihr Unrecht, Rimpotche!«

»Laßt uns prüfen, ob ich Unrecht habe«, schlug der Lama vor.

»Setzt ihr beiden euch morgen hin und strickt Socken! Bittet die Frau des Jüngsten, sich zu euch zu setzen! Laßt einen Garnknäuel, scheinbar unabsichtlich, herunterfallen! Macht es so, daß er weit über den Boden kullert! Bittet Eure Schwägerin, das Garnknäuel aufzuheben! Wenn sie sich bückt, den Garnknäuel aufhebt und euch zurückgibt, dann ist sie ein Mensch dieser Welt! Bückt sie sich nicht und gibt sie euch ein Garnknäuel von irgendwo her, dann ist sie eine Todesdämonin!«

Die Frauen versprachen, die Schwägerin auf die Probe zu stellen. Am folgenden Morgen setzten sie sich hin und strickten Socken.

Zu der Frau des Jüngsten sagten sie: »Setze dich zu uns, Schwester, leiste uns Gesellschaft!« Sie ließen ein Garnknäuel, scheinbar unabsichtlich, auf den Boden kullern. Sie baten die Schwägerin:

»Schwester, würdest du uns bitte das Garnknäuel aufheben?«

»Was hat dieser Garnknäuel schon für einen Nutzen? Nehmt diesen hier!« sagte die Frau des Jüngsten, und blitzschnell holte sie aus ihren Brusttaschen ein Garnknäuel hervor.

Das war klar genug! Sie war eine Dämonin, eine Todesdämonin!

Die Frauen suchten den Lama auf und berichteten: »Wirklich, sie ist eine Dämonin, eine gefährliche Todesdämonin! Wir haben getan, was Ihr uns rietet! Sie hat sich nicht nach dem heruntergefallenen Garnknäuel gebückt! Woher sie ihn nahm, wissen wir nicht. Blitzschnell griff sie in ihre Brusttasche und reichte uns einen anderen Garnknäuel. Sie ist eine Todesdämonin!

Rimpotche, wie können wir dem Jünsten helfen? Wie können wir ihn von dieser Dämonin befreien? Er ist in großer Gefahr! Er braucht Hilfe!«

»Da kann man nichts tun«, sagte der Lama.

Die beiden Frauen ließen nicht locker: »Er braucht jemanden, der ihm hilft! Er braucht jemanden, der ihn von dieser Todesdämonin befreit. Ihr könnt ihm helfen! Ihr kennt Euch aus in diesen Dingen! Bitte, helft ihm!«

Der Lama willigte ein. »Gut«, sprach er, »morgen werde ich eine Initiation auf die zornigen Gottheiten zelebrieren. Alle sollen sich versammeln! Irgendeiner von euch nehme morgen dieses Messer in die Hand und rufe: ›Wer soll dieses Messer benutzen? Wer soll es benutzen?‹ Ein anderer ruft: ›Rimpotche soll es benutzen! Rimpotche soll es benutzen!‹ Werft das Messer zu mir hin!«

Mit ehrfürchtigen Verbeugungen und Beteuerungen, alles nach dem Willen des Lamas zu arrangieren, verabschiedeten sich die Frauen. Die beiden Frauen sprachen zueinander und zu jedem, der es hören wollte: »Rimpotche wird der Todesdämonin ihr Unwesen austreiben! Alle sollen sich versammeln! Morgen wird er eine Initiation zelebrieren!«

Die Frau des Jüngsten hatte, da sie eine Todesdämonin war, alles, was vor sich ging, erspürt. Sie wußte, was ihr bevorstand. Zu dem Jüngsten sprach sie: »Wir lebten glücklich und in Frieden zusammen! Dann wolltest du unbedingt die Familie deiner Brüder aufsuchen! Deine Wünsche respektierend, willligte ich ein. Morgen werden sie mich nun töten! Du aber sei nicht traurig! Gräme dich nicht! Laß dir das Leben nicht schwer werden! Und bitte, sei gut zu unserem Sohn! Sei ihm ein liebender Vater!«

Verwundert frage der Jüngste: »Warum sollten sie dich töten? Dazu gibt es doch keinen Grund! Das ist doch ohne Sinn! Was redest du? Warum sollten sie dich töten?«

»Sie sagen, ich sei eine Todesdämonin«, antwortete das Mädchen. »Es ist nicht falsch, was sie sagen. Ich bin eine Todesdämonin!

Das kam so: Ich war die Tochter eines großen Königs. Ich lag im Sterben. Ich starb lange. Es war wohl so, daß man mich für tot halten konnte; doch ich war nicht tot. Sie legten mich in einen goldenen Sarkophag. Sie gaben mir Grabbeigaben von allen Kostbarkeiten dieser Welt. Ich vermochte nicht, gänzlich zu sterben. Ich vermochte nicht zu genesen. Ich verwandelte mich in eine Todesdämonin. Dennoch habe ich keinem Wesen je ein Leid zugefügt. Obwohl ich nie jemandem ein Leid zugefügt habe, will der Lama mich morgen töten und mich in die Gefilde der Glückseligkeit geleiten. Bitte, sei gut zu unserem Sohn!«

Der Jüngste sprach: »Auch wenn du eine Todesdämonin bist – wir zwei lieben uns! Wir gehören zusammen! Ich will nicht, daß du stirbst! Ich will nicht, daß du mir genommen wirst! Wie können wir verhindern, daß sie dich töten? Was können wir tun?«

»Ich lasse mich lieber töten«, antwortete das Mädchen. »Denn wenn ich es verhindere, wozu ich die Mittel habe, dann muß der Lama sterben. Und das will ich nicht. Der Gedanke macht mich sehr traurig. Lieber lasse ich mich töten!«

»Denke nicht so!« sprach er. »Für mich gibt es nichts Schlimmeres, nichts Traurigeres, als wenn du stirbst. Wenn der Lama sterben muß, damit du leben kannst, dann muß er eben sterben!«

Das Mädchen hatte Erbarmen mit dem Jüngsten und sprach:

»Gut, höre, was du tun mußt! Mogen werden sich viele Menschen versammeln. Der Lama wird eine Initiation zelebrieren. Alle sollen sich versammeln. Auch wir zwei werden hingehen. Einer aus der Menge wird rufen: ›Wer soll dieses Messer benutzen? Wer soll es benutzen?‹ Ein anderer wird rufen: ›Rimpotche soll es benutzen! Rimpotche soll es benutzen!‹ Sie werden ihm das Messer zuwerfen. Das mußt du verhindern! Wenn gerufen wird: ›Wer soll dieses Messer benutzen?‹ So rufe du: ›Meine Frau soll es benutzen! Meine Frau soll es benutzen!‹ Sie müssen es mir zuwerfen! Wenn das gelingt, werde ich fähig sein, den Lama sterben zu lassen! Dann werden wir unser ganzes Leben zusammenbleiben können!«

»O ja«, sagte der Jüngere, »ich werde alles tun, was du gesagt hast!«

»Ja,« sprach sie, »wenn sie mir das Messer zugeworfen haben, dann geh du unverzüglich dahin zurück, woher wir gekommen sind! Doch wundere dich nicht! Du wirst keine Stadt finden. Auch das goldene Haus, in dem wir lebten, wirst du nicht wiederfinden! Beides existiert nicht in Wirklichkeit. Einen riesigen Leichenacker wirst du vorfinden! Auf diesem Leichenacker gibt es, etwas höher gelegen, einen großen Hügel! Gehe zu diesem Hügel und trage ihn ab! Grabe! Grabe, bis du einen goldenen Sarkophag findest! Rufe: ›Schwester! Mädchen! Prinzessin!‹ Klopfe an die Wände des Sarkophags! Klopfe! Rufe! Ich werde zu Leben kommen! Ich werde Töne von mir geben! Der Sarkophag wird sich öffnen!«

Am folgenden Tag, als während der Zeremonie jemand rief: »Wer soll dieses Messer benutzen? Wer soll es benutzen?« da rief der Jüngste: »Meine Frau soll es benutzen! Meine Frau soll es benutzen!«

Das Messer wurde seiner Frau zugeworfen. Im gleichen Moment verlor der Lama sein Bewußtsein und fiel zu Boden. Er war in einen Starrkrampf verfallen. Das Mädchen aber entschwand – ins Nichts.

Ein Geraune erhob sich in der Menge: »Der Lama ist in einen Starrkrampf verfallen...!« Alle steckten die Köpfe zusammen und tuschelten.

Währenddessen floh der Jüngste mit seinem Sohn, so schnell er nur konnte. Er eilte zurück, dorthin, wo sie früher wohnten. Es war, wie das Mädchen gesagt hatte: Er fand keine Stadt. Er fand kein goldenes Haus. Das einzige, was er vorfand, war ein großer Leichenacker. Er durchstreifte den Leichenacker. Etwas höher gelegen, fand er den großen Hügel. Er begann zu graben. Er begann den Hügel abzutragen. Er grub und grub und stieß schließlich auf den goldenen Sarkophag. Er schlug gegen den Sarkophag und rief mit lauter Stimme: »Prinzessin! Prinzessin!« Ohne Unterlaß rief er und dabei hämmerte er gegen den Sarkophag. Endlich öffnete er sich. Darinnen lag die Prinzessin...

Ein Auge hatte sie geöffnet. Ein Auge hatte sie geschlossen. Eine Körperhälfte war verrottet. Eine Körperhälfte war heil. Verweste Fleischfetzen hingen auf der einen Seite herunter. Die andere Körperhälfte war der eines Menschen dieser Welt ähnlich. Sie begann sich ein klein wenig zu regen. Ein flacher, winziger Atem setzte ein. Nach und nach wurde der Atem größer, sie bewegte sich; schließlich vermochte sie aufzustehen und den Sarkophag zu verlassen.

Sobald die Prinzessin dem Sarkophag entstiegen war, verwandelten sich die Kostbarkeiten, die ihr beigegeben waren, in ein mächtiges Königreich.

Die Prinzessin sprach: »Da ich die Tochter eines großen chinesischen Königs bin, kann ich dir alles, was du je benötigen solltest, geben! Wir werden glücklich sein!«

Die Prinzessin erholte sich schnell. Schnell heilten die Wunden. Er unterstützte den Heilungsprozeß mit den besten Heilmitteln, die in ihrem Königreich zu haben waren.

Die verweste Seite ihres Körpers begann sich zu festigen. Das Fleisch regenerierte sich, wurde rosig und frisch. Bald war sie vollkommen genesen.

Sie war die Tochter eines großen Königs. Sie war eine Göttin. Man ließ ihr keine Zeit zu sterben. Man ließ ihr keine Zeit zu genesen. Zu früh wurde sie in die farbenprächtigen Seiden gehüllt und in einem goldenen Sarkophag beigesetzt. Scheintot wurde sie begraben. Sie wurde eine Todesdämonin...

Zum Schluß wurde sie durch das große Erbarmen und die Segnungen des Lamas wieder in ein menschliches Wesen zurückverwandelt.

Der Junge und die Prinzessin lebten von nun an in Frieden.

Sie erfreuten sich großen Reichtums.
Freude und Glück waren dem Himmel gleich.
Die Sorgenblätter wurden mit den Wassern fortgetragen.
So lebten sie.

Die Legende von Milarepa

Im südtibetanischen Distrikt Gungthang wurde im 11. Jahrhundert der größte Dichter des Schneelandes geboren: Milarepa, »der in Baumwolle gekleidete« Yogi, dessen Gesänge zum Schönsten und Bedeutendsten gehören, was uns die Tibeter überliefert haben. Bei einem der großen Mystiker auf dem Dach der Welt verwundert es wenig, daß sein gesamtes Leben und Wirken von Legenden und Wundern umrankt ist. Bevor er als Milarepa bekannt wurde, hieß er Thöpa. Sein Vater, der durch Wollhandel zu Wohlstand gekommen war, verlor seinen ganzen Besitz im Spiel und starb früh. Seine junge Mutter, genannt Kargyan, »die mit dem Weißen Diadem«, sollte gezwungen werden, ihren Schwager zu heiraten. Sie weigerte sich jedoch, worauf ihr Schwager ihr allen Besitz raubte. In ihrer Armut sann Thöpas Mutter auf Rache und veranlaßte ihren Sohn, als er älter geworden, Schwarze Magie zu erlernen: »Wie konnte ein Sohn wie du dem Vater Schergyal geboren werden! Wie kannst du noch an Singen denken, inmitten all der Not, in welcher wir uns, Mutter und Sohn, befinden? Du mußt nach Ü und Tsang gehen, um von einem gewandten Zauberer die magische Kunst zu erlernen um mit ihr alle unsere Feinde zu vernichten!«

Thöpa gehorchte und zog von dannen. Im Yarlung-Tal ging er beim Zaubermeister Nyak in die Lehre. Schon nach einem Jahra wollte er in die wirksamsten Zauberregeln eingeweiht werden, daher sandte Nyak ihn nach Tsangrong zum Schwarzmagier Nubchung, der ihn die echte schwarze Magie lehren sollte. Bald schon fand sich ein Anlaß, um die erworbenen unheilsamen Kräfte gegen die Familie des Schwagers einzusetzen. Als nämlich der Sohn seines unehrlichen Onkels heiratete, ließ Thöpa das Haus über der Hochzeitsgesellschaft zusammenstürzen, so daß 35 Personen erschlagen wurden. Allein der böse Onkel und dessen Frau überlebten... Um auch sie zu vernichten, erzeugte Milarepa nach Aufforderung durch seine erzürnte Mutter einen Hagelsturm, der die Felder und Häuser seines Heimatortes zerstörte und fortschwemmte und weitere Menschenleben forderte. Wieder kamen der Onkel und seine Frau mit dem Leben davon.

Schließlich überkam Milarepa die Furcht, daß er durch seine Schwarze Magie eine karmische Wiedergeburt in der Hölle zu erwarten hätte. Er bereute seine Untaten und widmete sich fortan dem Weg zur Erlösung. Seinem Lehrer Nubchung, zu dem er gleichwohl zurückkehrte, vermochte er seinen inneren Wandel nicht zu gestehen. Als eines Tages ein wohlhabender Gönner des Magiers starb, besann dieser sich jedoch selbst und sprach zu ihm: »Thöpa! Wir haben große Sünden angehäuft! Du solltest dich der wahren Religion hingeben und auch mich erlösen. Oder ich werde der Lehre folgen, und du wirst mich versorgen.«

Da Thöpa bereit war, die wahre buddhistische Religion anzunehmen und sie auszuüben, ließ er sich in Rong in der mystischen Dzogchen-Lehre unterweisen, vermochte aber nicht einmal genug Kräfte zur Meditation zu erlangen. Da sandte ihn sein neuer Lehrer Detön zu

Marpa, jenem überragenden Schüler Naropas, der die Kagyüpa-Schule begründet hatte.

Im Übersetzer und Kagyüpa-Lehrer Marpa fand Thöpa im Alter von 38 Jahren den geeigneten Guru. Schon der Anblick des Meisters Marpa vermochte seinen Geist zu wandeln. Um Thöpas unheilsames Karma abzutragen, ließ Marpa ihn schwerste Arbeiten verrichten und stellte ihn sechs Jahre auf die Probe. Er trug ihm auf, Steine herbeizuschaffen und ein neunstöckiges Haus zu bauen. Kurz vor der Fertigstellung befahl er ihm, es wieder einzureißen. Dies wiederholte er mehrmals, um Thöpas Gehorsam auf die Probe zu stellen. Marpas andere Schüler hatten ihre Initiation bereits erhalten, allein Thöpa war körperlich zerschunden, spielte mit dem Gedanken an Selbstmord und war nach sechseinhalb Jahrn noch immer ein Wartender.

Dies erregte das Mitleid von Marpas Frau Dagmema. Sie sandte Thöpa mit einem von ihr gefälschten, scheinbar von Marpa stammenden Brief zum Guru Naropa, dem einstigen Lehrer Marpas, mit der Bitte, Thöpa eine tantrische Einweisung zu geben.

Marpa geriet in Zorn, als er merkte, daß Thöpa von anderer Seite in die geheimen Lehren eingewiesen worden war, doch seine Wut legte sich wieder, und er veranstaltete ein Fest, bei dem er allen verzieh und Thöpa die Bodhisattva-Gelübde abnahm. Tags darauf erhielt Thöpa die volle Initiation und die Einweihung in höhere Lehren.

Die Folgezeit verbrachte Thöpa nur in ein Baumwolltuch gekleidet eingemauert in einer Höhle in Meditation. Das brachte ihm fortan den Namen Milarepa, »der in Baumwolle Gewandete«, ein. Da ein Traum ihm eingab, ein bestimmtes Tantra-Buch zu studieren, brach er seine Isolation ab. Sein Lehrer Marpa besaß das gesuchte Buch nicht, und deshalb brach der alte Guru selbst nach Indien auf, über den Himalaya, um die tantrische Schrift zu besorgen. Als Marpa ein Jahr später zurückkehrte, starb sein Sohn, worauf er seine vier Hauptschüler zusammenrief und ihnen individuelle Meditationsthemen zuwies. Um den Himalaya-Winter als Eremit überstehen zu können, stellte er Milarepa die Aufgabe, die Fähigkeit zur Erhöhung der Körpertemperatur zu entwickeln. Sodann verteilte er die wertvollen Bücher unter die vier Lobmas und sandte sie in alle vier Himmelsrichtungen, um die Lehren der Kagyüpa zu verbreiten. Milarepa fiel die Nordrichtung zu, doch Marpa bat ihn, vorerst zu bleiben und sich wieder in einsamer Meditation einzumauern.

Nach neun Jahren als Eremit verspürte Milarepa den Wunsch, Mutter und Schwester wiederzusehen. Zögerlich gab ihm Marpa, dessen Leben sich dem Ende zuneigte, die letzte Weihe. Eine versiegelte Schriftrolle überreichte er ihm mit der Ermahnung, das Siegel nur in allerhöchster Not aufzubrechen.

Als Milarepa heimwanderte, fand er sein Elternhaus verfallen vor, und das Skelett der verstorbenen Mutter lag unter Tüchern, da niemand gewagt hatte, das Haus eines Schwarzmagiers zu betreten. Für eine Nacht legte er sich darauf zum Schlafen nieder, betete für die Befreiung ihrer Seele, verbrannte ihre Überreste und zog sich in eine nahe gelegene Hütte zu Füßen des Berges zurück, um dort sechs Monate in Meditation zu verbringen. Als seine Lebensmittel zur Neige gingen, begann er seinen Almosengang, wobei er an die neuen Wohnstätten des Onkels und der Tante geriet. Von ihnen erkannt und verprügelt, verließ er die Gegend. Nach einiger Zeit der Wanderschaft erreichte er eine abgelegene Höhle und gelobte, diese nicht zu verlassen, bis ihm übermenschliche Erkenntnis zuteil werde. Da Milarepa eine wohlklingende Stimme besaß, übte er sich im Singen selbstgedichteter Verse: die von seinen Schülern später aufgeschriebenen »Hunderttausend Lieder« (Gurbum).

Nach vielen Jahren war Milarepa die höchste Erkenntnis zuteil geworden, nach einem weiteren hatte er die Fähigkeit zur Steigerung der Körpertemperatur erlangt. Drei Jahre später zwangen ihn Hunger und extreme Abmagerung an einen Ort umzuziehen, an dem es eine Quelle, eßbare Nesseln und gelegentlich etwas Sonne gab. Das Siegel der von seinem Lehrer zum Abschied überreichten Schriftrolle mochte er dennoch nicht erbrechen, da er meinte, die Not könnte noch größer werden.

Weitere Jahre äußerster Askese folgten. Er erhielt Besuche von Jägergruppen, deren erste versuchte, von ihm die Herausgabe von Lebensmitteln zu erpressen. Die anderen gaben ihm etwas Fleisch ab, die dritten rasteten bei ihm, aßen Milas ungedickte, salzlose Nesselsuppe und lauschten seinen religiösen Unterweisungen, die mit gesungenen Versen endeten. Zurück in ihren Dörfern, berichteten sie vom gesangbegabten Asketen, den sie in der Bergeinöde getroffen hatten. Der Bericht kam auch seiner Schwester Peta zu Ohren, die inzwischen zur Bettlerin geworden war. Mit erbettelten Vorräten machte sie sich zu ihrem Bruder in die Wildnis auf. Beim zweiten Besuch schloß sich Milarepas Jugendverlobte Tsesay ihr an, um Lebensmittel und Kleider zu bringen. Die ungewohnte Mahlzeit verursachte ihm Schmerzen, die seine geistigen Irritationen verdoppelten. So mußte er seine Meditation unterbrechen und entschloß sich zum Öffnen von Marpas Schriftrolle. Darin gab der Meister ihm die Anweisung, seinen Körper und Geist durch vernünftige Ernährung wieder zu Kräften zu bringen! Tatsächlich brachte das seinem Befinden Besserung, so daß er wieder meditieren und zu neuen transzendenten Erkenntnissen gelangen konnte. Er durchschaute die Einheit alles Seienden in der Leerheit und die wesenhafte Identität von Samsara – dem Wiedergeburtenkreislauf – und Nirvana. Durch weitere Meditation verwirklichte er paranormale Fähigkeiten wie: eine andere Gestalt anzunehmen, durch die Lüfte zu fliegen usw. Neugierige Besucher veranlaßten ihn, sich eine andere Höhle zu suchen. Sein Ruhm verbreitete sich, und die Leute rechneten es sich als Ehre an, ihn mit Speis und Trank zu versorgen. Sogar die böse Tante brachte ihm schließlich reumütig Spenden dar.

Ein Jahr verbrachte er in der Höhle »Sonnenschloß«, dann brach er zu einer Wanderung nach Nepal auf. Laienbekenner, auch solche von Rang, schlossen sich ihm an, nicht zuletzt, um seine schönen Gesänge zu hören. Unter den Lobmas war Rechungpa, sein späterer Biograph, den er von der Lepra heilte. In einer Höhle beim Dorf Nyalam erhielt er Besuch vom indischen Yogi Dharmabodhi, der ihm höchste Ehren erwies. Dies steigerte sein Ansehen bei der Bevölkerung, verschaffte ihm jedoch auch Neider unter den anderen religiösen Lehrern.

Der schlimmste dieser Neider war der Geshe Tsapuwa aus Drin. Bei einem Hochzeitsfest war Milarepa als Ehrengast eingeladen, weshalb Tsapuwa sich zurückgesetzt fühlte, zumal Milarepa in einem Lied dem Unwert der Buchgelehrsamkeit den hohen Wert der direkten Erfahrungen gegenüberstellte. Böses brütend, verließ Tsapuwa die Gesellschaft und veranlaßte bald darauf eine Frau, Milarepa vergiftete Sauermilch als Almosenspende zu bringen. Milarepa verweigerte die Annahme. Beim zweiten Versuch gestand sie Milarepa, da sie sich durchschaut wähnte, daß die Milch vergiftet sei. Da aber erklärte der Meister, er sei ohnehin am Ende seines Lebens angelangt, nahm das Almosen entgegen, versammelte seine einundzwanzig Schüler, seine Freunde und Anhänger um sich und legte ihnen noch einmal die Lehre dar. Tags darauf erkrankte Milarepa schwer, was sich in Windeseile herumsprach. Nun kam auch Geshe Tsapuwa zu Besuch, bereute seine Untat und erkannte die geistige Überlegenheit Milarepas an.

Um nicht in seiner Höhle, sondern an einem bewohnten Ort zu sterben, ließ der Meister der »Hunderttausend Gesänge« sich nach Chubar tragen und verteilte seinen geringen Besitz unter seinen treuen Schülern. Er ermahnte sie, weder nach Gütern noch nach Ruhm zu streben, bescheiden zu sein, die Bequemlichkeit zu meiden und sich in eine Fetzenkutte zu kleiden, ließ ein letztes Lied folgen, und mit den Worten »Beherzigt meine Lehren und folgt mir!« ging Milarepa im Alter von 83 Jahren in die Verwandlung ein.

*

Der Mythos von Shambhala

Das Königreich Shambhala ist vollkommen von einem Ring aus Schneebergen umgeben, deren Gletscher funkeln und glitzern. Keiner, der nicht an diesen Ort gehört, kann sie passieren. Einige Lamas glauben, daß die Gipfel ständig in Nebel gehüllt sind. Im Inneren dieses Ringes von Schneebergen umgibt ein Ring von noch höheren Schneebergen das Zentrum des Königreiches. Flüsse und kleinere Bergketten teilen das Gebiet zwischen den beiden Geburtsringen in acht Regionen, die wie acht Blütenblätter um einen Blütenkelch angeordnet sind. Shambhala ist wie eine achtblättrige Lotosblüte, die von einem Rosenkranz aus Schneebergen umgeben ist. Jede der acht blütenblattförmigen Regionen beherbergt zwölf Fürstentümer. Der König von Shambhala gebietet also über sechsundneunzig Lehnsfürsten, die ihm in Treue dienen. Die kleinen Fürstentümer haben zahlreiche Städte mit Pagoden, deren Dächer aus reinem Gold sind. Sie stehen inmitten von Parks auf saftig grünen Wiesen, umgeben von blühenden Bäumen aller verschiedenen Arten.

Die Schneeberge, die den Blütenkelch des Lotos umgeben, haben sich vollkommen in Eiskegel verwandelt. Sie blinken und glitzern wie kristallenes Licht. Im Inneren des letzten Gebirgsringes, direkt im Zentrum des Königsreiches, liegt Kalapa, die Hauptstadt von Shambhala. Östlich und westlich der Stadt liegen zwei wunderschöne Seen, wie ein Halbmond und eine Mondsichel geformt und mit Juwelen angefüllt. Wasservögel tummeln sich dort und gleiten über die duftenden Blumen, die auf dem Wasser treiben. Südlich von Kalapa befindet sich ein Hain von Sandelholzbäumen, Malaya, der »kühle Hain«. Hier baute der erste König von Shambhala ein gewaltiges Mandala, einen mystischen Kreis, der die Essenz der geheimen Lehren verkörpert, die im Königreich bewahrt werden. Es ist ein Mandala, das die transzendente Einheit von Geist und Universum symbolisiert. Nach Norden hin erheben sich zehn zerklüftete Felsengebirge. Sie beherbergen die Schreine und Bilder wichtiger Heiliger und Gottheiten.

Der Juwelenpalast des Königs im Herzen von Shambhala leuchtet und strahlt so hell, daß die Nacht zum Tage und der Mond zu einem trüben Himmelslicht wird. Die Dächer der Palastpagoden funkeln und glänzen, denn ihre Schindeln sind aus Gold gefertigt und Ornamente aus Perlen und Diamanten hängen von den Dachrinnen. Ein Korallensims, in den tanzende Dakinis geschnitzt sind, dekoriert die Außenwände. Smaragde und Saphire umrahmen die Eingangstore, und goldene Markisen schützen die Fenster aus Lapislazuli und Diamanten. Pfeiler und Balken aus Korallen, Perlen und Zebrastein tragen den Innenraum des Palastes, der verschwenderisch mit Brokatkissen und Teppichen eingerichtet ist. Verschiedenartige Kristalle, die in Böden und Decken eingelassen wurden, regulieren die Raumtemperatur, indem sie Kühle aussenden oder Wärme ausstrahlen.

Im Herzen des Palastes steht der goldene Thron des Königs. Er wird von acht Löwenstatuen getragen, die mit feinsten Edelsteinen besetzt sind. Rundherum breitet sich in weite Ferne der Duft von Sandelholz-Räucherstäbchen aus. Solange sich der König auf diesem Sitz der Weisheit und Macht aufhält, befähigt ihn ein magischer Edelstein, der ihm von den Schlangengöttern, den Hütern verborgener Schätze, gegeben wurde, dazu, all seine Wünsche zu befriedigen. Minister, Generäle und zahllose andere Bedienstete umgeben ihn, bereit, jedem seiner Befehle zu gehorchen. Außerdem verfügt er über viele Pferde, Elefanten, Wagen sowie ein »Luftfahrzeug aus Stein«. Die Schatzkammern seines Palastes enthalten Schätze von Gold und Edelsteinen, die über jede Vorstellung hinausgehen. Der König von Shambhala besitzt die Macht und den Reichtum eines Weltenherrschers.

Die Bewohner des Königreiches leben in Frieden und Harmonie, von Krankheit und Hungersnot befreit. Es gibt keine Mißernten und ihre Nahrung ist gesund und nahrhaft. Ihre ganze Erscheinung strahlt Gesundheit aus. Sie haben schöne Gesichtszüge und tragen Turbane und anmutige Roben aus weißem Stoff. Ihre Sprache ist das heilige Sanskrit. Jeder besitzt Gold und Juwelen in Fülle, doch muß er von seinen Schätzen keinen Gebrauch machen. Die Gesetze Shambhalas sind gerecht und gütig: Körperliche Züchtigung ist als Strafmittel unbekannt, und es gibt weder Schläge noch Gefangenschaft. Nach den Worten Garje Khamtul Rinpoches gibt es in diesem Land nicht das kleinste Zeichen von Schlechtigkeit oder Bosheit. Für Krieg oder Feindschaft haben die Bewohner Shambhalas nicht einmal Worte. Ihre Glückseligkeit und Freude kann sich am Zustand der Götter messen.

*

Die Suche nach Shambhala

Ein alte tibetische Geschichte berichtet von einem jungen Mann, der sich auf den Weg nach Shambhala begab. Nachdem er bereits mehrere Gebirge überquert hatte, gelangte er zu der Höhle eines Einsiedlers, der ihn fragte: »Was ist das Ziel, das dich dazu anspornt, diese Schneewüsten zu durchqueren?«

»Ich will Shambhala finden«, antwortete der junge Mann.

»Nun, dann brauchst du nicht weit zu reisen«, sagte der Einsiedler. »Das Königreich von Shambhala ist in deinem Herzen.«

4. Indien

Mythen der Weltentstehung

Der Rausch der Erde

»Der Keśī (Asket) trägt das Feuer, ...
er trägt die beiden Welten – Himmel und Erde.
Licht wird er hier genannt, der langhaarige Asket.
Gegürtet mit dem Wind tragen die Schweiger (Munis)
    gelben Lehm als Gewand.
Wenn die Götter in sie eingedrungen sind
folgen sie den Flügeln des Windes.
›Berauscht durch unsere Askese
haben wir den Wind bestiegen.
Ihr Sterblichen hier seht nichts anderes als unsere
    Körper!‹
Er fliegt durch den Luftraum,
und betrachtet die Gestalt aller Dinge.

Jedem Gott ist der schweigende Mönch
ein Freund für das gute Werk geworden.

Träger des Windes, Begleiter des Sturms,
wird der Muni angetrieben von den Göttern.
Er ist zu Hause in beiden Meeren,
im Osten wie im Westen...
Er ist der köstliche Freund, der Berauschendste,...
mit Rudra (Śiva) vereint tringt er aus dem Kelch.«

Rig-Veda, 10, 136

*

Am Anfang

1. Zu jener Zeit war weder Sein, noch Nichtsein,
nicht war der Luftraum, noch der Himmel drüber,
Was regte sich? Und wo? In wessen Obhut?
War Wasser da? Und gab's den tiefen Abgrund?

2. Nicht Tod und nicht Unsterblichkeit war damals,
nicht gab's des Tages noch der Nacht Erscheinung;
Nur Eines hauchte windlos durch sich selber
und außer ihm gab nirgend es ein andres.

3. Nur Dunkel war, verhüllt von Dunkel, anfangs
und unerkennbar wogte dieses alles;
Vom leeren Raum war zugedeckt die Öde,
das Eine ward durch Macht der Glut geboren.

4. Da regte sich zuerst in ihm Begierde,
als sich des Geistes erster Same zeigte,
Es fanden da das Band des Seins im Nichtsein
die Weisen suchend mit des Herzens Einsicht.

5. Und quer hindurch war ihre Schnur gezogen,
was war darunter? Und was war darüber?
Erzeuger waren, und es waren Mächte,
und Schöpferkraft war unten, Streben oben.

6. Wer weiß es recht? Wer mag es hier verkünden?
Woher entstand, woher sie kam, die Schöpfung,
Ob durch sein Schaffen erst die Götter wurden,
wer weiß es doch, woher es sei gekommen?

7. Von wannen diese Schöpfung sei gekommen,
ob sie geschaffen oder unerschaffen,
Der auf sie schaut im höchsten Himmelsraume,
der weiß allein es, oder weiß ers auch nicht?

Rig-Veda 10, 129

✳

Alles ist Brahman

Von wem ist der Geist ausgesandt, daß er hinausgesandt umherschweift? Von wem ist der Odem in Tätigkeit versetzt, daß er als erster kommt? Von wem ist die Rede ausgesandt, die man redet? Welcher Gott versetzt Auge und Ohr in Tätigkeit?

Das Hören des Ohres, das Denken des Geistes, das Reden der Stimme, das Atmen des Odems, das Sehen des Auges, alles geben die Weisen auf und werden nach dem Scheiden aus dieser Welt unsterblich. Dorthin dringt nicht das Auge, nicht die Stimme, nicht der Geist. Wir wissen nicht, wir verstehen nicht, wie man das lehren könnte.

Es ist anders als das Bekannte oder als das Unbekannte, so hörten wir von den Alten, die uns das erklärten.

Denn das, was man mittels der Rede nicht nennt, was aber selbst die Rede hervorbringt, das, wisse, ist Brahman; nicht das, was man hier verehrt. Was man mit dem Geist nicht denkt, was aber selbst den Geist denkt, das, wisse, ist Brahman; nicht das, was man hier verehrt. Was man mit dem Auge nicht sieht, wodurch aber das Auge sieht, das, wisse, ist Brahman; nicht das, was man

hier verehrt. Was man mit dem Hören nicht hört, wodurch aber das Hören hört, das, wisse, ist Brahman;
nicht das, was man hier verehrt. Was man mit dem
Hauch nicht einatmet, durch das aber der Hauch geatmet
wird, das, wisse, ist Brahman; nicht das, was man hier verehrt.

Kena-Upanishad, I, 1–13

*

Wisse, die Welt ist unerschaffen

So mancher Narr behauptet, ein Schöpfer habe die Welt
gemacht.
Aber die Lehre, die Welt sei geschaffen, ist töricht und
muß zurückgewiesen werden.

Denn wenn Gott die Welt erschuf, wo war er dann vor
der Schöpfung?
Wer aber sagt, er war außerhalb aller Schöpfung und
brauchte keine Hilfe – wo ist er dann jetzt?

Kein einzelnes Wesen besaß die Fähigkeit, diese Welt zu
machen.
Denn wie kann ein unstofflicher Gott schaffen, was
stofflich ist?

Wie konnte Gott die Welt ohne Rohstoff schaffen?
Wer sagt, zuerst machte er den Rohstoff und dann die
Welt, verstrickt sich in einer regressio ad infinitum.

Wer behauptet, dieser Rohstoff entstand von selbst,
gerät in eine neue Falle.
Denn dann müßte das ganze Weltall sein eigener
Schöpfer und ebenfalls von selbst entstanden sein.

Wenn Gott die Welt durch einen Willensakt ohne
Rohstoff schuf,

161

Dann war es nur sein Wille und sonst nichts. – Wer wird
so etwas Törichtes glauben wollen?
Und wenn er wirklich vollkommen und umfassend ist,
wie sollte wohl der Wille, etwas zu schaffen, in ihm
entstanden sein?

Wenn er andererseits nicht vollkommen ist, so könnte er
das Weltall ebensowenig erschaffen wie ein Töpfer.

Ist er formlos, bewegungslos und allumfassend, wie
sollte er dann die Welt geschaffen haben?
Eine solche Seele, frei von jeder Eigenschaft, würde
doch gar nicht den Wunsch haben, etwas zu schaffen.

Ist er vollkommen, so bekümmert er sich nicht um die
drei Ziele des Menschen.
Welchen Nutzen würde er also durch die Schöpfung der
Welt haben?

Wer sagt, er schuf ohne jeden Zweck, einfach weil es
seine Natur ist – dann wäre Gott nicht zielstrebig.
Und wenn er in einer Art Spiel geschaffen hat, so war es
das Spiel eines närrischen Kindes, das nur Unglück
bringt.

Wenn er veranlaßt vom Karma, wie es verkörperte
Wesen haben, schuf [erworben in einer früheren
Schöpfung],
Dann ist er nicht der allmächtige Herrscher, sondern
von etwas anderem abhängig...

Wenn er die Welt aus Liebe für das Lebendige und weil
er es brauchte, schuf,
Warum machte er dann die Schöpfung nicht selig
glücklich, frei von Unglück?

Befände er sich außerhalb der Welt, würde er nicht
schaffen, denn er wäre frei.

Und würde er sie durchwandern müssen, ebenfalls
nicht, denn dann wäre er nicht allmächtig.

So ist die Lehre, die Welt sei von Gott erschaffen,
Vollkommen unsinnig.

Und Gott begeht auch eine große Sünde, wenn er
Kinder umkommen läßt, die er selbst erschaffen hat.
Sagt jedoch einer, er läßt Menschen nur umkommen, um
böse Wesen zu vernichten – warum schuf er dann
überhaupt solche Wesen...

Ein guter Mensch sollte jeden bekämpfen, der,
verdorben von einer schlechten Lehre, an eine
göttliche Schöpfung glaubt.

Wisse, daß die Welt unerschaffen ist, wie die Zeit selbst,
ohne Anfang und Ende,
Und daß sie auf Prinzipien beruht, dem Leben und dem
übrigen.

Unerschaffen und unzerstörbar besteht sie in der
Notwendigkeit ihres eigenen Wesens,
Geteilt in drei Bereiche – Hölle, Erde und Himmel.

Ein Jaina-Mythos

DIE GROSSEN EPEN UND WEISHEITSLEHREN INDIENS

Das Mahabharata

Die Fragen Yamas

Die zwölf Jahre der Verbannung gingen zu Ende. Die Pāndavas begaben sich zurück nach Dvaitavana, wo sie in ihrer alten Behausung ihr altes Leben wieder aufnahmen und sich von wilden Früchten und dem Fleische erlegten Wildes ernährten. Eines Tages sahen sie auf ihrem üblichen Jagdgang einen Hirsch umherstreifen. Sie verfolgten das Tier, doch bald entschwand es ihren Blicken. Dabei hatten sie sich immer weiter von ihrer Behausung entfernt. Nun waren sie müde, hungrig und durstig. Sie setzten sich zu kurzer Rast unter einen Banyan-Baum. Da es im ganzen Umkreis kein Wasser gab, ihren Durst zu stillen, gebot Yudhisthira Nakula, auf einen hohen Baum zu klettern, um von dort Ausschau nach Wasser zu halten. Nakula stieg auf den Baum, und er glaubte in einiger Entfernung Wasser zu sehen. Er stieg wieder herab, nahm einen Köcher, um das Wasser darin zu tragen, und ging, es zu holen. Als er bei der Zisterne ankam, gebot ihm eine unsichtbare Stimme, das Wasser nicht zu berühren, bevor er die Fragen beantwortet habe, die der Unsichtbare an ihn richten wolle, denn die Zisterne gehöre ihm. Nakula jedoch eilte zu der Zisterne, ohne auf diese Worte zu achten, und trank von dem Wasser, denn er war außerordentlich durstig. Da fiel er augenblicklich tot zu Boden.

Yudhisthira wartete lange Zeit, doch als Nakula nicht zurückkehrte, gebot er Sahadeva, hinzugehen und zu sehen, was ihrem Bruder zugestoßen sei. Sahadeva kam zu dem Platze und fand seinen Bruder tot. Tiefes Leid erfüllte ihn, doch da er sehr durstig war, mißachtete auch er die Worte des Unsichtbaren und trank von dem Wasser des Sees. Da fiel auch er tot zu Boden. Dasselbe Geschick ereilte Arjuna und Bhima, einen nach dem anderen. Zuletzt überkam Yudhisthira bange Sorge, und er machte sich auf, seine Brüder zu suchen. Er folgte ihren Fußspuren und kam so an den See. Heftiger Schmerz erfüllte ihn beim Anblick seiner toten Brüder. Auch er vernahm die Warnung des unsichtbaren Geistes. Obwohl er fast starb vor Durst, mißachtete Yudhisthira die Worte nicht und sagte, daß er bereit sei, die Fragen zu beantworten, bevor er von dem Wasser trinken wolle. Die Stimme kam von einem Yaksha, dem sich der König der Pāndavas näherte.

»Meine erste Frage«, sprach der Yaksha, »ist: Wer ist es, der ungeläuterte Seelen erhebt?«

Darauf erwiderte Yudhisthira: »Das Brahmā ist es, die Veden oder Selbsterkenntnis.« Dann kam die nächste Frage: »Was macht Brahmanen göttlich? Was macht ihre Frömmigkeit aus? Woran erkennt man sie als Menschen? Und was macht ihre Gottlosigkeit aus?«

Yudhisthiras Antwort lautete: »Das Studium der Veden macht die Brahmanen göttlich. Askese ist ihre Frömmigkeit. Daß sie dem Tode unterworfen sind, läßt sie einen als Menschen erkennen; und andere zu verleumden macht ihre Gottlosigkeit aus.« Die gleiche Frage, nur auf die Kshattriyas bezogen, beantwortete Yudhisthira so: »Waffenfertigkeit macht die Göttlichkeit der Kshattriyas aus, Verrichtung von Opfern ihre Frömmigkeit, daß sie der Furcht unterworfen sind, ist das Zeichen ihres Menschseins; und daß sie Schutzbedürftigen Schutz verweigern, ist ihre Gottlosigkeit.«

Weiter fragte die Stimme: »Welches Lebewesen atmet und lebt doch nicht?«

Yudhisthira antwortete: »Derjenige, der nichts opfert, weder Göttern noch Gästen, weder Dienern, Ahnen noch sich selbst, lebt nicht im wahren Sinne des Wortes.«

Die nächste Frage lautete: »Was ist die Seele des Mannes? Wer ist der Freund, den Gott dem Manne schenkt? Was ist des Mannes höchste Stütze? Was ist seine Hauptzufluchtsstätte?«

Yudhisthira sprach: »Der Sohn ist des Mannes Seele. Das Weib ist der Freund, den die Götter dem Manne schenkten. Die Wolken sind des Mannes höchste Stütze, und Nächstenliebe ist sein größter Schutz.«

Eine neue Frage: »Welches ist das beste aller löblichen Dinge? Was ist eines Mannes wertvollster Besitz? Welches ist das höchste Glück?«

Und die Antwort lautete: »Das beste aller löblichen Dinge ist Geschicklichkeit; des Mannes wertvollster Besitz ist Wissen; der höchste Gewinn ist die Gesundheit, und Zufriedenheit ist das höchste Glück.«

Die Stimme fragte weiter: »Was macht den Menschen liebenswürdig, wenn er darauf verzichtet; was bringt uns keinen Schmerz, wenn wir darauf verzichten, was macht einen reich, wenn man darauf verzichtet, was macht einen glücklich, wenn man darauf verzichtet?«

Yudhisthira antwortete: »Stolz macht einen liebenswürdig, wenn man darauf verzichtet; Zorn führt zu keinem Schmerz, wenn man ihn beherrscht; Verlangen macht einen reich, wenn man ihm entsagt; und Habsucht macht einen glücklich, wenn man sie bezwingt.«

Die nächste Frage lautete: »Welches ist der unsichtbare Feind? Was gilt als unheilbare Krankheit bei einem Mann? Wer ist ehrenhaft, und wer ist unehrenhaft?«

Yudhisthiras Antwort lautete: »Zorn ist der unsichtbare Feind. Gier ist eine unheilbare Krankheit. Der ist ehrenhaft, der das Wohl aller Geschöpfe will, und der ist unehrenhaft, der undankbar ist.«

Die letzte Frage des Unsichtbaren lautete: »Was ist Heuchelei? Was ist die Gnade der Götter, und was ist Verworfenheit?« – Und Yudhisthiras Antwort war: »Das Erstarren einer religiösen Form ist Heuchelei. Die Gnade der Götter ist die Frucht unserer Gaben, und verworfen ist, wer schlecht von anderen spricht.«

Nachdem er Yudhisthira die letzte Frage gestellt hatte, sprach der Yaksha: «O König, du hast alle meine Fragen richtig beantwortet. Wenn du auch die allerletzte Frage richtig beantwortest, will ich einen deiner Brüder wieder zum Leben erwecken. Die Frage lautet: Was ist wahre Glückseligkeit? Was ist das Wunderbarste? Was ist der wahre Weg, und was ist das immer Neue?«

Yudhisthira antwortete: »Ein Mann, der nur einmal am Tage sein eigenes dürftiges Mahl in seinem eigenen Hause kocht und der ohne Schuld ist, und einer, der nicht aus dem Hause muß, um zu arbeiten, ist wirklich glücklich. Tag für Tag gehen zahllose Geschöpfe ein in das Reich Yamas. Doch die, die zurückbleiben, denken, daß sie nicht sterben werden: Was kann wunderbarer sein als das? Beweis führt zu keinem sicheren Schluß. Die Shrutis, die Schriften, sind verschieden untereinander. Es gibt nicht einen einzigen Rishi, dessen Meinung als unfehlbar gelten kann. Die Wahrheit über Religion und Pflicht ist verborgen in Höhlen. Daher ist dies allein der wahre Pfad, den die Erhabenen schritten. Diese Welt ist voll Unwissenheit; sie ist wie ein Kochtopf. Die Sonne ist das Feuer; Tage und Nächte sind der Brennstoff; Monate und Jahreszeiten sind die hölzernen Kochlöffel; die Zeit ist der Koch. Das ist das immer Neue.«

Da sprach der Yaksha, um Yudhisthira weiter zu prüfen: »Ich will nun einen deiner Brüder zum Leben erwekken. Welchen von ihnen willst du wieder lebendig sehen?« Yudhisthira sprach: »Ich möchte, daß Nakula wieder lebe.« Der Yaksha war überrascht. Das hatte er nicht erwartet. Er sprach: »Bhima und Arjuna sind deine eigenen Brüder, Nakula ist nur dein Halbbruder; warum bittest du nicht um das Leben eines deiner eigenen Brüder?« Yudhisthira erwiderte: »Ich habe immer versucht, den Pfad der Tugend zu gehen. Mein Vater hatte zwei Gattinnen. Mādri, die Mutter Nakulas, ist mir so teuer wie Kunti, meine eigene Mutter. Ich möchte unparteiisch handeln. Erwecke daher Nakula zum Leben.« Der Yaksha sprach: »Da du den höchsten Grad der Tugend besitzest, sollen alle deine Brüder wieder lebendig werden.«

Und sogleich waren die vier Brüder Yudhisthiras wieder lebendig. Ihren Hunger und ihren Durst hatten sie während der langen Rast gestillt. Nun zeigte sich ihnen der Yaksha in seiner wahren Gestalt. Er war kein geringerer als der große Gott Yama, der Herr des Todes und der Gerechtigkeit. Er war sehr erfreut über das Verhalten und die Weisheit Yudhisthiras, der die menschgewordene Gerechtigkeit war, und er gewährte Yudhisthira eine Bitte. Dieser sprach: »Wir haben zwölf Jahre in der Verbannung in den Wäldern verbracht. Im dreizehnten Jahr müssen wir unerkannt bleiben. Erfülle uns die Bitte, daß wir während dieses Jahres nicht erkannt werden mögen.«

Yama sprach: »Ihr sollt das letzte Jahr eurer Verbannung im Reiche des Königs Virāta verbringen. Durch meine Gnade wird es euch möglich sein, jede Gestalt anzunehmen, die ihr wollt.« Nachdem er den Pāndavas diese Bitte gewährt hatte, verschwand der Gott des Todes. Diese Nacht schliefen die Brüder fest auf dem einsamen Platz, und erst am nächsten Morgen gingen sie zurück zu ihrer Einsiedelei. Sie sagten den Brahmanen Lebewohl, die so lange bei ihnen geblieben waren. Wie ihr Schwur gebot, gaben sie sich niemanden zu erkennen und machten sich mit Draupadi auf den Weg in die Ferne.

∗

Die Bhagavad Gita

Arjuna sprach seine Gebete zu der Göttin Kālī, die, so angerufen, am Himmel erschien und ihn segnete. Dann bestieg er seinen Streitwagen, den Vāsudeva lenkte. Beide stießen in ihre Muschelhörner.

Doch als die beiden Heere einander gegenüberstanden, ergriff Arjuna, den größten Helden seiner Zeit, ein fremdes, seltsames Gefühl. Er empfand Gewissensbisse, als er in Schlachtordnung ihnen gegenüber Vettern, Onkel, Söhne und Enkel, Schwager und Freunde erblickte. Da standen Bhisma und Drona, die seine höchste Achtung und Liebe besaßen und die zu töten nun seine Pflicht war. Arjuna fühlte, wie ihm das Blut in den Kopf stieg; Schweiß brach aus seinem Körper. Sein Mund war trocken, wie ausgedörrt, und der mächtige ›Gāndiva‹, sein kraftvoller Bogen, entfiel seinen Händen. In seiner großen inneren Not wandte er sich an Vāsudeva und sagte, es sei besser, von seinen Feinden getötet zu werden, als selbst zu töten. Er sehe keinen Sinn darin, ein Königreich um einen so hohen Preis – den Tod so vieler naher Verwandter – zu gewinnen. Er wolle so nicht handeln, nicht um alles Glück der drei Welten – Himmel, Erde und Unterwelt. Es sei Sünde, Menschen zu töten, weil die Folgen des Krieges schrecklich seien. Nach dem Kriege würde sich Unglaube im Lande ausbreiten, die Frauen würden ihren Halt verlieren und sich frei vermählen, ohne Rücksicht auf ihre Kaste und unter ihrem Range; das würde zu einer Vermischung der Berufe, Stände und Rassen führen, und ihre Nachkommenschaft würde den letzten Rest der Ordnung umstürzen. So würden die Nachkommen die Schuld ihrer Vorfahren büßen müssen. Ihr Geist würde ziellos sein, ohne Nahrung, ohne Halt. »Nein«, rief Arjuna, »ich will nicht kämpfen.«

Da sagte Vāsudeva lächelnd zu ihm: »Du hast über

Religion gesprochen wie ein weiser Mann, aber bist du dir
auch der Tatsache bewußt, daß du dich über etwas entsetzt, was dem Weisen über Trauer, Leben oder Tod steht?
Ich und du, wir alle hatten schon ein Dasein vor diesem,
und wir werden auch nach diesem Tode wieder leben. Wie
der Körper des Menschen Kindheit, Jugend, Alter und
Verfall durchmachen muß, so die Seele auf ihrer Wanderung von Körper zu Körper. Den Weisen bekümmert
nicht Geburt noch Tod. Unser vergängliches Empfinden
von Hitze und Kälte, Glückseligkeit und Leid entsteht
durch die Berührung unserer Sinne mit den Gegenständen unserer Umgebung. Nur der, dem es gelungen ist,
sich von diesen vergänglichen Sinneseindrücken freizu-
machen, ist wirklich frei, und nur er erlangt Erlösung.
Was kein Dasein hat, besteht auch nicht; was besteht, vergeht nicht. Wer diese Wahrheit erkannt hat, hat auch den
wahren Sinn vom Leben und Tod erkannt. Die Seele, die
in unserem Körper wohnt, ist der Vergänglichkeit nicht
unterworfen. Niemand kann die Seele zerstören; denn sie
ist unzerstörbar, ewig, unermeßlich. Daher sollst du
kämpfen. Wer glaubt, andere zu töten oder getötet zu
werden, ist ohne wahres Wissen. Die Seele kennt weder
Geburt noch Tod; sie ist ewig und wird nicht geboren.
Keine Waffen können sie verletzen; kein Feuer kann sie
verbrennen; kein Wasser kann sie ertränken; keine Hitze
kann sie ausdörren. Das bedenkend, solltest du dich nicht
sorgen. So, wie der Mensch seine alten Kleider ablegt und
neue anlegt, so verläßt die Seele den alten Körper und
nimmt einen neuen an. Nichts ist dem Menschen gewisser
als der Tod; nichts aber auch als immer wieder neue Geburt. Daher solltest du dich nicht sorgen um das, was un-
vermeidlich ist. Zahllos sind die Geburten, durch die wir
gegangen sind, zahllos sind die Geburten, durch die wir
gehen werden; wir nehmen nur für die kurze Spanne
unserer Lebenszeit Gestalt an. Daher ist es keine Sünde,

im Kampfe zu töten, denn nur der Körper, das eine Glied in der Kette der Geburten, kann getötet werden; die Seele wird frei für eine neue Verkörperung. Daher verzage nicht. Kampf ist die Bestimmung des Kshattriyas. Durch eine Schicksalsfügung bist du nun dazu berufen, einen gerechten Kampf zu führen. Du solltest stolz darauf sein. Wenn du dabei getötet wirst, steht dir der Himmel offen; wenn du siegst, wirst du dich an deinem Königreich erfreuen. Wenn du nicht kämpfst, verlierst du deine Ehre. Die Leute werden sagen, daß du aus Angst vor dem Feind vom Schlachtfeld geflohen bist. Alle, die deinen Mut und deine Tapferkeit bewunderten, werden dich verachten. Das ist schlimmer als der Tod.

Was durch Tatkraft und Klugheit erreicht wird, geht nie verloren. Menschen ohne feste Lebensauffassung werden von der ungeheuren Mannigfaltigkeit der Lehren verwirrt. Sie glauben, daß sie den Himmel gewinnen und seine Sonnen genießen können, wenn sie nur ihre mannigfachen Opfer ausführen, wie sie in den Veden vorgeschrieben sind. Ihr Streben richtet sich auf die Erlangung von Sinnenfreuden und Reichtum. Diese Menschen gewinnen nie die Weisheit, die zur Erlösung nötig ist. Pflicht muß erfüllt werden, um ihrer selbst willen, ohne Streben nach ihren Früchten. Erfülle deine Pflicht, ohne auf den Erfolg zu schauen! Laß nicht Erfolg oder Mißerfolg Triebfeder deines Handelns sein! Diejenigen, die ihre Pflichten erfüllen, ohne nach dem Erfolg zu fragen, werden frei von den Fesseln der Wiedergeburt, die der Quell all unserer Not ist. Erst wenn dein Geist und deine Sinne Gott erkennen und in ihm leben, wirst du wahres Wissen erlangen.«

Sage mir, Vāsudeva«, fragte Arjuna, »welches sind die besonderen Kennzeichen von Personen, die durch Kontemplation Weisheit erlangen?« Vāsudeva sprach: »Tätigkeit, frei von Begehr. Wer weder von Sorgen gequält noch

von Freude erregt wird, wer weder durch Kummer be-
trübt noch durch Glück entzückt wird, wer keinerlei
Furcht fühlt, ist wirklich ein Weiser. Wer nicht nach Dingen strebt, die angenehm sind, und solche nicht vermeidet, die unangenehm sind, hat Beständigkeit erreicht. Ein
solcher Gemütszustand kann nicht durch Bußübungen
oder Verrichtung von Opfern erlangt werden; ein solcher
Zustand kann nur von Menschen gewonnen werden, die
Gott gefunden haben.«

Arjunas Zweifel konnten auch durch diese Worte nicht
beseitigt werden. Er verlangte nach Klärung der sittlichen
Streitfragen, die ihn quälten. »Sage mir«, bat er Vāsudeva,
»welches ist nun der richtige Weg, den ich einschlagen
muß, um das höchste Gut zu erlangen?«

Vāsudeva sprach: »Zwei Wege führen zu diesem Ziel:
Tätigkeit und Wissen. Durch richtiges Handeln kann man
Wissen erlangen. Ohne Weisheit, durch bloße Entsagung
kann niemand sein ersehntes Ziel erreichen. Die höchste
Aufgabe des Menschen ist leidenschaftslose Pflichterfüllung. Setze all deine Taten und Gedanken auf Gott! Laß
ab von allen Wünschen und Gefühlen! Vertreibe alle
empfindsamen Erwägungen aus deinem Denken, ver-
pflichte dich dem Kampf! Wenn du deine Pflichten, die
dir aus deiner Kastenzugehörigkeit erwachsen, nur zum
Teil erfüllen kannst, ist das mehr wert als vollständige Erfüllung von Pflichten, die den Angehörigen eines anderen
Standes zustehen. Die schlimmsten Feinde des Menschen
sind Gier und Zorn. Sie verdunkeln den Verstand. Wenn
du Weisheit erlangt hast, wirst du dich nicht länger mit
der Vorstellung quälen, schuldig zu sein am Tode von
Freunden und Verwandten. Selbst wenn du der ärgste
Würger in der Schlacht wärest, würdest du jenseits von
Gut und Böse gelangen. Du wirst die Einheit der menschlichen Seele mit Gott erkennen und durch diese Erkenntnis fähig sein, die Dinge in ihrer wahren Bedeutung zu

sehen. Dein ärgster Feind ist der Zweifel. Fälle diesen Feind, der in der Unwissenheit wurzelt, mit dem Schwerte des Wissens und erfülle deine Pflicht. Wisse, daß Gott nicht nach den Sünden und nicht nach den Tugenden des Menschen fragt! Diese sind ein Ergebnis der menschlichen Natur. Gott ist die letzte Wirklichkeit. Jeder, was immer sein Beruf sein möge, kann Erlösung erlangen durch seine Ergebung in den göttlichen Willen. Da ist kein Unterschied zwischen Brahmane und Shudra, zwischen Mann und Frau. Das Tor zur Erlösung steht jedem offen.«

Nachdem Arjuna diese Rede Vāsudevas über Seele und Gott, über Handeln und Wissen vernommen hatte, wurde sein Geist erleuchtet, und er betete zu Vāsudeva, dem Gott Krishna, daß er sich ihm gnädig offenbaren möge in seiner allumfassenden Gestalt, das All ihm zeigend in seiner Person. Da Vāsudeva Arjuna sehr liebte, gewährte er ihm, worum dieser bat: Anstelle des Menschen Vāsudeva, des Freundes der Pāndavas, sah Arjuna vor sich die Erscheinung des Weltalls. Der Anblick blendete den stolzen Pāndava-Helden und erfüllte ihn mit großer Angst. Arjuna sah das Weltall in all seinen verwirrenden und ehrfurchtgebietenden Ausstrahlungen in Krishna. Er schien verwandelt in eine Gestalt mit vielen Armen, Bäuchen, Mündern und Augen, umloht von Flammen unermeßlichen Glanzes. Für sterbliche Augen war das ein schreckliches, erschütterndes Schauspiel. Krishna glich dem Bilde der Vernichtung. Die Krieger, die in Schlachtordnung aufgestellt waren, und die mächtigen Helden, die in ihren Streitwagen vor ihm standen, stürmten mit unwiderstehlicher Geschwindigkeit in Krishnas flammenden Mund, wie Insekten in das Feuer fliegen oder wie Ströme, die sich ungestüm ins Meer ergießen. Da war kein Halt, kein Hemmnis in diesem Ansturm, der alle in die Zerstörung trieb. Viele Krieger schienen von dem göttlichen Munde bereits verschluckt, einige erschienen zwischen den Zähnen, mit zermalmtem Leib. Die Welt, nein, das Weltall, erschien Arjuna in einem beständigen Wechsel, ein nie endender Strom. Da war nicht Raum für Mitleid oder Reue. Da war nicht Anfang noch Ende. Gott umschloß Raum und Zeit; und als Zeit war er der Tod.

Da sprach Vāsudeva zu Arjuna: »Wenn du deine Feinde auch nicht tötest, so werden sie doch nicht leben. Sie sind bereits getötet – durch mich. Du bist bloß das Werkzeug für ihren Tod. Daher kämpfe gegen deine Feinde, frei von Gewissensqualen, gewinne Ruhm und erfreue dich eines blühenden Königreiches!«

Arjuna hatte nun die volle, letzte Weisheit gewonnen. Vāsudeva sprach zu ihm weiter: »Ein Mensch, der sich an nichts bindet, der nicht glaubt, sein eigener Meister zu sein, sondern sich nur als Werkzeug des göttlichen Willens betrachtet, begeht keine Sünde, und wenn er das Weltall zerstörte. Die Menschheit ist in vier Kasten geteilt; je nach ihrem Berufe haben wir Brahmanen, Kshattriyas, Vaishyas und Shudras. Jede dieser Kasten hat ihre eigene Aufgabe. Ein Mensch, der einer dieser Kasten angehört, kann Erlösung finden, wenn er seiner eigenen Berufung folgt und seine Standespflichten richtig erfüllt. Es ist besser zu sterben, als nach den Gesetzen einer fremden Kaste zu leben. Alle unsere Berufe haben ihre Schwächen und Mängel; deshalb aber dürfen wir sie nicht aufgeben.«

Vāsudeva rief Arjuna nun auf, all sein Tun Gott anheimzustellen, zu handeln ohne Beweggrund, frei von Zorn und Bosheit. So nur werde er fähig sein, das beschwerliche Meer der Sorgen und Leiden zu durchschiffen. Wenn er dagegen selbstbewußt, auf sein Ich bauend, den Beschluß fasse, nicht zu kämpfen, würde alles vergebens sein.

So rief Vāsudeva seinen Schüler zum Kampfe auf. Arjuna folgte ihm in die Schlacht. Seine Zweifel waren verflogen, und er war bereit, Vāsudeva in allen Geboten Folge zu leisten.

Arjuna war nun zum Kampfe gerüstet, frei von allen Zweifeln. Er war bereit, Bhisma und Drona zu töten, deren einer sein lieber Großvater, der andere sein verehrter Lehrer war.

DIE UPANISHADEN

Die beiden Formen des Brahman

Das Brahman hat zwei Erscheinungsformen, eine körperhafte und eine körperlose, eine sterbliche und eine unsterbliche, eine stehende und eine gehende, eine seiende (sat) und eine jenseitige (tyam).

AUF DIE WELT ANGEWENDET:

Alles mit Ausschluß von Wind und Luftraum ist die körperhafte, die sterbliche, die stehende, die seiende Erscheinungsform. Von dieser körperhaften, dieser sterblichen, dieser stehenden, dieser seienden ist der, der dort glüht, (die Sonne), die Essenz; denn er ist die Essenz von dem Seienden.

Wind und Luftraum, das sind die körperlose, unsterbliche, gehende, jenseitige Erscheinungsform. Von dieser körperlosen, dieser unsterblichen, dieser gehenden, dieser jenseitigen ist der Geist (der Purusha) in der Sonnenscheibe die Essenz; denn er ist die Essenz von dem Jenseitigen. Soviel hinsichtlich der Gottheit.

AUF DEN MENSCHEN ANGEWENDET:

In bezug auf die Person heißt es: Alles mit Ausschluß des Hauches und des Raumes im Herzen ist die körperhafte, sterbliche, stehende, seiende Erscheinungsform. Von dieser körperhaften, dieser sterblichen, dieser stehenden, dieser seienden ist das Auge die Essenz; denn es ist die Essenz des Seienden.

Hauch und Raum im Herzen, das ist die körperlose, unsterbliche, gehende, jenseitige Erscheinungsform. Von dieser körperlosen, dieser unsterblichen, dieser gehenden, dieser jenseitigen ist der Geist (der Purusha) im rechten Auge die Essenz; denn es ist die Essenz von dem Jenseitigen.

Die Gestalt dieses Geistes (Purusha) ist wie ein safrangefärbtes Gewand, wie ein weißes Schaffell, wie ein Indragopakäfer, wie eine Feuerflamme, wie eine Lotusblüte, wie ein einmaliges Aufblitzen. Wer so weiß, dem wird wie ein einmaliges Aufblitzen Glück zuteil.

Bribad-Âranyaka-Upanishad II, 3

✳

Das heilige Gesetz und der Omlaut

Das heilige Gesetz hat drei Stämme; den ersten bilden Opfer, Vedastudium und Freigebigkeit; Kasteiung bildet den zweiten; der Schüler, der in die heilige Lehre tritt und im Hause des Lehrers wohnt, den dritten. Alle diese werden guter Welten teilhaftig. Wer im Brahman seine Wohnstätte sucht, schreitet zur Unsterblichkeit.

Prajâpati bestrahlte mit Glut diese Welten. Aus diesen bestrahlten Welten strömte die dreifache Wissenschaft hervor. Er bestrahlte diese. Aus dieser bestrahlten Wissenschaft strömten die Silben *bhūr bhuvar svar* hervor. Er bestrahlte diese. Aus diesen bestrahlten Silben strömte der Omlaut hervor. Wie von einem Nagel alle Blätter durchbohrt sind, so ist von dem Omlaut alle Rede durchbohrt. Der Omlaut ist dies alles; der Omlaut ist dies alles.

Chândogya-Upanishad II, 23

Die Lehre des Shândilya

Das Brahman ist diese ganze Welt. Friedvollen Herzens soll er es als *jalân* verehren. Der Mensch besteht aus Wollen. Wie das Wollen des Menschen in dieser Welt ist, so wird er nach seinem Scheiden aus dieser Welt. Er muß sein Wollen bilden.

Verstand ist sein Stoff, der Hauch sein Leib, Glanz seine Erscheinungsform. Wahrheit ist sein Entschließen, der Äther sein Selbst. Es ist allwirkend, allwünschend, voll jeglichen Duftes, voll jeglichen Geschmackes, all dies umfassend, wortlos, achtlos.

Dieser mein Âtman im Inneren des Herzens ist feiner als ein Reis- oder Gersten- oder Senf- oder Hirsekorn oder das Korn eines Hirsekorns. Dieser mein Âtman im Innern des Herzens ist größer als die Erde, größer als der Luftraum, größer als der Himmel, größer als die Welten.

Er ist allwirkend, allwünschend, voll jeglichen Duftes, voll jeglichen Geschmackes, all dies umfassend, wortlos, achtlos. Dieser mein Âtman im Innern des Herzens ist das Brahman, zu ihm werde ich nach meinem Scheiden von hier gelangen. Wem solche Gewißheit ist, dem bleibt kein Zweifel. So spricht Shândilya, Shândilya.

Chândogya-Upanishad III, 14

*

Der Weg zum Heil

Yama: Ein andres ist das Gute, ein andres das Angenehme. Beide führen zu verschiedenen Zielen und fesseln den Menschen. Heil wird dem zuteil, der das Gute wählt; der, welcher das Angenehme wählt, verfehlt sein Ziel.

Das Gute und das Angenehme: beide nahen dem Menschen. Der Kluge prüft und unterscheidet beide. Der Kluge zieht dem Angenehmen das Gute vor; der Tor wählt um der Wohlfahrt willen das Angenehme.

Du Naciketas, hast mit Bedacht die angenehmen und angenehm gestalteten Genüsse an dir vorübergehen lassen. Nicht hast du in Gestalt von Besitz den Lohn erlangt, bei dem viele Menschen untergehen.

Die zwei Arten des Wissens

Diese beiden sind verschieden und gehen weit auseinander: Das Nichtwissen und das, was man als ›das Wissen‹ kennt.

Du, Naciketas, dünkt mich, verlangst nach dem Wissen. Nicht hat dich reichliches Wünschen darum gebracht.

Die Selbstklugen wandeln tief im Nichtwissen und dünken dabei sich gelehrt. Sie laufen in ihrer Verblendung wild umher wie Blinde, die ein Blinder führt.

Der Gedanke an das Jenseits kommt dem Einfältigen nicht, der ist unbesonnen und durch des Besitzes Verblendung verblendet. ›Nur ein Diesseits gibt es, kein Jenseits‹, so prahlt er und verfällt immer wieder meiner Gewalt.

Die Erkenntnis des Selbst ist schwierig

Vielen gelingt es nicht, von dem (Selbst) auch nur zu hören; viele, obschon sie von ihm hören, erkennen es doch nicht. Wie ein Wunder ist ein geschickter Erklärer, der es erfaßt; wie ein Wunder ein verständnisvoller Schüler, der von einem geschickten Erklärer unterrichtet ist.

Denn von einem niederen Manne verkündet ist das Selbst nicht leicht zu verstehen, wie oft man es überdenke. Es gibt keinen Zugang zu ihm, wenn nicht ein andrer (höherer) es verkündet. Er ist feiner als ein Atom und kein Gegenstand logischen Beweises.

Die Einsicht ist auf dem Wege logischen Beweises nicht zu gewinnen. Von einem anderen verkündet, ist sie leicht zu erreichen. Du hast sie erlangt. Du bist von festem Entschluß. Solch ein Schüler wie du wäre mir erwünscht.

(Naciketas): Ich weiß, ein sogenannter Schatz ist nicht

von Dauer. Mit Schwankendem erreicht man nichts Festes. Daher habe ich das Naciketasfeuer geschichtet; mit vergänglichen Dingen habe ich Unvergänglichkeit erreicht.

(Yama:) Auf die Erfüllung der Wünsche, die Stütze der Welt, die Endlosigkeit des Wollens (das Ufer der Rettung, das durch Stomas mächtige Urugâyalied als Stütze erschauend) hast du, Naciketas, standhaft und klug verzichtet.

Belehrung über das Selbst

Wer unter Versenkung in das Selbst seine Gedanken auf den schwer zu schauenden, in die Verborgenheit eingedrungenen, in einer Höhle wohnenden, in der Tiefe befindlichen alten Gott gerichtet hat, der Weise läßt Freude und Leid hinter sich.

Der Mensch, der das gehört und erfaßt hat, der das dem Reich des Dharma Unterliegende von sich geworfen und dieses wie ein Atom feine Selbst erreicht hat, der freut sich; denn Erfreuliches hat er erreicht. Geöffnet ist, Naciketas, dünkt mich (für dich), das Haus.

(Naciketas:) Was jenseits von Recht und Unrecht liegt, jenseits von Tat und Unterlassung, jenseits von Vergangenheit und Zukunft, das schauest du, das sage mir.

Belehrung über die Silbe Om

Das Wort, das alle Veden überliefern und alle Bußen verkünden, das den Wunsch derer ausmacht, die in den heiligen Schülerstand treten, das sage ich dir kurz: es lautet ›Om‹.

Denn diese Silbe ist das Brahman, denn diese Silbe ist das Höchste. Wer sie begriffen hat, erreicht jeglichen Wunsch.

Sie ist die beste Stütze, die höchste Stütze. Wer sie begriffen hat, wird erhöht in Brahmas Welt.

Schilderung des Selbst in Gestalt des ›Weisen‹

Der Weise wird nicht geboren, noch stirbt er. Nicht hat er einen Ursprung, noch ist er wandelbar. Ungeboren, beständig, ewig und von altersher wird er mit dem Leib nicht getötet.

Wenn ein Töter zu töten meint oder ein Toter tot zu sein glaubt, so urteilen diese beide nicht richtig. Der eine tötet nicht und der andere wird nicht getötet.

Feiner als ein Atom, größer als groß wohnt der Âtman in der (Herzens-)höhlung des Geschöpfes. Der aller Wünsche Ledige erblickt, von allem Leid befreit, durch die Gnade des Schöpfers die Größe des Âtman.

Auch wenn er sitzt, wandert er in die Ferne; auch wenn er liegt, wandert er überall. Wer anders als ich kann diesen Gott, der Wonne und Nichtwonne in sich schließt, begreifen.

Der Kluge denkt bei den Körpern an die Körperlosen, an den Stetigen bei den Ruhelosen, an den großen, alldurchdringenden Âtman und fühlt kein Leid.

Dieser Âtman ist nicht durch Belehrung, nicht durch Opfer, nicht durch viel Gelehrsamkeit zu begreifen. Wen er selbst sich aussieht, von dem ist er zu begreifen. Dem offenbart sich der Âtman.

Wer vom schlechten Wandel nicht abläßt, nicht zum inneren Frieden gelangt und nicht zur Sammlung, wer nicht beruhigten Herzens ist, vermag ihn mittels der Erkenntnis nicht zu erreichen.

Brahmanen und Kriegerstand, beide sind für ihn (nur

wie) ein Reisgericht, der Tod ist ein Überguß: wer fürwahr weiß, wo der ist?

Kâthaka-Upanishad, Zweite Ranke

*

Brahmabindu-Upanishad

Der Geist, sagt man, ist zwiefach, geläutert oder nicht.
Nicht geläutert ist er in Verbindung mit Wünschen, geläutert, wenn er von Wünschen befreit ist. Der Geist ist
für die Menschen die Ursache von Knechtschaft und Erlösung; von Knechtschaft, sobald er an der Sinneswelt
hängt, von Erlösung, wenn er frei von ihr ist.

Darum, weil man die Befreiung des von der Sinneswelt
freien Geistes wünscht, muß der Erlösungssuchende beständig seinen Geist von der Sinneswelt frei zu machen
trachten.

Wenn man den Geist unter Aufgabe aller Hinneigung
zur Sinneswelt im Innern zügelt und zur Freiheit von ihm
gelangt, so ist das die höchste Stätte.

Er ist so lange zu zügeln, bis er im Inneren zunichte ist.
Das ist Erkenntnis und Erlösung. Alles andere Bücher-
weisheit.

Es ist nicht denkbar und doch nicht undenkbar. Es ist
undenkbar und doch denkbar: Frei von Zu- und Abneigung vollendet sich dann das Brahman.

Mit dem Vokallaut (Om) soll er den Yoga verbinden;
ohne seine Vokale das Höchste (das Brahman) zustande
bringen; durch den vokallosen Bestand wird Sein, nicht
Nichtsein erstrebt.

Dieses selbige Brahman ist ungeteilt, allem Zweifel
entrückt, frei von allem Fehl. Wenn er erkannt hat, ›das
Brahman bin ich‹, vollendet sich das Brahman mit Sicherheit.

Als allem Zweifel entrückt, unendlich, frei von Argument und Beispiel, unbeweisbar, anfangslos hat er das Höchste in seiner Güte erkannt.

Bei ihm gibt es weder Vergehen, noch Entstehen, weder Knechtschaft, noch Herrentum, weder Streben nach Erlösung, noch Erlösung: also lautet die höchste Wahrheit.

Als eine Einheit ist der Âtman in Wachen, Traum und Tiefschlaf zu denken. Wenn er diese drei Zustände überwunden hat, wird er von der Wiedergeburt frei.

Die Seele der Geschöpfe ist eine Einheit, nur von Geschöpf zu Geschöpf verteilt; eine Einheit und Vielheit zugleich, wie der Mond sich in vielerlei Gewässern spiegelt.

Die mannigfachen Formen sind wie ein Gefäß. Das Gefäß kann immer wieder zerbrochen werden; es weiß nichts davon, wenn es zerbrochen ist. Aber Er weiß davon beständiglich.

Solange die Seele von der Mâyâ (Täuschung) der Worte umhüllt ist, weilt sie im Lotus des Herzens. Wenn aber die Dunkelheit weicht, nimmt sie die eine Einheit wahr.

Zwei Wissenschaften, das im Wort sich offenbarende und das höchste Brahman, muß man kennen. Wer in das im Wort sich offenbarende Brahman tief eindringt, erlangt das höchste Brahman.

Ein kluger Mann, der um der Kenntnis, Erkenntnis und Wahrheit willen ein Buch studiert hat, mag es insgesamt aufgeben, wie einer, der Korn wünscht, das Stroh.

Die Milch von Kühen ganz verschiedener Farbe hat ein und dieselbe Farbe, Wie mit der Milch steht es mit der Kenntnis, und den Kühen vergleichen sich die Asketen.

Wie die Butter in der Milch verborgen ist, wohnt in jedem Wesen die Erkenntnis. Immer muß man mit dem Verstand als Quirlstock quirlen.

Mit der Kenntnis als dem Seil reibe man von da ab das Feuer, das ungeteilte, fleckenlose, stille (Brahman), von dem es heißt: ›Dies Brahman bin ich.‹

Es dient allen Wesen zur Wohnung und wohnt in allen

Wesen. Vermöge seiner Gnade gegen alle bin ich Vâsudeva dieses, bin ich Vâsudeva dieses.

✳

Der Guru

»Der Lehrer ist jener, der die ewige Weisheit des Veda
kennt, der dem alldurchdringenden Viṣṇu hingegeben ist,
der keine Arroganz kennt, der aber um die Methode des
Yoga weiß, immer im Yoga gegründet ist und Yoga (Vereinigung) zu seinem eigentlichen Wesen hat; der rein ist,
seinem eigenen Meister hingegeben ist und die höchste
göttliche Person (Puruṣa) vollends erkannt hat. Wer diese
Merkmale besitzt, wird ein Guru genannt. Die Silbe ›Gu‹
bedeutet Dunkelheit, und die Silbe ›Ru‹ bezeichnet das,
was diese vertreibt (nirodhakaḥ). Und der Guru ist jener,
der die Dunkelheit vertreibt.

Der Guru ist das höchste Brahman, der Guru ist das
höchste Ziel, er ist die höchste Weisheit, und er allein ist
die Zuflucht. Der Guru ist der höchste Gipfel (kâṣṭhâ),
der Guru ist der höchste Reichtum. Weil der *Das* (das
Brahman) lehrt, ist der Guru besonders groß.«

Advayatāraka-Upanishad

✳

Laß die Schriften fallen

Lies, studiere und meditiere ständig über die Schriften,
doch wenn das Licht einmal in deinem Innern
   aufgeleuchtet ist,
lasse sie fallen wie man eine Brandfackel fallen läßt,
wenn man das Feuer entzündet hat.

Amrtanâda Upanishad

✳

Der Âtman

»Der Âtman ist die Brücke *(setu)*, die die beiden Welten
auseinanderhält. Weder Tag noch Nacht überschreiten
diese Brücke, weder Alter noch Tod noch Leiden, weder
gute Tat noch böse Tat überschreiten diese Brücke...
Wenn man sie überschreitet, wird die Nacht hell wie der
Tag, denn die Welt des Brahman ist immer erleuchtet.«

Chândogya-Upanishad 8, 4, 1–2

* *Âtman:* das »Selbst«, das innerste Prinzip des Menschen, der
letzte Grad der Innerlichkeit.

✳

Die Ruhe des Wissenden

Der Wissende denkt weder ›ich habe Schlechtes getan‹,
noch ›ich habe Gutes getan.‹

Er überwindet diese beiden Gedanken. Was er getan
hat und was er nicht getan hat beunruhigt ihn nicht
mehr.

Bṛhadāraṇyaka Upanishad 4, 4, 22

✳

Der Purusha

»Ich kenne ihn, den großen *puruṣa**
von der Farbe der Sonne
jenseits der Finsternis.
Wer Ihn kennt
übersteigt den Tod.
Kein anderer Weg führt zum Ziel!«

Svetâśvatara-Upanishad, III, 8

* *Puruṣ:* der Ur-Mensch, der kosmische Mensch; Geist.

✳

Om

»Prajāpati (der Herr der Geschöpfe)
brütete über den Welten, darauf floß
der OM-Laut. Ebenso wie alle Blätter
von einem Stiel, der sie durchbohrt,
zusammengehalten werden, so werden alle
Worte durch den OM-Laut zusammengehalten.
Der OM-Laut ist dieses ganze Universum.«

Chândogya-Upanishad 2, 23, 3–4

Aschtavakragita

Erster Gesang

Janaka sprach

Wie erlangt sich Erkenntnis: Wie wird Erlösung?
Und wie wird Verlangenslosigkeit erreicht? –
Das sage mir o Herr!

Aschtavakra sprach

Verlangst du nach Erlösung, Kind,
So fliehe die Sinnenwelt wie Gift.
Langmut und Geradheit,
Erbarmen, Heiterkeit, Wahrhaftigkeit
Nimm an wie Milch der Kuh, die frisch gekalbt hat.
Nicht Erde, nicht Wasser, nicht Feuer, nicht Wind,
Noch auch der Himmelsraum bist du Freund!
Wisse, dein Wesen ist aus Geist geformt
Und schaut diesem Allem unbeteiligt zu –
Dann wirst du dich erlösen.
Wenn du den Leib beiseite läßt
Und findest ruhevoll im Geiste deinen Stand,
Wirst du beseligt sein,
Friedevoll, von Banden erlöst.
Keinem Stande gehörst du an:
Nicht Brahmanen noch anderen und keiner
    Lebensordnung.
In keines Auges Sichtkreis trittst du ein,
Ohne Berührung bist du, ohne Form, –
Allem zuschauend sei beseligt!
Recht und Unrecht, Lust und Leid,
Was den Sinn bewegt, ist nicht in dir, o Herr!
Du handelst nicht, es geschieht dir nichts –

Erlöst bist du in Ewigkeit.
Einsam Schauender des Alls bist du,
Wesenhaft erlöst in Ewigkeit.
Denn das Ich ist deine Fessel:
Im Schauenden siehsts du einen anderen.
»Ich handle« – dieser Wahn vergiftet dich
Wie großer schwarzer Schlange Biß.
»Ich bin es nicht, der handelt« –
Trink dieses Glaubens Göttertrank »Todlos« –
Und sei beseligt.
»Alleinsamer, zur Wahrheit rein Erwachender bin ich« –
Mit dem Feuer dieser Entscheidung
Verbrenne du den Urwald des Nichterkennens –
Und sei kummerlos beseligt.
Du, der trugvoll umgewandelt scheint zum All,
Wie ein Strick Schlange scheint, –
Höchstes Glück aller Glückseligkeit,
Erwacher zur Wahrheit bist du, –
Wandle beseligt dahin!
In Banden ist, wer sich gebunden meint,
Wer sich erlöst meint ist erlöst. Was sagen sie, wenn das so
    ist,
»Wie die Neigung, so Schicksals Richtung?«
Das Selbst ist zuschauend, ewig, allausfüllend-alleinsam,
Frei, geist- und tatenlos, berührungslos, verlangenslos,
Friedevoll allem Wirbel entrückt,
Nur gleichsam dem ziellosen Lebensstrome
    preisgegeben.
Betrachte dein Selbst:
Reglos auf höchstem Gipfel steht es
Zur Wahrheit erwacht. Nichts Zweites neben ihm.
»Ich ist Schein« –
So löse dich aus dem Wirbel,
Dem äußeren und inneren.
Lange bist du gebunden, Kind, mit der Schlange:

Dem Wahn des Leibes.
Mit dem Schwert der Erkenntnis:
»Erwacher zur Wahrheit bin ich«
Zerschneide sie und sei beseligt.
Berührungslos, tatenlos bist du,
Licht, das sich selbst erhellt, aller Trübung bar.
Deine Bindung bleibt bestehen,
Wo deine Vereinfältigung halt macht.
Von dir ist alles dies erfüllt,
In dich ist es in Wahrheit eingesenkt.
Reine Erleuchtung ist dein Wesen,
Versinke nicht in kleinlichem Denken.
Furcht- und hoffnungslos, wandellos, lastlos,
Das Herz voll Kühlung, unerlotbaren Geistes
Sei unbewegt: Gefäß von Geist allein.
Formhaft, wisse, ist der Trug,
Formfrei aber das Gewisse.
Nicht entstehen neue Leben
Wem diese Wahrheit gewiesen wird.
Wie bei einer Gestalt im Spiegel
In ihrem Innern Spiegel ist und rings um sie herum,
So ist der höchste Gott in diesem deinem Leibe
Und rings um ihn herum.
Einig und allerwärts sich breitend ist Himmelsluft –
Im Inneren eines Gefäßes wie außen umher:
So ist das ewige Brahman
Ohne Riß mit sich eins in aller Wesen Schar.

Siebter Gesang

ASCHTAVAKRA SPRACH

In mir, dem endlosen Weltmeer,
Treibt das Schiff des Alls hierhin und dorthin
Unterm Winde der Gedanken, –

Ich bin ohne Ungeduld.
In mir, dem endlosen Weltmeer,
Mag die Welle der Welt ihrem Wesen gemäß
Steigen oder fallen, –
Das macht mich nicht wachsen und nimmt mir nichts
    weg.
In mir, dem endlosen Weltmeer,
Ist Wahnvorstellung: ihr Name ist »All«.
Überfriedvoll gestaltlos bin ich, –
Das ist es, darin ich weile.
»In den Formen des Werdens ist nicht Wesen,
Auch nicht Werden in Ihm, dem Endlosen
    Ungetrübten« –
So bin ich unangetastet verlangenslos friedevoll, –
Das ist es darin ich weile.
Oh, Geist allein bin ich.
Einem Gaukelspiel vergleichbar ist die Welt.
Warum, woher käme mir da der Wahn,
Eines abzustreifen, ein anderes zu ergreifen?

Achter Gesang

ASCHTAVAKRA SPRACH

Dann ist Bindung, wenn der Geist
Etwas verlangt oder beklagt, etwas aufgibt oder ergreift,
Etwas schlägt oder ergrimmt.
Dann ist Lösung, wenn der Geist
Nichts verlangt oder beklagt, nichts aufgibt oder ergreift,
Nichts schlägt oder ergrimmt.
Dann ist Bindung, wenn der Geist
An irgendwelchen Ansichten hängt. Dann ist Lösung,
Wenn der Geist an keinerlei Ansichten hängt.
Wenn kein Ich ist, dann ist Lösung,
Wenn ein Ich ist, dann ist Bindung,

Denke so, und spielend glückt es:
Greife nichts und laß nichts los.

Fünfzehnter Gesang

ASCHTAVAKRA SPRACH

Dank wahrer Belehrung erreicht das Ziel
Weß Geist voll lichter Klarheit ist. Ein anderer,
Auch wenn ihn sein Leben lang nach Erkenntnis lüstet,
Wird hier nur irre.
Erlösung ist: keinen Geschmack an Dingen finden,
Bindung ist Geschmack an den Dingen, –
So weit nur über scheidendes Erkennen,
Wenn dich danach verlangt.
Redefrohe Weise und mächtig Ringende
Wandelt Erwachen zur Wahrheit in Stumme, Toren und
    Müßig-Träge, –
Darum flieht davor, wen's die Dinge zu schmecken
    verlangt.
Nicht bist du Leib, nicht hast du Leib,
Schmeckender bist du nicht noch Tuender.
Geist deiner Form nach bist du ewig zuschauend –
Teilnahmslos zieh dahin in Seligkeit.
Liebe und Haß sind Haltungen des Sinns,
Sinn ist nirgendwann in dir.
Erwägens bar bist du, Erwachen zur Wahrheit ist dein
    Wesen, –
Wandlungslos zieh dahin in Seligkeit.
In allen Werdewesen dein eigen Selbst
Und alle Werdewesen in deinem Selbst erkennend,
Bar der Ich-sucht, bar der Meinheit sei beseligt.
Worin dieses All erzitternd webt wie Wellen im Meer,
Da bist du allein: da ist kein Zweifel.
Du Geistgestalt sei frei von Fieber.

Glaube, Lieber, glaube es, treibe keinen Wahn damit:
Wahrheits-Erkennen ist deine Eigenform, Erhabener,
»Wesen« bist du, jenseits des Stoffs der Welt.
Mit unterschiedlich entfalteten Kräften rings umwunden
    steht der Leib, kommt und geht.
Das Selbst geht nicht und kommt nicht, –
Was trauerst du ihm nach?
Daure der Leib bis an Weltalters Ende,
Ginge er auch jetzt flugs wieder von hinnen, –
Was wüchse dir zu? oder was nähme es dir weg? –
Dessen Form Geist allein ist?
In dir, dem endlosen Weltmeer,
Mag die Welle All ihrem Werden gemäß steigen oder
    fallen:
Das macht dich nicht wachsen, das nimmt dir nichts weg.
Lieber, Geist allein ist deine Form,
Nicht verschieden von dir ist diese Welt.
Also woher? wie? und wo? stellst du dir Minderung oder
    Mehrung vor?
Im alleinen ruhevollen unvergänglichen Ätherraume des
    Geistigen,
Dem fleckenlosen, der du bist, –
Woher käme da Geburt? woher frommer Dienst an
    ewiger Satzung?
Und woher gar Ichgefühl?
Was du erblickst, darin strahlst du dich alleinsam wider.
Strahlt etwa ein Goldreif an Handgelenk, Arm oder Fuß
Außer in seinem Golde?
»Der hier – bin ich, der da – bin ich nicht«
Gibt diese Unterscheidung auf.
»Alles ist selbst« so entscheide
Und erwägensbar zieh dahin in Seligkeit.
Deinem Nichterkennen entstammt das All,
Alleinsam bist du in höchster Wirklichkeit.
Neben dir ist kein anderer, der

Im endlosen Strome der Geburten hinwanderte, –
Auch keiner dem endlosen Strome entrückt.
»Schwindel nur ist alles das hier, nichts ist es« –
Wer so entscheidet, wird des Hauches früherer Leben
    bar, –
Wie ein Flimmern nur,
Wie ein Nichts erlischt er in Ruhe.
Alleinsam war er im Meer des Werdens,
Alleinsam ist er, wird er sein.
Nicht Bindung gibt es für dich, nicht Lösung.
Was zu tun war, hast du getan, –
Zieh dahin in Seligkeit,
Nicht mit Bilden noch Entbilden rühre dein Geistiges
    auf,
Der du in Geist bestehst. In Ruhe eingegangen
Steh selig still in deinem eigenen Wesen,
Dessen Form selige Freude ist.
Gib innere Schau nur allerwegen auf,
Halte nichts mit Sammlung im Herzen fest, – »Selbst«
    bist du, ja: erlöst bist du, –
Was willst du hin und her befühlend vollbringen.

DAS RAMAYANA

Rama fragt Bharata nach der Erfüllung seiner königlichen Pflichten

Rama sah Bharata auf dem Boden liegen. Er trug das Gewand eines Asketen, das Haar umwand die Krone, die Hände waren ergeben zusammengelegt. Wie eine glanzlose Sonne, wie eine zur Erde gefallene Sonne zur Zeit der Weltauflösung, so sah er aus.

Schwach und abgezehrt sah er aus, und Rama ergriff die Hände seines Bruders, hob ihn vom Boden auf und umarmte ihn und roch an seinem Haar. Er fragte ihn sanft: »O Kind, wo ist dein Vater, daß du allein in den Wald kommst? Lebte er noch, du hättest nicht unbegleitet hierher kommen können. Ach! Meine Trauer, daß ich meinen Bruder mager, müde, sorgenvol kaum erkenne. Was bringt dich in den Wald? O mein Bruder, ist der König wohlauf und gesund? Oder hat ihm der Kummer das Leben genommen? O mein Liebling, du, noch ein Kind, sag mir, ist in dem ewigen Königreich alles in Ordnung? O du Held der Wahrheit, hast du dem König auch wohl gedient? Sag, ist der Herrscher der Menschen, der Wahrheits- und Pflichtergebene, der Vollzieher des großen Opfers, bei guter Gesundheit? Wird dieser hochgelehrte Herr, dieser Meister der asketischen Brahmanen wirklich geliebt? O Kind, ergeht es Mutter Kaushalva und Königin Sumitra, der Mutter eines berühmten Sohnes, gut? Ist die glänzende Königin Kaikeyi glücklich? Ist dein Hauspriester ein ergebener, hochgeborener, hochgelehrter Mann ohne Arglist, mit Voraussicht und von gutem Ruf? Weist dir der königliche Priester, hochgelehrt in den Veden, der Weise und Wohltätige, die Zeit des Opfers an? O Bruder, ehrst du auch die Götter, den Vater, die Mutter, den Guru, die Ältesten, Gelehrten und Brahmanen? O mein Freund, würdigst du auch und ehrst du Sudhama gebührend, den waffenbewanderten Herrn der zaubrischen Waffen? Hast du dir vertrauenswürdige, geduldige, sittenverständige und freigebige Berater gewählt? O Prinz, das Glück der Könige ist die geheime Beratung mit jenen, die in den geistlichen Gesetzen erfahren sind. Mein Sohn, hast du den Schlaf bezwungen? Wachst du rechtzeitig auf? Sinnst du des Abends darüber nach, wie Reichtum rechtmäßig zu erwerben sei? Bedenkst du wichtige Fragen allein und berätst sie öffentlich mit den Ministern? Kennen andere Könige deine Entscheidungen, bevor sie vollzogen werden? Und wenn du dich entschieden hast, was zu tun sei, vollendest du es dann schnell? Läßt du die Könige unter dir deine Entscheidungen wissen, bevor du sie in die Tat umsetzt oder danach? Ziehst du die Gesellschaft und den Rat eines gelehrten Brahmanen denen zahlloser Narren vor? In Zeiten der Feindschaft ist es von unschätzbarem Wert, einen Weisen um sich zu haben. Wenn sich ein Herrscher auch mit zehntausend unwissenden Leuten umgibt, wird er von ihnen keine Hilfe bekommen, aber wenn sich der König einen weisen Minister, einen nachdenklichen, fleißigen, in Regierung und Sitte Erfahrenen wählt, wird es ihm großen Vorteil bringen. O Bruder, bedienst du dich hervorragender Männer in wichtigen Fragen und weniger glänzender in unwichtigen? Ziehst du Minister heran, die reinen Herzens, aufrichtig und edel sind, deren Vorfahren der Krone in herrschenden Stellungen gedient haben? O Sohn der Königin Kaikeyi, beleidigen die Stolzen und Hochfahrenden in ihrem Zorn dich oder deine Minister? Wie eine Frau jenen verachtet, der unerlaubt mit der Frau eines andern schläft, wie die Priester jenen verdammen, der zur Zeit des Opfers gesündigt hat, so wird der König verachtet, der zu hohe Steuern auferlegt. Der Herrscher, der jenen Menschen nicht zum Tode verur-

teilt, der aus Ehrgeiz und Geiz ander Tugendhafte an-
schwärzt und selbst das Leben des Königs bedroht, vernichtet sich selbst. O Bruder, kommen solche zu dir?
Hast du einen tätigen General, einen Sieger über seine
Feinde, einen Waffengewandten, einen, der geduldig mit
seinen Feinden ist und erfahren und dir ergeben? Hast
du die würdigen, ausgezeichneten Kenner der Kriegs-
kunst gebührend belohnt, jene Erfinderischen und Er-
probten? Verteilst du angemessene Belohnungen und Ge-
schenke, wenn es an der Zeit ist? Diener, die nicht zur
rechten Zeit bezahlt werden, sind böse und mißachten
ihren Herrn. Unzufriedenes Gefolge ist eine Quelle der
Gefahr.

Sind dir alle Vornehmen gemäß ihrer Stellung ergeben?
Sind sie in Zeiten der Not bereit, ihr Leben für dich zu opfern? Hast du Bürger deines Reiches zu dir bestellt, die
die Beweggründe der andern erraten, ein vernünftiges
Urteil haben, beredt sind und ihre Gegner im Disput be-
siegen können? Bedienst du dich der drei Spione, die einander nicht kennen dürfen, um die Geheimnisse der
»Fünfzehn«, nicht aber der Minister, der Priester und der
rechtmäßigen Erben zu erforschen? Hast du einen Beob-
achter auf die Spur derer gesetzt, die du aus deinem Reich
vertrieben hast, und die dennoch zurückgekehrt sind?
Hältst du sie für harmlos? Begleiten dich gottlose Brahmanen? Solche halten sich für weise, aber Narren sind es
in Wahrheit, und sie können andere vom Pfad der Tugend
ablenken, denn sie sind gewandt in der Kunst, die Seele
ins Niedrige zu ziehen. Die gültigen Traktate über die
Pflichten der Menschen lesen sie nicht, sondern sie wallen
über mit Argumenten gegen den Veda, häufen nutzloses
Wissen an und besprechen ständig Angelegenheiten ohne
Gewicht. O Freund, hütest du achtsam die Hauptstadt
Ayodhya, den Sitz unserer Vorfahren und großer Männer; die zu Recht so genannte ›Uneinnehmbare‹ mit ihren

starken Toren, Elefanten, Pferden und Wagen, wo meditierende Brahmanen wohnen, Krieger und Kaufleute, sowie Höhergestellte, die ihre Sinne beherrschen und verschiedene Unternehmungen planen, diese fortschrittliche Stadt voller Tempel mannigfaltigster Formen, eine Stätte der Gelehrten? O Bruder, wir haben eine Hauptstadt, die Ort vieler großer Opfer geworden ist, die unzählige Tempel und Seen besitzt, die besucht wird von vergnügten Männern und Frauen; eine Stadt, in der festliche Versammlungen abgehalten werden, wo jeder Flecken Erde bebaut ist, wo Elefanten, Pferde und Vieh in großer Zahl leben, wo keiner in Gefahr schwebt, wo es künstliche Bewässerungsanlagen gibt, so daß das Volk nicht vom Regen allein abhängt. Eine entzückende Stadt ohne löwengleich gefährliche Tiere, frei von bösen Menschen, täglich wachsend und unter dem Schutz des Geistes unserer Vorfahren – sag mir, blüht diese Stadt nicht? O Bruder, bist zu zufrieden mit den Ehemännern? Und mit den Viehzüchtern? Gibst du ihnen, was sie brauchen, und schützt du sie vor Unbill? O Bruder, ein König soll seine Untertanen immer mit rechtmäßigen Mitteln schützen. Gewinnst du auch die Frauen deines Reiches? Schützt du auch sie gebührend? Vertraust du ihnen? Verrätst du ihnen deine Geheimnisse? O Prinz, zeigst du dich deinem Volk in vollem Schmuck in der Versammlungshalle oder nicht? Und die für dich arbeiten: nähern sie sich dir selbstbewußt oder bleiben sie furchtsam stehen? Beides ist ungünstig. Behandelst du deine Untertanen maßvoll? Sind deine Festungen reichlich mit Schätzen, Essen, Waffen, Wasser, Rüstungen, Pfeilen und Bögen versehen? O Prinz, enthält dein Schatz immer mehr als du brauchst? Verschenkst du uneigennützig deinen Reichtum an Musiker und Tänzer? Gehört ein Teil deines Schatzes den Göttern, deinen Ahnen, den Brahmanen, den ungeladenen Gästen, Kriegern und Fremden? Verdammst du jeden Geizigen ohne Rück-

sicht auf die Gerechtigkeit und ohne ihn einer genaueren
Prüfung durch Gesetzeskenner und Sittenstrenge zu un-
terziehen? Sind deine Diener gerecht, keine Lügner und
Diebe, und redet man Gutes von ihnen? O du Edler, wer
bei der Tat des Diebstahls ertappt wird und nach einer
Untersuchung für schuldig befunden, könnte er sich
durch Bestechung der Amtsleute freikaufen? Deine erfahrenen Richter: halten sie sich in einer Streisache zwischen einem armen und einem reichen Mann frei von Ge-
winngier? O du Prinz von Raghu, die Tränen derer, die
vom Herrscher ungerechterweise verdammt wurden,
zerstören Kinder und Herden ihm, der in Wohlstand und
gegen Gerechtigkeit gleichgültig lebt. O Prinz, befrie-
digst du die Alten, die Kinder und die Gelehrten mit
allem, was sie brauchen? Behandelst du sie mit Zuneigung
und genießen sie die Vorteile einer klugen Verwaltung?
Grüßt du den Guru, wenn du ihn triffst, den Alten, den
Asketen, den Fremden, die heiligen Gegenstände und
Tiere und die gelehrten und erleuchteten Brahmanen?
Verwendest du die Zeit, die der Pflicht gehört, zum Erwerb von Reichtum, oder verschwendest du die Gelegenheit, deine Pflicht zu erfüllen und Reichtum zu erwerben,
an deine Liebe zu Genuß oder Zerstreuung? O du
Häuptling der Eroberer, o der du weißt, was die Zeit be-
deutet, teilst du deine Stunden zwischen Pflichterfüllung,
Geschäft und zulässiger Unterhaltung?

O du Weiser, beten die gelehrten Brahmanen und die
Bürger der Stadt täglich um dein Wohlergehen?

O Bharata, schwörst du ab den fünfzehn Fehlern, die
ein Herrscher vermeiden muß? Gottlosigkeit, Verstel-
lung, Zorn, Unaufmerksamkeit, Unentschlossenheit,
Vernachlässigung des Weisen, Unverschämtheit, Begier
der Sinne nach dem Äußerlichen, Mißachtung der Räte,
Einholen bösen Rats, das Beschlossene verzögern, emp-
fangenen Rat verschweigen, gerechten Wandel aufgeben,

gleichen Respekt Hoch- und Niedergeborenen zollen, sowie rohe Eroberung anderer Länder.

O König, kennst du die Folgen des Kommenden, und bedenkst du sie ständig? Jagen, spielen, am Tage schlafen, verleumden, wirre Empfindungen haben, Eitelkeit, der Musik und dem Tanz verfallen, ziellos herumlungern?

Und die fünf Befestigungsweisen: durch Gräben, Ufer, dichtgepflanzte Bäume, ödes Land, wasserlose Gegenden.

Und die vier Wege zum Erfolg: Frieden schließen, freigebig sein, strafen, und Streit in die Reihen der Feinde säen.

Und die sieben Erfordernisse der Verwaltung: einen König, Minister, eine Regierung, einen Schatz, ein Land, eine Armee und Verbündete.

Und Menschen, mit denen man nicht Freundschaft schließen soll: denen, die schlecht von andern reden, den Kühnen, den Neugierigen, den Ungerechten, den Dieben, denen, die andere mißbrauchen, den Rohen.

Und die acht Ziele: Gerechtigkeit, Erwerb von rechtmäßigem Reichtum, Verträge, Taktik, Einmarsch, rechter Zeitpunkt und Verbündung mit den Mächtigen.

Kennst du auch die fünf Plagen, die uns die Himmlischen senden? Feuer, Wasser, Krankheit, Hunger und Pest? Hast du sorgfältig bedacht, welches Unglück durch Amtsleute, Diebe, Feinde und königliche Günstlinge verursacht wird?

Weißt du, daß es sich nicht gehört, mit Kindern gut Freund zu sein, noch mit Alten, mit allzu Betrübten, mit Verbannten, mit Feiglingen und Aufrührern, mit Geizigen und Habsüchtigen, mit Verachteten, mit Wollüstigen, mit Schwätzern, mit Verleumdern der Brahmanen, mit Schicksalsgläubigen, mit Hungernden, mit Herumstreunern, mit einem, der viel Feindschaft hat, mit solchen, die nicht zur rechten Zeit handeln, mit Lügnern, mit Unterta-

nen fremder Herrscher und mit Angreifern? Hast du auch
jene bedacht und dich mit ihnen besonnen: deine Untertanen, deine Frauen, jene, die ihren Reichtum verloren
haben, deine Feinde, deine Freunde, die Feinde deiner
Feinde? O du Weiser, kennst du die nötigen Reisevorbe-
reitungen, die Arten der Bestrafung, die Aufstellung von
Verträgen, und weißt du, wem man trauen und nicht
trauen kann? O Prinz, hältst du mit deinen Beratern ein-
zeln oder getrennt Rat, und hältst du jegliche Unterre-
dung geheim? Beschließt du das Studium des Veda mit
großzügigen Geschenken? Verwendest du deinen Reichtum, um Almosen zu verteilen und zu angemessenen Zer-
streuungen? Sind deine Ehren fruchtbar? Übst du aus,
was dich die Heiligen Schriften lehren? Billigst du die
Taten des Wohlwollens, der Pflicht, des Gottesdienstes,
und betrachtest du sie als Ursprung von Ruhm und Lang-
lebigkeit? O Prinz, folgst du dem Pfad deiner Vorfahren,
der Glück bringt und dem alle ihren Beifall geben? O Bharata, nimmst du dir selbst vom köstlichen Gericht? Bietes
du reichliches Mahl erst deinen Tischgenossen an und
nimmst dann dir selbst? Wisse, o Bruder, der Herrscher,
der das Gesetz kennt und die Gerechtigkeit und ihre
Regeln mit rechtmäßigen Mitteln verwaltet, wird Herr
der Erde und betritt nach seinem Tode den Himmel.«

Die großen Weisen, die bei dem Treffen der beiden berühmten Brüder zugegen waren, staunten. Die königlichen Weisen, die vollkommenen, und die unsichtbaren
Himmlischen, lobten sie und sagten: »Gesegnet sei der
König, dessen Söhne so höchst tugendhaft und wahrhaftig sind; ihr Gespräch zu hören befriedigt uns unbe-
schreiblich.«

Geist und Lehre des indischen Buddhismus

Śāntideva

Das Erleuchtungsdenken

Wie der Blitz in der Nacht, wenn Wolkenmassen sie verfinstern, für einen Augenblick erleuchtet, so könnte die Welt durch die Hilfe der Buddhas einmal für einen Augenblick die heilsamen Welten erkennen.

*

Daher ist das Gute stets schwach, groß dagegen die Kraft des Bösen und schrecklich. Welches andere Gute als das Denken an die vollständige Erleuchtung könnte sie überwinden?

*

Ihr, die ihr umherzieht auf den Marktplätzen der Existenzen, greift ganz fest nach dem Juwel des Erleuchtungsdenkens, das die unermeßlich klugen einzigen Karawanenführer der Welt für überaus wertvoll geschätzt haben.

*

Jedes andere Gute stirbt ab wie der Bananenbaum, wenn es seine Frucht getragen hat; der Baum des Erleuchtungsdenkens aber trägt immer Frucht, stirbt nicht ab, ist wahrlich fruchtbar.

DER BUDDHA

Die Erleuchtung Siddhattha Gotamas

Durch diese Methode, auf diesem Pfad, mittels dieser harten Askese gelangte ich nicht zum höchsten von einem Menschen erreichbaren Ziel, (nämlich) der wahrlich edlen Wissenserkenntnis. Und warum nicht? Weil ich jene edle Weisheit *(Paññā)* nicht erlangt hatte, welche, wenn man sie hat, sich als Hinausführerin (aus dem Wiedergeburtenkreislauf) erweist und für den Betreffenden gänzliche Vernichtung des Leidens bewirkt.

Ich richtete meinen Geist auf die Erkenntnis der Vernichtung der Einflüsse *(āsava)* und erkannte wirklichkeitsgetreu: ›Dies ist das Leiden *(dukkha)*; dies seine Ursache; dies seine Aufhebung; dies der Weg zu seiner Aufhebung.‹ Und indem ich dies erkannte und einsah, wurde mein Geist von den Einflüssen Lust, Daseinsbegierde und Unwissenheit befreit. Das Wissen ging mir auf: ›Vernichtet ist (für mich) die Wiedergeburt, verwirklicht habe ich das religiöse Leben, was zu tun war, ist getan, diese Art (von leidhaftem) Leben gibt es nicht mehr für mich!‹

Gesichert ist meine Erlösung,
dies ist meine letzte Geburt,
ein Wiederentstehen gibt es nicht mehr!

Buddhas Wunderkräfte

DIE SECHS KRÄFTE DES VOLLENDETEN

Es gibt sechs Kräfte, mit denen ein Vollendeter die Stelle eines Stiers (d. h. den höchsten Platz) einnimmt, in den Versammlungen den Löwenruf ertönen läßt und das Brahma-Rad (der Lehre) in Bewegung setzt:

1. er erkennt das Mögliche als möglich und das Unmögliche als unmöglich den Tatsachen entsprechend,

2. er erkennt die Folgen der vergangenen und zukünftigen Taten der Ursache gemäß,

3. er erkennt die Trübungen, die Läuterung und das Aufsteigen bei den geistigen Übungen,

4. er erinnert sich vieler früherer Wiedergeburten,

5. er erkennt mit seinem göttlichen Auge, wie die Wesen sterben und wiedergeboren werden, hohe und niedere, schöne und häßliche, entsprechend ihren Werken,

6. nachdem in ihm die Grundübel geschwunden sind, hat er die leidenschaftslose Erlösung erkannt und verwirklicht.

*

DIE SECHS ÜBERNATÜRLICHEN FÄHIGKEITEN (ABHIJNÂ)

1. Ein Vollendeter übt die übernatürlichen Kräfte der Heiligkeit (riddhi) aus, so wie ein Töpfer, ein Elfenbeinschnitzer oder ein Goldschmied nach Wunsch den verschiedenen Dingen die von ihnen gewünschte Gestalt geben.

2. Mit seinem göttlichen Ohre nimmt er göttliche und menschliche Töne fern und nah wahr, so wie jemand, der auf einer Straße steht, den Schall einer Pauke, einer Trommel, eines Muschelhorns hört und unterscheidet.

3. Mit seinem Geist durchschaut er die Herzen anderer Wesen, erkennt sie als leidenschaftserfüllt oder als leidenschaftsfrei, so wie jemand, der in einen Spiegel blickt, sieht, wo ein Fleck ist oder nicht.

4. Er erinnert sich seiner früheren Existenzen. »Damals führte ich den und den Namen, gehörte der und der Kaste an, erfuhr dieses und jenes Glück oder Leid, wurde so und so alt, und als ich starb, erschien ich wieder in der und der Existenz.« Es ist dies so, wie wenn jemand aus seinem Heimatdorfe in die andern Dörfer geht und nach der Rückkehr sich an seine Erlebnisse in den verschiedenen Orten erinnert.

5. Mit dem göttlichen Auge erkennt er, wie die andern Wesen sterben und wiedergeboren werden, so wie einer, der auf einem Söller steht und sieht, wie die Menschen sich auf der Straße bewegen, in ein Haus hineingehen und wieder aus diesem herauskommen.

6. Nach der Vernichtung der Grundübel verwirklicht er an sich die Erlösung des Herzens, die Erlösung durch das Wissen, indem er die edlen Wahrheiten vom Leiden und seiner Überwindung erfaßt. Es ist so, wie wenn einer an einem See mit klarem Wasser steht und in ihm mit voller Klarheit die Steine, Muscheln und Fische erkennt.

*

DAS HERAUSZIEHEN DES ÜBERSINNLICHEN KÖRPERS

Ein Mönch, dessen Denken gesammelt ist, läßt aus diesem Körper einen anderen Körper herausgehen, einen gestalthaften, aber aus Geist bestehenden, der versehen ist mit allen Haupt- und Nebengliedern und Vermögen. Es ist dies so, wie wenn einer einen Munja-Halm aus seinem Rohr oder ein Schwert aus seiner Scheide oder eine Schlange aus ihrer Haut herauszieht und feststellt: Halm und Rohr, Schwert und Scheide, Schlange und Haut sind zweierlei, aber das zweite ist aus dem ersteren hervorgegangen.

*

DIE DREI ARTEN VON WUNDERN

Buddha sagt: »Drei Arten von Wundern gibt es: Wunder durch magische Kraft, Wunder des Gedankenlesens, Wunder der Belehrung.

1. Wer magische Kräfte besitzt, vollbringt folgendes: obwohl er nur einer ist, wandelt er sich zu einer Vielheit (von Personen) und aus vielen wird er wieder einer, er erscheint und verschwindet, ungehindert geht er durch Mauern, Wälle, Berge hindurch, als wären sie leere Luft, in der Erde taucht er unter und wieder auf, als wäre sie Wasser, auf dem Wasser geht er, als wäre es der Erdboden, er schwebt mit untergeschlagenen Beinen sitzend im Raum wie ein beschwingter Vogel; jene beiden gewaltigen (Gestirne) Mond und Sonne berührt er mit der Hand und streichelt sie, und sogar bis zur Brahmâ-Welt steigt er mit seinem Leibe empor.

2. Das Wunder des Gedankenlesens besteht in folgendem: Ein Mönch tut anderer Lebewesen, anderer Personen Denken und Erwägen kund, indem er sagt: ›Solcherart ist dein Herz, solcherart ist dein Gedanke.‹

3. Das Wunder der Belehrung aber ist dieses: Ein Mönch belehrt andere in folgender Weise: ›So sollt ihr erwägen, so sollt ihr nicht erwägen, so sollt ihr denken, so sollt ihr nicht denken, dies gebt auf und dies macht euch zu eigen und haltet es fest.‹

Ich selbst vollbringe diese drei Wunder. Aber es gibt noch Hunderte von Mönchen, die diese drei Wunder vollbringen.«

Aus der Predigt von Benares

Dies ist die edle Wahrheit vom Leiden: Geburt ist leidvoll, Altern ist leidvoll, Krankheit ist leidvoll, Sterben ist leidvoll. Mit Unlieben vereint zu sein ist leidvoll, von Lieben getrennt zu sein ist leidvoll, und wenn man etwas, das man sich wünscht, nicht erlangt, auch das ist leidvoll – kurz, die fünf »Gruppen« von Daseinsfaktoren, die durch den Lebenshang bedingt sind, sind leidvoll.

Dies ist die edle Wahrheit von der Entstehung des Leidens. Es ist der Durst (die Gier), der die Wiedergeburt hervorruft, der von Freude und Leidenschaft begleitet ist, der hier und dort seine Freunde findet, der Durst nach Sinneslust, der Durst nach Werden, der Durst nach Entwerden.

Dies ist die edle Wahrheit von der Aufhebung des Leidens: Es ist eben dieses Durstes Aufhebung durch völlige

Leidenschaftslosigkeit, das Aufgeben, Sich-Entäußern, Sich-Los-Lösen, Sich-Befreien von ihm.

Dies ist die edle Wahrheit von dem zur Aufhebung des Leidens führenden Wege. Es ist dieser edle achtgliedrige Pfad, nämlich: rechte Anschauung, rechte Gesinnung, rechtes Reden, rechtes Handeln, rechtes Leben, rechtes Streben, rechtes Überdenken, rechtes Sich-Versenken.

DER ACHTFACHE EDLE PFAD

1. Rechte *Anschauung* ist das Wissen um das Leid, um seine Entstehung und Aufhebung und um den Weg zu seiner Aufhebung. 2. Rechte *Gesinnung* ist eine solche, die frei ist von Begierde, Übelwollen und Gewalttätigkeit. 3. Rechtes *Reden* ist das Abstehen von Lüge, Verleumdung, Schimpfen und Schwatzen. 4. Rechtes *Handeln* ist das Unterlassen von Töten, Stehlen und Unkeuschheit. 5. Rechtes *Leben* ist es, wenn man einen schlechten Lebenserwerb (durch Schwindel, Wahrsagerei, gieriges Zusammenraffen, Handel mit Waffen, Lebewesen, Fleisch, berauschenden Getränken, als Schlächter, Vogelsteller, Jäger, Fischer, Räuber, Henker, Gefangenenwärter aufgibt und seinen Unterhalt in der richtigen Weise gewinnt. 6. Rechtes *Streben* richtet sich darauf, erstens die schlechten, unheilvollen »Dinge« (dharma, Gemütsregungen), welche noch nicht entstanden sind, nicht entstehen zu lassen und die, welche schon entstanden sind, von sich zu tun, und zweitens die noch nicht entstandenen heilvollen »Dinge« zum Entstehen zu bringen und die, welche schon entstanden sind, zu mehren und zur Vollendung zu

bringen. 7. Rechtes *Überdenken* ist die besonnene Betrachtung des Körpers, der Empfindungen, des Denkens und der »Dinge« (dharma). 8. Rechtes *Sich-Versenken* ist das Verweilen in den Versenkungsstufen.

Reinigen und Loslassen

Wenn ein Goldschmied Gold verarbeiten will, dann befreit er es zuerst durch dreimaliges Waschen von den groben, mittleren und feinen Unreinheiten. Dann schmilzt er es einmal und ein zweites Mal, bis es völlig geläutert, biegsam und für die Verarbeitung zu Schmuckstücken jeder Art geeignet geworden ist. Ebenso muß sich, wer sich um die Geistesschulung bemüht, zuerst von den groben Unreinheiten der schlechten Taten, Worte, Gedanken befreien, dann von den mittleren Unreinheiten der sinnlichen, übelwollenden und grausamen Gedanken, schließlich von den feinen Unreinheiten der Gedanken an seine Familie, seine Heimat und seine Anerkennung durch andere. Ist dies geschehen, so stehen der Vollkommenheit noch die Gedanken an die mit den Versenkungen auftretenden »Dinge« (dharma) im Wege, von welchen sich das Denken noch nicht gelöst hat. Erst wenn das Denken ganz ruhig und gesammelt geworden ist, lassen sich die höheren Erkenntnisse verwirklichen.

✳

Laß deinen Geist still werden wie ein Teich im Wald.
Er soll klar werden wie Wasser,
das von den Bergen fließt.
Laß trübes Wasser zur Ruhe kommen,

dann wird es klar werden.
Und laß auch deine schweifenden Gedanken und
    Wünsche zur Ruhe kommen.
Denn dann erkennst du, was für dich wichtig ist.
Geh in deine Mitte, denn dann ahnst du,
was die göttliche Mitte der Welt ist.

*

Alles ist im Wandel und in der Veränderung.
Unser Leben ist eine ständige Abfolge von
verschiedenen Zuständen und Gefühlen.
Der eine Zustand ist im Kommen,
der andere ist im Gehen.
Nichts ist bleibend, nichts ist unbeweglich.
Wir sollen nicht an einem Zustand
unseres Bewußtseins festhalten,
nicht an einem Bild unseres Selbst hängen.

*

Beschneide deine Liebe zu dir selbst,
sowie du im Herbst die Lotosblumen beschneidest.
Folge dem Weg des Friedens,
den der Buddha uns verkündet hat.
Mache dir keine zu großen Sorgen um dein Leben,
denn einmal muß du alles loslassen, was du besitzt.
Binde dich nicht zu fest an Güter und an Menschen.
Dann wirst du innerlich frei leben können.

*

Die Kümmernisse, Wehklagen und Leiden,
Die stets erneut in dieser Welt erscheinen,
Sie sind nur da, solang wir etwas lieben.
Wenn man nichts liebt, hat man nichts zu beweinen,
Drum sind *die* glücklich nur und ohne Trauer,
Die hier auf Erden nicht an etwas hangen.

Wer frei von Trübsal, frei von Leid will werden,
Befreie sich von liebendem Verlangen.

Die Leerheit

Als leer betrachte diese Welt,
Und lasse jeden Wahn von einem Selbst
  verschwinden!
Wer dieses Wissen fest im Geiste hält,
Der wird den Tod für immer überwinden.
Der Tod hat keine Macht mehr über den,
Für welchen Selbst und Welt nicht mehr bestehn.

✳

Der Weisheitserkenntnis der Leerheit verändert die Haltung des Menschen von Grund auf. Nicht nur durchschaut er das saṃsārische Leiden als Schein und Traum – auch Buddhaschaft und Nirvāṇa haben für ihn den Wert verloren. Sie sind illusionäre Ideale, nützlich nur für den, der nichts von seiner wesenhaften Erlöstheit weiß. So erklärt der Mönch Subhūti den Göttern:

Subhūti: Wie eine Illusion *(māyā)* sind die Wesen, wie ein Traum. Denn Illusion und Wesen sind eins, nicht zweierlei; Traum und Wesen sind eins, nicht zweierlei. Alle Dharmas sind wie eine Illusion, wie ein Traum. Sogar der In-den-Strom-Eingetretene, der Einmalwiederkehrer, der Nichtwiederkehrer, der Heilige, der Für-sich-Buddha, der Vollkommene Buddha, (sie alle sind) wie eine Illusion, wie ein Traum.

Die Götter: Auch der Vollkommene Buddha, Edler, Subhūti, ist, wie du sagst, wie eine Illusion, wie ein Traum?

Subhūti: Sogar Nirvāṇa ist wie eine Illusion, wie ein Traum, so sage ich; wieviel mehr jeder andere Dharma!

Die Götter: Auch Nirvāṇa, Edler Subhūti ist, wie du sagst, wie eine Illusion, wie ein Traum?

Subhūti: Sogar wenn es noch einen höheren Dharma gäbe als Nirvāṇa, auch von ihm würde ich sagen, er ist wie eine Illusion, wie ein Traum. Denn Illusion und Nirvāṇa sind eins, nicht zweierlei.

Der Zusammenhang zwischen Weisheit und Erlösung ist leicht einzusehen. Als Ursachen des Leidens hatte der Buddha Gier *(tṛṣṇā)* und Unwissenheit *(avidyā)* erkannt. Gier verkümmert, wenn das Begehrte als leeres Phänomen aus Dharmas durchschaut wird; Unwissenheit weicht, wenn sich Erkenntnis des Absoluten = Leerheit einstellt. Hat jemand Gier und Unwissenheit aufgehoben, steht ihm keine Wiedergeburt mehr bevor.

Auslöschung, Nichts

[Nirvana ist] der Bereich, wo weder Erde noch Wasser, nicht Feuer noch Luft ist; nicht der Bereich der Unendlichkeit des Raums, nicht der Bereich der Unendlichkeit des Bewußtseins, nicht der Bereich der Nichtsheit noch der Bereich der Nichtwahrnehmung oder Wahrnehmung; nicht diese Welt noch eine jenseitige Welt, nicht beide: Sonne noch Mond. Dies, Mönche, nenne ich nicht Kommen und Gehen, nicht Zustand noch Verfall oder Entstehung: ohne Grundlage, Fortentwicklung und Bedingung ist es: Eben dies ist das Ende des Leidens.

✳

Wie eine Flamme, ausgeweht vom Winde,
verweht ist und Begriffe nicht mehr passen,
so der von Geist und Leib befreite Weise:
Er ist nicht mehr begrifflich zu erfassen.

Kein Maß gibt's mehr für ihn, der hingeschieden,
es gibt kein Wort, mit dem man ihn begreift;
wenn alle Dinge völlig abgelegt sind,
sind auch Bezeichnungsweisen abgestreift.

ŚĀNTIDEVA

Der Kreislauf der Wiedergeburten

Aus der Teilnahmslosigkeit gegenüber dem Land im Kreislauf der Existenzen ergibt sich durch Untätigkeit, Geschmack an der Lust, Schlaf und Verlangen nach Halt die Trägheit.

*

Von den Lastern, den Jägern, bist du aufgespürt worden und in die Fangnetze der Geburten geraten. Weißt du selbst jetzt noch nicht, daß du in den Rachen des Todes gelangt bist?

*

Siehst du nicht, wie deine Gefährten einer nach dem anderen ums Leben gebracht werden? Und dennoch schläfst du wie der Büffel unter Schlächtern.

*

Wie kannst du dich am Essen erfreuen, wenn der Tod dich beobachtet und jeder Ausweg versperrt ist, wie am Schlaf, wie am Genuß der Liebe?

✳

Wenn der Tod alles bereitet hat, wird er rasch kommen. Selbst wenn du dann, zur Unzeit, die Trägheit aufgibst, was wirst du tun?

✳

»Das habe ich nicht erreicht; das habe ich angefangen; das ist halb getan geblieben; unerwartet ist der Tod gekommen. Ach! Ich bin verloren«, denkst du und siehst die hoffnungslosen Verwandten, die Gesichter mit von der Gewalt des Kummers verschwollenen, tränenvollen, geröteten Augen, und die Gesichter der Todesboten; gepeinigt durch die Erinnerung an deine Sünden und die Schreie aus den Höllen in den Ohren, vor Angst den Leib verschmiert mit Kot, bestürzt, was wirst du tun?

DER BUDDHA

Liebe, Güte, Mitgefühl

Geh ganz in deinen Handlungen auf und denke,
es wäre deine letzte Tat.
Die meisten irdischen Leiden bereiten wir einander
selbst.
Vergangene Liebe ist bloß Erinnerung.

Zukünftige Liebe ist ein Traum und ein Wunsch.
Nur in der Gegenwart, im Hier und Heute,
können wir wirklich lieben.
Wer sind die konkreten Menschen um mich herum,
die meine Zuneigung und mein Mitgefühl brauchen?

∗

Wir sind alle voneinander abhängige Wesen,
das sollten wir nicht vergessen.
Das geistliche Leben ist geprägt durch ein gutes Maß an
    gesundem Menschenverstand.
Wir können weise sein und voll Freundlichkeit zu allen
    Lebewesen.
Wer mitfühlend lebt, dessen Leben wird gelassen.

∗

Nimm dir täglich Zeit, ruhig dazusitzen
und den Dingen zu lauschen.
Achte auf die Melodie des Lebens, die in dir schwingt.
Glaube an die Kraft eines freizügigen Herzens.
Und gib anderen Wesen von dem, was du hast.
Denke daran, dein Brot mit den Hungrigen zu teilen.

∗

»Er hat gekränkt mich und bekriegt,
Er hat beraubt mich und besiegt«
Wer solcherlei Gedanken hegt,
In dem die Feindschaft nie sich legt.

»Er hat gekränkt mich und bekriegt,
Er hat beraubt mich und besiegt«,
Wer solches Denken von sich weist,
In dem erlischt des Hasses Geist.

Denn niemals hört im Weltenlauf
Die Feindschaft je durch Feindschaft auf.

Durch Liebe nur erlischt der Haß,
Ein ewiges Gesetz ist das.

Die Eigenschaften eines Bodhisattva

Ein Bodhisattva muß in vier Dingen fest gegründet sein.
1. Er ist geduldig, beherrscht, dient nicht den Königen
und Großen, hält sich von den Ketzern, Literaten, Ma-
giern und Materialisten fern, verkehrt nicht mit Jägern,
Schlächtern, Tänzern, Schauspielern, es sei denn, daß er
ihnen die Lehre predigen will. Frauen gegenüber wahrt er
die äußerste Zurückhaltung und wenn er ihnen die Lehre
darlegt, tut er dies nicht in gefühlvoller Weise. 2. Er betrachtet alle Daseinsfaktoren als leer, dem Raume gleichend, unsagbar und unerklärbar, ungeboren, nur durch
eine verkehrte Erkenntnis hervorgerufen. 3. Er ist nicht
eifersüchtig, heimtückisch, betrügerisch, er verleumdet
und beschimpft weder die Anhänger des Großen noch die
des Kleinen Fahrzeugs. In völliger Ruhe legt er die Lehre
dar, ohne andere zu bekämpfen und zu verunglimpfen. Er
erhebt gegen niemanden einen Vorwurf noch ist er sich
dessen bewußt, wenn jemand sein Widersacher ist, denn
er ist von ruhiger Gemütsart. Er disputiert nicht, wird er
aber gefragt, so antwortet er entsprechend dem Buddha-
wissen (des Mahâyâna). 4. Vor Haushalten und Bettel-
mönchen entfaltet er Liebe gegen alle Wesen. Er entwik-
kelt in sich das Wohlwollen gegen alle, die erst nach der
Erleuchtung ringen, indem er den Gedanken hegt: ›Fürwahr, diese Wesen haben noch nie eine falsche Erkenntnis, sie hören nicht das Buddhageheimnis, sie kennen es
nicht, sie fragen nicht danach, sie glauben nicht daran

noch streben sie danach. Deshalb will ich, der ich zur höchsten Erleuchtung erwacht bin, sie mit aller Kraft dazu geneigt machen und sie dazu heranreifen lassen.‹

Die grossen Weisen Indiens

Râmakrishna

Aus seinem Leben

Er begann das Bild der Göttin Kâlî als seine Mutter und die Mutter des Alls anzusehen. Er glaubte daran, es lebe und atme und nehme Speise aus seiner Hand. Nach den regelmäßigen Formen des Dienstes mochte er da Stunden und Stunden sitzen, Hymnen singend zu ihr und zu ihr redend und betend wie ein Kind zu seiner Mutter, bis er alles Bewußtsein der äußeren Welt verlor. Zuweilen mochte er stundenlang weinen und wollte sich nicht trösten lassen, weil er seine Mutter nicht so vollkommen sehen konnte wie er wünschte... Seine ganze Seele zerfloß in eine Tränenflut und er rief die Göttin an, sie möge sich seiner erbarmen und sich ihm offenbaren... Eine versammelte Menge umgab ihn und versuchte ihn zu trösten, wenn das Blasen der Muschelschalen den Tod eines neuen Tages verkündete, er aber gab seinem Gram freien Lauf und sprach: »Mutter, o meine Mutter, wieder ist ein Tag vergangen, und ich habe dich noch nicht gefunden...«

Als er an einem Tag seine Trennung von der Göttin sehr heftig fühlte und daran dachte, sich selbst ein Ende zu machen, da er seine Einsamkeit nicht länger zu tragen vermochte, verlor er alle äußere Empfindung und schaute seine Mutter (Kâlî) in einer Vision. Diese Visionen kamen wieder und wieder zu ihm, und er wurde ruhiger...

Diese Visionen wuchsen immer mehr und seine Verzückungen wurden immer länger, bis jeder sah, daß es ihm nicht mehr möglich war, seine täglichen Obliegenheiten zu verrichten. Es ist zum Beispiel in den Sâstras vorgeschrieben, ein Mann solle auf sein eigenes Haupt eine Blume legen und an sich als an eben den Gott oder die Göttin denken, der zu dienen er sich anschickt. Wenn Râmakrishna sich die Blume auflegte und sich als mit seiner Mutter eins geworden dachte, wurde er verzückt und blieb stundenlang in diesem Zustand. Dann wieder pflegte er von Zeit zu Zeit seine Identität völlig zu verlieren, so sehr, daß er die der Göttin dargebrachten Gaben sich selber zueignete. Zuweilen vergaß er das Bild zu schmücken und schmückte sich selbst mit den Blumen...

Râmakrishnas brennende Seele konnte bei diesen häufigen Visionen nicht untätig bleiben, sondern sie eiferte begierig, die Vollkommenheit und die Vergegenwärtigung Gottes in all seinen verschiedenen Erscheinungen zu erreichen. Er begann daher zwölf Jahre eines unerhörten Tapasya, das ist asketischer Übungen. Als er in seinen späteren Tagen auf diese Jahre der Selbstpeinigung zurückblickte, sagte er, ein großer religiöser Wirbelwind habe diese Jahre hindurch in ihm gewütet und alles durcheinander geworfen. Er hatte damals keine Ahnung davon, daß es so lange dauern sollte. Er hatte während dieser Jahre nie einen Augenblick gesunden Schlafes, konnte nicht einmal schlummern, sondern seine Augen blieben stets offen und starr. Er dachte zuweilen, er sei ernstlich krank, und einen Spiegel vor sich haltend, legte er seinen Finger in seine Augenhöhle, um die Lider zu schließen, aber sie ließen es nicht zu. In seiner Verzweiflung schrie er: »Mutter, o meine Mutter, ist dies die Frucht meines Rufens zu dir und meines Glaubens an dich?« Und sogleich kam eine süße Stimme, und ein noch süßeres lächelndes Angesicht, und sprach: »Mein Sohn! wie kannst du hoffen, die höchste Wahrheit zu empfangen, wenn du die Liebe zu deinem Körper und zu deinem kleinen Selbst nicht aufgibst?« »Ein Strom geistigen Lichtes«, sagte er später, »kam da, überflutete meinen Sinn und zwang mich vorwärts. Ich pflegte zu meiner Mutter zu reden: ›Mutter! Ich kann nicht von diesen herumirrenden Menschen lernen, aber ich will von dir lernen, und von dir allein‹, und dieselbe Stimme sprach: ›Ja, mein Sohn!‹ Ich sah nicht einmal auf die Erhaltung meines Körpers. Mein Haar wuchs bis es sich verwirrte, und ich hatte keine Ahnung davon. Mein Neffe Hridaya pflegte mir täglich ein wenig Speise zu bringen, und an manchen Tagen gelang es ihm, an manchen Tagen nicht, einige Bissen in meinen Schlund zu zwingen, wiewohl ich davon keine Ahnung hatte. Zuweilen pflegte ich in die Stube der Diener und Bodenfeger zu gehen und sie mit meinen eigenen Händen zu säubern, und ich betete: ›Mutter! zerstöre in mir alle Vorstellung, daß ich groß sei und daß ich ein Brahmane sei, und daß sie niedrig und Parias seien, denn wer anders sind sie als du in vielen Gestalten?‹«

✳

Worte

Ein Logiker fragte einst Srî Râmakrishna: »Was sind Erkenntnis, der Erkennende und der erkannte Gegenstand?« Darauf erwiderte er: »Guter Mann, ich weiß all diese Unterscheidungen der Schulweisheit nicht. Ich weiß nur meine göttliche Mutter und daß ich ihr Sohn bin«.

✳

Wie viele vom Schnee gehört aber ihn nicht gesehen haben, so sind da viele religiöse Prediger, die nur in Büchern von Gottes Attributen gelesen, aber sie nicht in ihrem Leben erfahren haben. Und wie viele den Schnee gesehen, aber ihn nicht gekostet haben, so sind da viele religiöse Lehrer, die nur einen Blick der göttlichen Glorie erhascht, aber ihr wahres Wesen nicht verstanden haben. Wer den Schnee gekostet hat, kann sagen, wie er schmeckt. Wer die Gemeinschaft Gottes in verschiedenen Erscheinungen genossen hat, jetzt als Diener, jetzt als Freund, jetzt als Geliebter, oder als in ihm Versunkener, der allein kann sagen, welches die Attribute Gottes sind.

*

Die Erkenntnis Gottes kann einem Manne, die Liebe Gottes einem Weibe verglichen werden. Erkenntnis hat Zugang nur in die äußeren Räume Gottes, aber niemand kann in Gottes innere Mysterien eintreten als ein Liebender allein, denn wie dem Weibe sind ihm die heimlichsten Gemächer erschlossen.

SRI AUROBINDO

Eine flammenweiße Liebe

Eine allumfassende Kraft erwartet, stumm
Des verhüllten Allerhöchsten endliche Verfügung...
Dann plötzlich fällt ein Blick nach unten
Als ob ein Meer seine eigne Tiefe ergründete;
Eine lebendige Einheit weitete sich im Innersten
Und verband ihn mit der zahllosen Menge.
Eine Wonne, ein Licht, eine Kraft, eine flammenweiße
    Liebe
Fing alles in eine einzige unermeßliche Umarmung...

SRI RAMANA MAHARSHI

Wer bist du?

Der erhabene Meister sprach: »Wer bist du?«
Der Schüler sagte: »Ich bin Nârâyana-Svâmin.«
Der Meister: »Ist dein Leib dieses Ich, von dem du sprichst,
oder stellt dein Mund dieses Ich vor oder deine Hände?
Der Schüler: »Der Mund, die Zunge, der Leib, – alle zusammen bilden das Ich.«
Der Meister, ihm auf den Leib deutend: »Wessen Leib ist das?«
Der Schüler: »Mein Leib.«
Der Meister: »So, – du bist also von diesem Leibe verschieden.
Du bist der Eigentümer, und der Leib ist dein Eigentum.«
Der Schüler: »Ja, – ich begreife: ich bin von meinem Leibe verschieden. Aber ich kann die Grenzlinie nicht deutlich sehen, die zwischen meinem Leib und meinem Selbst verläuft. Ich kann nicht sehen, WER ICH BIN.«
Der Meister: »Geh hin und frage dein Selbst, und du wirst erfahren, WER DU BIST.«
Der Schüler: »An wen soll ich die Frage richten, und wie soll ich fragen?«
Der Meister: »Richte die Frage an dein Selbst und spüre den Quell auf, aus dem dein Ich entspringt, und die Antwort wird dir kommen.«

∗

Wer bin ich?

Die Vielheit der Vorstellungen zerstreut uns; sammeln wir uns ständig auf die Betrachtung des Selbst, das selber Gott ist, so wird diese Anschauung im Lauf der Zeit an die Stelle der Zerstreuung treten und zuletzt selber verschwinden, – das reine Innesein, das schließlich übrig bleibt, ist die Wirklichkeit Gottes und wir sind ihrer wirklich inne. Das ist die Befreiung. Daß wir uns niemals von unserem eigenen all-vollkommenen reinen Selbst hinweg verlieren, ist der Gipfel des Yoga, der Weisheit und aller geistlichen Übung. Auch wenn das Gemüt rastlos schweift, mit äußeren Dingen befaßt, und so des eigenen Selbst vergißt, sollen wir wach sein in dem Gedanken: »ich bin nicht der Leib, – wer bin ich?« Dieses Fragen kehrt das Gemüt einwärts auf seinen Quell und ursprünglichen Stand. Das Fragen »wer bin ich?« ist das einzige Verfahren, allem Leid ein Ende zu machen und höchste Seligkeit an sich zu ziehen.

Man mag das ausdrücken, wie man will, – das ist mit einem Wort die ganze Wahrheit.

*

Vollkommene Erkenntnis – keine Untätigkeit

Der Schüler: Kann einer, der die Vollendung (siddhi), wie du sie beschreibst, erlangt hat, sich bewegen, handeln und reden? Der Meister: Warum nicht? Meinst du, die Wirklichkeit des Selbst erleben, heißt zu Stein werden oder zu nichts?

Der Schüler: Ich weiß nicht; aber es heißt, der höchste Stand sei, sich von aller Tätigkeit der Sinne, allen Gedanken und Regungen und allen Erfahrungen des Leibes zurückzuziehen.

Der Meister: Wenn dem so wäre, – wo wäre da ein Unterschied zwischen diesem Stand und tiefem Schlaf? Weiter: wäre es ein Stand noch so erhaben, der käme und schwände und daher dem Selbst nicht naturhaft und eigen wäre, – wie könnte er die ewige Gegenwart des Höchsten Selbst darstellen, das auf allen Ebenen besteht und sie alle übersteht? – Wahr ist: dieser Zustand ist für manche unabweislich, als zeitweilige Phase auf ihrem Gange zur Vollendung (sâdhanâ) oder als ein Zustand, der bis ans Ende ihres Lebens dauert, wenn das der Wille des höchsten Wesens ist oder die Folge ihres angesponnenen (prârabdha) Karman, dessen Frucht sie ernten müssen. Jedenfalls kann man das nicht den höchsten Stand nennen. Von großen Wesen, Erlösten (mukta) und Vollendeten (siddha) heißt es: sie waren sehr tätig, und waren in Wahrheit tatlos. Der Höchste Herr, der Geist, der über dem All waltet und seinen Gang leitet, ist gewiß nicht in diesem völlig untätigen Stande. Sonst könnte man sagen, daß Gott und die Erlösten (mukta-purusha) nicht den höchsten Stand erreicht haben.

Der Schüler: Aber du hast immer großen Nachdruck auf Stillsein (mauna) gelegt.

Der Meister: Ja, – aber Stillsein bedeutet nicht Verneinung des Tätigseins oder trägen Stillstand. Stille ist nicht bloße Verneinung von Gedanken und Regungen, sondern etwas Positiveres, als du dir vorstellen kannst.

Der Schüler: Die Stille ist unvorstellbar?

Der Meister: Ja. Solange du mit dem eilenden Winde dahinfährst, wirst du sie nicht erlangen. Die Stille des Selbst ist allgegenwärtig. Sie ist höchster Friede, Schweigen, reglos wie ein Fels, der alle Regungen alles Tätigseins auf seiner Oberfläche trägt. In dieser schweigenden Stille wurzelt Gott, wurzeln die Erlösten.

*

Die Ordnung der Lebensstufen

Der Schüler: Die Menschen sprechen von den vier Lebensstufen (âshrama) des Schülers, des Hausvaters, des Einsiedels und des Bettelpilgers zur Vollendung, – was ist ihr Sinn?

Der Meister: In Stufen vollzieht sich das Leben der vielen. Aber eine gereifte Seele (pakvin) bedarf dieser Ordnung nicht. Jung oder alt, Mann oder Weib, Brahmane oder Paria, – wer völlig gereift ist (paripakvin), der geht stracks ans Ziel und hält sich nicht an die Stufen.

Der Schüler: Die Lebensstufen haben also keinen Nutzen für das geistliche Leben?

Der Meister: Die ersten drei Stufen dienen der Erfüllung weltlicher Lebensgehalte; sie sind so gesetzt, daß sie dem Ideal geistlicher Erkenntnis nicht im Wege stehen.

Der Schüler: Und die vierte Stufe des Weltverzichts (sannyâsa)?

Der Meister: Oh, Weltverzicht meint nicht, daß einer den Bettelnapf zur Hand nimmt, sich das Haupt kahl schert oder ein gelbrotes Gewand anlegt. Wenn der Brahmanenschüler auf der ersten Lebensstufe (brahmachârin) voll Keuschheit und Gehorsam sich zu vollkommener Reinheit in entsagendem Wandel erhoben hat, wird er in seiner Losgelöstheit von den Dingen der Welt ein idealer Hausvater sein im Dienste der anderen und der Gemeinschaft, – unwillkürlich strahlt er Licht aus. Die dritte Lebensstufe des Einsiedels (vâaprastha) ist geschaffen zum Wandel in Askese (tapas), zur Sammlung der Kräfte nach innen. Wenn der Asket (tapasvin) in glühender Askese kristallen rein und reif geworden ist, setzt die vierte Lebensstufe von selbst ein. Wie gesagt: sie ist nichts Äußerliches, das einer annähme.

*

Gemeinschaft und Menschheit

Der Schüler: Was sind meine Pflichten gegenüber der menschlichen Gemeinschaft? Wie soll ich zu ihr stehen?

Der Meister: Du bist ein Glied der Gemeinschaft. Sie ist der Leib, die Einzelnen sind ihre Glieder und Organe. Wie die einzelnen Glieder und Organe miteinander zusammenarbeiten und sich gegenseitig helfen und darin ihr Glück finden, soll einer sich den übrigen gesellen und hilfreich sein in Gedanken, Worten und Werken. Er mag dabei auf die Wohlfahrt der eigenen Gruppe bedacht sein, zu der er unmittelbar gehört, und danach sich anderen zuwenden.

Der Schüler: Manche sprechen in hohen Tönen von Seelenfrieden (shânti), andere preisen die Kraft (shakti). Was dient von diesen beiden der Gemeinschaft?

Der Meister: Für den einzelnen ist Seelenfrieden unabweisliche Notwendigkeit; Kraft ist erforderlich, die Gemeinschaft zu erhalten. Kraft soll die Gemeinschaft in die Höhe bringen, und Frieden in ihr walten.

Der Schüler: Was ist das Ziel, auf das die Menschheit zustrebt?

Der Meister: Wahrhafte Gleichheit und Brüderlichkeit sind ihr wahres Ziel, denn dann kann Frieden auf Erden herrschen und die ganze Erde ein Haushalt, eine Familie sein.

Der Schüler: Ein erhabenes Ziel, – aber wie kann der Menschheit dazu verholfen werden, wenn die Großen Menschen, die Wissenden und Weisen (jñanin), schweigend in ihren Höhlen sitzen?

Der Meister: Ich habe oft gesagt, das Erlangen des Selbst (âtma-lâbha) ist der größte Segen für die Gemeinschaft.

Sri Chinmoy

Die Liebe zur Wahrheit und zum göttlichen Leben

Die Veden bergen die früheste Poesie und Prosaliteratur der suchenden, strebenden und sehnsüchtigen menschlichen Seele. Wer denkt, die vedische Poesie sei primitiv und die vedische Literatur unbedeutend, dem mangelt es zweifellos an Klarheit des Denkens. Wie könnte primitive Dichtung der ganzen Welt solch erhabene und überdauernde Weisheit schenken?

Der Körper der vedischen Dichtung ist Einfachheit.
Die Lebenskraft der vedischen Dichtung ist
   Aufrichtigkeit.
Der Verstand der vedischen Dichtung ist Reinheit.
Das Herz der vedischen Dichtung ist Klarheit.
Die Seele der vedischen Dichtung ist Helligkeit.

Es gibt zwei Arten, die Veden zu studieren. Wenn wir die Veden mit dem Verstand studieren, werden wir ständig von der strengen Wachsamkeit des Gewissens gemahnt. Wenn wir die Veden mit dem Herzen studieren, werden wir unaufhörlich von der strömenden Spontaneität leuchtenden Bewußtseins beseelt. Die Errungenschaft des Verstandes ist ein Gelehrter der Veden. Die Errungenschaft des Herzens ist ein die Veden Liebender. Der Gelehrte versucht die Welt zufriedenzustellen, ohne selbst zufrieden zu sein. Der Liebende nährt die Welt mit dem Licht erleuchtender Offenbarung und dem Entzücken erfüllender Vollkommenheit.

Es gibt in den Veden zwei Wörter, welche so bedeutend wie die Veden selbst sind. Diese zwei Wörter sind *Satya* und *ṛta*, »ewige Wahrheit« und »ewiges Gesetz«. Erkenntnis und Wahrheit umfassen einander. Offenbarung und Gesetz erfüllen einander. Wenn wir die Wahrheit nicht leben, können wir das Ziel nicht erreichen. Wenn wir dem Gesetz nicht Folge leisten, können wir nicht zum Ziel werden.

Die vedischen Seher akzeptierten die Gesetze anderer nicht bloß mit der Offenheit ihrer Herzen, sondern ebenso mit dem Einssein ihrer Seelen. Sie sahen den Einen in den Vielen und die Vielen in dem Einen. Sie glaubten nicht, allein ein Anrecht auf das Absolute zu haben.

Satyam eva jayate nānṛtam (Muṇḍakopaniṣad 3.1.6)
Wahrheit allein triumphiert, nicht die Falschheit.

Asato mā sad gamaya
Tamaso mā jyotir gamaya
Mṛtyor māmṛtaṃ gamaya (Bṛhadāraṇyakopaniṣad
1.3.28)
Führe mich vom Unwirklichen zum Wirklichen.
Führe mich von der Dunkelheit zum Licht
Führe mich vom Tod zur Unsterblichkeit.

Unwirklichkeit ist Unwahrheit, und Wirklichkeit ist Wahrheit. *Satya* wird vom reinen Herzen angerufen, *ṛta* von der tapferen Lebenskraft. Die Liebe zur Wahrheit nimmt uns von der Dunkelheit hinweg. Die Liebe zur Göttlichen Ordnung trägt uns vom menschlichen Körper zum göttlichen Leben.

*

Das Flugzeug der Glückseligkeit

Die *Chāndogya* Upanishad sagt: Stell dir vor, du seist auf der Reise. Du hast den Weg verloren, und ein Räuber überfällt dich. Er nimmt dir all deinen Reichtum und verbindet dir die Augen. Dann entführt er dich an einen weit entfernten Ort und läßt dich dort allein zurück. Ursprünglich konntest du sehen und dich frei bewegen, doch jetzt ist dein Schicksal jämmerlich. Du kannst nicht sehen, du kannst nicht gehen, du schreist wie ein hilfloses Kind, aber es gibt keine Rettung. Stell dir nun vor, es komme jemand, der dir die Augenbinde entfernt und dann davongeht. Jetzt bist du fähig, die Pfade um dich herum zu sehen, doch du wirst nicht wissen, welcher der richtige für dich ist, und selbst wenn du es wüßtest, könntest du ihn nicht betreten, weil deine Beine und deine Arme noch immer gefesselt sind. Das ist der Zustand eines Suchers, der Gott alleine verwirklichen will. Aber nehmen wir an, es käme jemand, der dir alle Fesseln abnimmt und dir zeigt, welcher Pfad dich heimbringen wird. Dieser Mensch hat dir wirklich einen Gefallen getan. Wenn du Glauben an ihn hast und Vertrauen in dich selbst, dann wirst du dein Ziel schnell und sicher erreichen. Wenn du Glauben an ihn hast, aber kein Vertrauen in deine eigene Fähigkeit, das Ziel zu erreichen, dann wird er mit dir gehen und dir helfen. Derselbe Lehrer, der dich von der Blindheit befreite und dir den Weg zeigte, wird mit dir gehen, in deinem Inneren, und dich anspornen. Er wird als dein eigenes Streben wirken, um dich zu deinem Ziel zu führen.

Wenn du diese Art von Hilfe von einem spirituellen Meister bekommst, kann dein Leben Bedeutung haben, kann es Früchte tragen, und du kannst dem Ziel sehr schnell entgegenlaufen. Andernfalls wirst du heute diesem Weg, morgen jenem Weg und am Tag darauf einem anderen Weg folgen. Du magst fähig sein zu gehen, aber du wirst immer wieder frustriert und enttäuscht zu deinem Ausgangspunkt zurückkehren. Wenn du nun nicht nur gehen kannst, sondern auch den richtigen Weg weißt und dazu einen echten Meister hast, um dir zu helfen, wer kann dich dann davon abhalten, dein Ziel zu erreichen? Wenn du erst einmal dein Ziel erreicht hast, hast du Gottes Höhen erreicht und beginnst, Gottes Licht auf der Erde zu manifestieren. Du bist erfüllt – erfüllte Vielfalt in der Umarmung der Einheit.

In den stillen Tiefen des Herzens der Upanishaden sehen und fühlen wir die glänzende Vereinigung der Spiritualität der Seele mit der Praxis des Lebens. In der Welt der Vorstellung, in der Welt des Strebens, in der Welt der Verwirklichung, in der Welt der Enthüllung und in der Welt der Mainfestation besitzt die Seele der Upanishaden die göttliche Kühnheit, die höchste Führung zu übernehmen, weil dies ihre natürliche Rolle ist. Ihr Verständnis schließt alle Fehler der schwachen Menschheit ein. Ihre allumfassende Liebe ist das Lied der Selbstdarbringung.

Die Upanishaden sind zugleich der Strebsamkeitsschrei des Herzens und das Erfahrungslächeln der Seele. Sie besitzen die Schau der Einheit in der Vielfalt. Sie sind die Manifestation der Vielfalt in der Einheit.

Die Botschaft der Upanishaden ist das göttliche Leben, das Leben der verwandelten Menschheit, und das Leben eines, erleuchteten Erdbewußtseins. Die Upanishaden sagen uns, daß das Aufgeben des Lebens der Wünsche die erfüllende Freude am Dasein in der Welt bedeutet. Diese Aufgabe ist weder Selbstverleugnung noch Selbstablehnung. Diese Aufgabe verlangt das Übersteigen des Ego, um frei die Lebensenergie der Seele einzuatmen und dennoch ein dynamisches und aktives Leben in der Welt zu führen, in der man die Höhe der Unendlichkeit, die Wonne der Ewigkeit und das Licht der Unsterblichkeit erlangen kann.

Jede der größeren Upanishaden ist ein Pfadfinder im Dickicht der Erfahrungen, die das menschliche Leben ausmachen. Jede größere Upanishad schenkt uns das intuitive Wissen und den inneren Mut, mit denen wir unseren Weg durch das Labyrinth von Kurven und Sackgassen, Zweifeln und Ausflüchten finden können. Wir erkennen schließlich, daß das Leben ein herrliches Abenteuer des strebenden Herzens, des suchenden Verstandes, des kämpfenden Vitalen und des wachen Körpers ist. Wir erforschen die verborgenen Orte erleuchtender Individualität und erfüllender Persönlichkeit. Verschwunden ist die Dunkelheit unseres Verstandes. Verschwunden ist die Armut unseres Herzens. Verschwunden ist die Unreinheit unseres Vitalen. Verschwunden ist die Unaufrichtigkeit unseres Körpers. Der Zug des Lichtes ist angekommen. Das Flugzeug der Glückseligkeit ist da.

Die Upanishaden lehren, daß Glückseligkeit die Manifestation göttlicher Liebe ist, Bewußtsein die Manifestation der Seelenkraft und Dasein die Manifestation des Seins. In Glückseligkeit ist Brahman Wirklichkeit. In Liebe ist Brahman Göttlichkeit. In Bewußtsein kontempliert Brahman auf die Schau vollkommener Vollkommenheit. In der Seelenkraft wird Brahman zur Errungenschaft vollkommener Vollkommenheit. Im Dasein ist Brahman der ewige Liebende. Im Sein ist Brahman der ewige Geliebte.

KRISHNAMURTI

Im pfadlosen Land der Wahrheit

Die Wahrheit ist ein unwegsames Land. Es gibt keine Pfade, die zu ihr hinführen, keine Religionen, keine Sekten. Das ist mein Standpunkt, den ich absolut und bedingungslos vertrete.

Die Wahrheit ist grenzenlos, sie kann nicht konditioniert, sie kann nicht auf vorgegebenen Wegen erreicht und daher auch nicht organisiert werden. Deshalb sollten keine Organisationen gegründet werden, die die Menschen auf einen bestimmten Pfad führen oder nötigen. Wenn ihr das einmal verstanden habt, werdet ihr einsehen, daß es vollkommen unmöglich ist, einen Glauben zu organisieren. Der Glaube ist eine absolut individuelle Angelegenheit, und man kann und darf ihn nicht in Organisationen pressen...

*

Die Wahrheit ist eine seltsame Sache [...]. Sie können sie nicht in dem Netz Ihres Gedankens auffangen.

*

Wahrheit ist etwas, das Sie unmittelbar sehen müssen.

*

Zur Wahrheit führt kein Weg, darin besteht die Schönheit der Wahrheit – sie ist lebendig. Etwas Totes hat einen Weg, weil es statisch ist. Wenn Sie begreifen, daß die Wahrheit eine Sache ist, welche lebendig und beweglich ist [...], dann begreifen Sie auch, daß diese lebendige Sache eigentlich Sie sind.

*

Die Wahrheit muß immer neu und lebendig sein. Die verwendeten Wörter ›neu‹ und ›lebendig‹ sollen bloß einen Zustand bedeuten, welcher nicht statisch, nicht tot ist, welcher kein fester Punkt im Bewußtsein ist. Die Wahrheit muß von Augenblick zu Augenblick erneut entdeckt werden, sie ist keine Erfahrung, die wiederholt werden kann; sie hat keine Fortdauer; es ist ein zeitloser Zustand.

*

Philosophie bedeutet Liebe zur Wahrheit, nicht Liebe zu Wörtern, nicht Liebe zu Vorstellungen, nicht Liebe zu Spekulationen, sondern Liebe zur Wahrheit.

∗

Echte Demut kennt keine Scheidung zwischen Oberen und Unteren, zwischen Meistern und Schülern. Solange das Bewußtsein zwischen Meister und Schüler, zwischen seiner Wahrheit und der eigenen Unvollkommenheit unterscheidet, ist keine Erkenntnis möglich. Im Innewerden der Wahrheit gibt es weder Meister noch Schüler, weder Fortgeschrittene noch Anfänger. Wahrheit ist das Innewerden dessen, was *ist*, von einem Augenblick zum anderen, unbelastet von dem, was war und was vielleicht noch in die Gegenwart nachwirkt.

∗

Wer uns veranlaßt, einen politischen oder geistigen Führer zu erwählen, ist unsere Geistesverwirrung, und darum ist diese Wirrnis bei dem Erwählten nicht geringer als bei uns selbst. Wir möchten geschmeichelt und getröstet sein. Wir verlangen, daß man uns Mut macht und uns belohnt; darum wählen wir den als Lehrer, der uns gibt, was wir begehren. Was wir suchen, ist nie die Wahrheit, denn im Grunde sind wir nur hinter Anerkennung und Eindrücken her. Indem wir uns einen Lehrer, einen Meister zulegen, erweisen wir unserem Ich und seiner Selbstverherrlichung einen großen Dienst, denn dieses Ich wäre in Angst und Wirrnis verloren, wenn ihm seine Nichtigkeit zum Bewußtsein käme... Kann ein Außenstehender, mag er noch so bedeutend sein, etwas dazu tun, daß man innerlich ein anderer wird?

∗

Hören Sie auf niemand – einschließlich des Redners, vor allem nicht auf den Redner. Wie Sie leicht zu beeinflussen sind, weil Sie sich alle irgend etwas wünschen [...], Erleuchtung, Glückseligkeit, Ekstase, Himmel.

＊

Wenn Sie dem folgen, was der Psychologe sagt oder was ich sage, dann verstehen Sie unsere Theorien, unsere Dogmen, unsere Kenntnisse; Sie verstehen sich selbst nicht. Sie können sich nicht nach Freud oder Jung oder nach mir verstehen.

＊

Selbsterkenntnis ist Erziehung. In der Erziehung gibt es weder den Lehrer noch das Gelehrte, es gibt nur das Lernen.

＊

Wir müssen also unser eigener Lehrer und Schüler sein. Es gibt außerhalb keine Lehrer, keinen Heiland und keinen Meister. Wir müssen uns selbst ändern, und daher müssen wir lernen, uns zu beobachten und zu kennen. Dieses Kennenlernen ist faszinierend und eine fröhliche Sache...

MAHATMA GANDHI

Wahrheit und Gewaltlosigkeit

Die Hingabe zur Wahrheit ist die einzige Rechtfertigung für unser Dasein. Alle unsere Aktivitäten müssen in ihr gegründet sein. Sie muß gar zum Atem unseres Lebens werden. Wenn einmal diese Stufe [...] erreicht wird, so kommen uns mühelos alle anderen Normen des richtigen Lebens zu.

∗

Jede Wahrheit wirkt selbst und besitzt eine innere Kraft. »Wenn ein Mensch auf Wahrheit besteht, dann verleiht sie ihm Kraft.«

∗

Wahrheit kann nicht, niemals erreicht werden, außer durch die Gewaltlosigkeit.

∗

Gewaltlosigkeit ist das Mittel, Wahrheit ist das Ziel.

∗

Es gibt kein Dharma höher als die Wahrheit und kein Dharma höher als die größte Pflicht der Gewaltlosigkeit.

∗

Wenn ein Mensch auf Wahrheit besteht, dann verleiht sie ihm Kraft.

∗

Wenn du dich von all deinem Besitz trennst, dann besitzt du tatsächlich den ganzen Reichtum der Welt.

5. DER VORDERE ORIENT

DER KORAN
DAS HEILIGE BUCH DES ISLAM

Sure 112
Aufrichtigkeit (des Glaubens) (Al-Ikhlas)

Im Namen Allahs, des Erbarmers, des Barmherzigen!
1. Sprich: »Er ist der Eine Gott, 2. Allah, der Absolute.
3. Er zeugt nicht und ist nicht gezeugt, 4. Und es gibt keinen, der Ihm gleicht.«

✳

Sure 24
Das Licht

35. Allah ist das Licht der Himmel und der Erde. Das Gleichnis Seines Lichts ist eine Nische, in der sich eine Lampe befindet. Die Lampe ist in einem Glase. Und das Glas gleicht einem flimmernden Stern. Es wird angezündet von einem gesegneten Baum, einem Olivenbaum, weder vom Osten noch vom Westen, dessen Öl fast schon leuchtet, auch wenn es kein Feuer berührt. Licht über Licht! Allah leitet zu Seinem Licht, wen Er will. Und Allah prägt Gleichnisse für die Menschen. Und Allah kennt alle Dinge.

∗

Sure 2
Die Kuh

251. […] Und wenn Allah nicht die einen Menschen durch die anderen in Schranken hielte, wahrlich, die Erde wäre voller Unheil. Aber Allah ist voll Güte gegen alle Welt. **252.** Dies ist Allahs Botschaft. Wir verkünden sie dir in Wahrheit; denn siehe, du bist wahrlich einer der Entsandten.

253. Die Gesandten – einigen von ihnen gaben Wir Vorrang vor den anderen. Zu einigen von ihnen sprach Allah, andere erhöhte Er auf andere Weise im Rang. Und wir gaben Jesus, dem Sohn der Maria, die klaren Beweise und stärkten ihn durch heilige Eingebung. Und wenn Allah wollte, dann hätten die Späteren nicht gestritten, nachdem die klaren Beweise ihnen bereits vorlagen. Aber sie blieben uneinig: Die einen von ihnen glaubten, und die anderen wurden ungläubig. Und wenn Allah wollte, hätten sie nicht gestritten. Jedoch Allah tut, was Er will.

254. O ihr, die ihr glaubt! Spendet von dem, womit Wir euch versorgten, bevor ein Tag kommt, an dem kein Handel ist und keine Freundschaft und keine Fürbitte. Und die Ungläubigen sind Ungerechte. **255.** Allah! Es gibt keinen Gott außer Ihm, dem Lebendigen, dem Beständigen! Ihn überkommt weder Schlummer noch Schlaf. Sein ist, was in den Himmeln und was auf Erden ist. Wer ist es, der da Fürsprache bei Ihm einlegte ohne Seine Erlaubnis? Er weiß, was zwischen ihren Händen ist und was hinter ihnen liegt. Doch sie begreifen nichts von Seinem Wissen, außer was Er will. Weit reicht Sein Thron über die Himmel und die Erde, und es fällt Ihm nicht schwer, beide zu bewahren. Und Er ist der Hohe, der Erhabene. **256.** Kein Zwang im Glauben! Klar ist nunmehr das Rechte vom Irrtum unterschieden. Wer die falschen Götter verwirft und an Allah glaubt, der hat den festesten Halt erfaßt, der nicht reißen wird. Und Allah ist hörend und wissend.

257. Allah ist der Beschützer der Gläubigen. Er führt sie aus tiefer Finsternis zum Licht. Die Ungläubigen aber, ihre Freunde sind bloße Götzen. Diese führen sie aus dem Licht in tiefe Finsternis. Sie sind die Bewohner des Feuers und verweilen ewig darin.

*

Sure 13
Der Donner

26. Allah versorgt reichlich, wen Er will, oder bemißt Seine Wohltaten. Und sie erfreuen sich des irdischen Lebens, obwohl das irdische Leben im Vergleich zum Jenseits doch nur ein Nießbrauch ist. **27.** Und die Ungläubigen sagen: »Warum ist kein Wunderzeichen von seinem Herrn auf ihn hinabgesandt worden?« Sprich: »Allah läßt irregehen, wen Er will, und leitet zu Sich, wer sich reumütig bekehrt. **28.** Diejenigen, welche glauben und deren Herzen im Gedanken an Allah in Frieden sind – sollten die Herzen im Gedenken an Allah denn nicht in Frieden sein?

❋

Sure 18
Die Höhle

29. Und sprich: »Die Wahrheit ist von euerem Herrn. Wer nun will, der glaube, und wer will, der glaube nicht.«

❋

Sure 6
Das Vieh

48. Und Wir entsandten die Gesandten nur als Verkünder froher Botschaft und Warner. Und wer da glaubt und sich bessert: Keine Furcht kommt über sie, und sie werden nicht traurig sein.

❋

Sure 11
Hud

108. Was aber die Glückseligen anlangt, so werden sie ins Paradies kommen und ewig darin verweilen, so lange die Himmel und Erde dauern, es sei denn, daß dein Herr es anders will – ein unaufhörliches Geschenk.

Der Islam

Der Prophet sprach

»Beim Jüngsten Gericht werden die Tinte der Gelehrten und das Blut der Glaubenskämpfer gewogen – und die Tinte der Gelehrten wird mehr wiegen als das Blut der Glaubenskämpfer.

*

Über den Koran

Der ganze Koran bedeutet das Abschneiden mittelbarer Ursachen, d. h., er verkündet, daß Gott alles aus dem Nichts geschaffen hat und weiter schafft. War es denn schwer für Ihn, Adam ohne Mutter, Jesus ohne Vater zu erschaffen?

Der Mensch aber läßt sich von äußeren Schleiern täuschen und blickt auf die scheinbaren Ursachen jedes Ereignisses; es geht ihm wie den Ameisen, die auf einem schön geschriebenen Manuskript spazierengingen, das einem Garten glich. Sie bewunderten die Bilder und mehr noch die Feder, die solche Ornamente zustande bringt; dann entdeckten sie, daß die Feder von der Hand bewegt wird, und wußten doch noch nicht, daß der eigentliche Beweger der Geist ist.

Da Gott ein verborgener Schatz war, der erkannt werden wollte, hat Er diese ganze Welt um Seinetwillen geschaffen; jedes Blatt, jeder Vogel, jeder Stein preist schon durch sein Dasein und Sosein Seine Größe in unausgesprochenen Worten und dankt Ihm, der die Welt geschaffen hat, sie ernährt und wunderbar erhält, wie es der Koran immer aufs neue betont.

Annemarie Schimmel

*

Der Muslim

Im heutigen Sinne kennzeichnet »Muslim« [...] einen Menschen, der seinen Frieden durch Hingabe an Gott nach Maßgabe des Koran findet, was allerdings gültig gebliebene frühere Offenbarungen einschließt.

So hält sich ein Muslim beispielsweise an die Zehn Gebote des Alten und an das Gebot der Nächstenliebe des Neuen Testaments. Überhaupt sind für ihn wie für gläubig gebliebene Juden und Christen gemäß Koran folgende sechs Glaubensartikel Grundlage allen theologischen Verständnisses der Wirklichkeit (2:285; 4:136):

- Existenz Gottes
- Existenz von anderen geistigen Lebewesen (»Seine Engel«)
- Existenz göttlicher Offenbarung (»Seine Bücher«)
- Entsendung von Propheten (»Seine Gesandten«)
- Letztes Gericht / Leben nach dem Tode
- Vorherbestimmung (Fatalismus).

Andererseits schreibt der Islam Verhaltensweisen vor, die als seine sogenannten fünf Säulen für ihn allein spezifisch sind, nämlich neben dem Glaubensbekenntnis (schahada)

- täglich fünfmaliges rituelles Gebet zu festgesetzten Zeiten
- jährliches Abführen einer Vermögenssteuer (zakat)
- Fasten untertags während des Monats Ramadan
- sofern möglich, Pilgerfahrt nach Mekka.

Schon diese »Säulen« zeigen, daß der Islam auf Glaube *und* Tat, Beten *und* Arbeiten, beruht und selbst geistige Tätigkeit wie das Gebet mit körperlicher Aktivität verbindet. Die mekkanische Sure al-Asr sagt dies in aller Eindeutigkeit:

»Die Menschen erleiden bestimmt Verlust,
außer denjenigen, die glauben und gute Werke tun und
sich gegenseitig die Wahrheit an das Herz legen und sich
gegenseitig zur Geduld mahnen« (103:2 f.)

Dies ist eine Miniaturdarstellung des braven Muslims, der da betet, auf Gott vertraut und – für seinen Nächsten wie für den Islam – Gutes tut, ohne Aktivismus und Überheblichkeit.

Ein Muslim mag sündigen, ohne daß dies sein Muslimsein im Prinzip in Frage stellt. Aber ein Muslim, der das Gebet und damit seinen Kontakt zu Gott unterbricht, ist kaum als Muslim vorstellbar. Dieses Gebet ist in seiner vorgeschriebenen rituellen Form (salat), die anderes Beten nicht ausschließt, bezeichnenderweise im Kern kein Bittgebet, sondern Lobpreisung.

Als letzte Offenbarung ist der Koran die wichtigste, wenngleich nicht einzige Grundlage des Islam. Dieses Buch mit seinen unsystematisch in 114 Abschnitten (Suren) eingeteilten 6236 Versen (ayat) enthält meist in Reimprosa vollständig und in ursprünglicher Form sämtliche Einzeloffenbarungen, welche Muhammad zwischen ca. 610 und 632 zugekommen sind. Für den Muslim ist der Koran das ungeschaffene, aber in historischer Zeit und in arabischer Sprache geoffenbarte Wort Gottes: das einzige Wunder des Islam (und zugleich das »Beglaubigungswunder« Muhammads).

*

Der Muslim bemüht sich wie der Christ und wie der Marxist (der bei Ernstnehmen seines Histomat eigentlich Fatalist sein müßte) um Erreichung seiner Ziele im Leben nach dem Motto »Hilf dir selbst, dann hilft dir Gott«.

Dabei empfindet er persönliche Verantwortung für sein Handeln und Unterlassen. Er vertraut darauf, daß Gott ihn für gute Taten belohnt – nicht weil Er dazu gezwungen wäre, sondern weil Er sich in Selbstbindung Unrecht verwehrt. Der Muslim befürchtet Bestrafung für Untaten, wobei er um Gottes Barmherzigkeit und Bereitschaft zum Verzeihen weiß. Weil er sich bewußt ist, daß letztlich alles in Gottes Hand steht, beginnt er jede Tätigkeit in Seinem Namen – »bismillah!« –, stellt Ihm den Erfolg anheim – »insch'allah« (wenn Gott will) – und schreibt Ihm jeden Erfolg zu – »mascha'allah« (was Gott will/wollte). Dabei fühlt er sich in der Vorsehung Gottes, zu dem allemal seine Heimkehr ist (10:4), geborgen.

Erst wenn ein Muslim trotz aller Bemühungen an einem Projekt gescheitert oder einem Unglück ausgesetzt ist, kommt seine »kismet«-Haltung zum Tragen; er wird nicht verzweifeln, sich nicht die Haare raufen oder die Kleider zerreißen, sondern erkennen und akzeptieren, daß das Geschehene »maktub« (festgeschrieben) war:

»Und keinem... wird sein Leben verlängert noch... verringert, ohne daß es in einem Buch stünde.« (35:11)

Wie Muhammad Asad bemerkte, bezieht sich der islamische »Fatalismus« somit gar nicht auf die *Zukunft*, sondern auf das bereits Geschehene, die Vergangenheit.

Murad Wilfried Hofmann

Die lyrische Welt des Islam

Die Liebe, das Herz und Er

Alles ist im göttlichen Atem enthalten, wie der Tag im
Dunst des frühen Morgens.

Ibn al ʿArabi

*

Es brennen die Erde und der Sand. Tauch dein Gesicht in
den brennenden Sand und die Erde des Weges, denn wen
die Liebe verwundete, der muß das Mal im Gesicht tragen, und die Narbe muß sichtbar sein. Laß die Narbe des
Herzens sehen, denn an ihren Narben erkennt man, die
den Weg der Liebe gehen.

Der Prophet Muhammad
(Friede und Gottes Segen sei mit ihm)

*

Durch Liebe ward das Bittre süß und hold,
durch Liebe ward das Kupfer reines Gold,
durch Liebe ward die Hefe klar und rein,
durch Liebe ward zur Medizin die Pein,
durch Liebe wird belebt, wer entschlafen,
durch Liebe werden Könige zu Sklaven

Rumi

*

Schall, o Trommel! Hall, o Flöte – Allah hu!
Wall im Tanze, Morgenröte – Allah hu!
Lichtseel' im Planetenwirbel, Sonne, vom
Herrn im Mittelpunkt erhöhte – Allah hu!
Herzen! Welten! Eure Tänze stockten, wenn
Lieb' im Zentrum nicht geböte: Allah hu!
...

Seele, willst, ein Stern, dich schwingen, um dich selbst,
Wirf von dir des Lebens Nöte – Allah hu!
Wer die Kraft des Reigens kennet, lebt in Gott
Denn er weiß, wie Liebe töte. – Allah hu!

Rumi

BIST du denn fremd hierhergezogen –
   Ach, warum weinst du, Nachtigall?
Und hast ermattet dich verflogen?
   Ach, warum weinst du, Nachtigall?

Hast hohe Berge überschritten?
Bist über Flüsse tief geglitten?
Hast Trennung du vom Freund erlitten?
   Ach, warum weinst du, Nachtigall?

Ach, wie so bitter klingt dein Flehen!
Neu läßt du meinen Schmerz erstehen!
Du möchtest deinen Freund wohl sehen?
   Ach, warum weinst du, Nachtigall?

Du kannst doch deine Flügel breiten
Und kannst sie ja zum Fluge weiten
Und alle Schleier überschreiten
   Ach, warum weinst du, Nachtigall?

Liegt deine Stadt in Feindes Banden?
Ward denn dein guter Ruf zuschanden?
Ist denn dein Freund in fremden Landen?
   Ach, warum weinst du, Nachtigall?

Du wohnst im Lenz im Rosenhage,
Dir duften Blüten alle Tage –
Doch immer neu klingt deine Klage
   Ach, warum weinst du, Nachtigall?

Ihr Augen, die im Schlafe ruhten:
Erwachend hebt ihr an zu bluten –
Mein Herz verbrennt in hellen Gluten!
   Ach, warum weinst du, Nachtigall?

Yunus Emre

Aus Yusuf und Zulaicha

SCHÖNHEIT und Liebe sind beide Vögel, die aus dem Nest
der Einheit geflogen sind und auf dem Zweige der mannigfachen Manifestationen ruhen, und ob es die Weise der
Macht des »Geliebtseins« sei oder das Klagen der Heim-
suchung des »Liebendseins« – beide stammen von dort.

In jener Einsamkeit, da ohne Zeichen noch
Das Sein und alle Welt in Nicht-Seins Winkel lag,
Und da die Existenz von aller Zweiheit fern,
Vom Dialog des »Wir« und »Du« auch noch ganz fern
Die Schönheit Absolut, die noch erschienen nicht:
Sie leuchtete auf *sich* mit ihrem eignen Licht.
Ein herzberückend Lieb im Brautzelt des Verborgnen –
Ganz rein war ihr Gewand von der Vermutung Schande.
Kein Spiegel hatte noch ihr Angesicht gesehen,
Kein Kamm noch hatte je die Locken ihr berührt;
Noch hatt' der Morgenwind ein Haar ihr nicht geraubt,
Noch hatt' der Schminke Schwarz ihr Auge je erschaut.
Die Hyazinthe war nicht ihrer Rose nahe,
Noch hatte nicht ihr Grün die Rose hold verziert.
Von Schönheitsmal und Flaum war ihr Gesicht ganz rein,
Noch hatte nie ein Aug' ein Stäubchen drauf erspäht.
Das Lied des Reizend-Seins sang sie für sich alleine,
Das Spiel des Liebend-Seins spielt sie mit sich allein. –
Doch ist es nun einmal der Lieblichkeit Gesetz,
Daß in dem Schleier sich beengt die Schöne fühlt:
(Die Liebliche kann nicht Verborgenheit vertragen:
Schließt die Tür, wird sie den Kopf durchs Fenster
    zeigen!)
Schau dir die Tulpen an in jenen Bergeshängen,
Wie sie zur Frühlingszeit sich fröhlich aufwärts drängen!
Der rosenstreuende Zweig reißt den Dorn entzwei,
Und seine Schönheit macht er so bekannt und frei!

Und wenn in deinen Geist einfällt ein solcher Sinn,
Wie man nur selten ihn im Zug des Denkens sieht,
Darfst den Gedanken du auf keinen Fall verlassen,
Mußt künden ihn in Schrift und ihn in Worte fassen,
Denn wo es Schönheit gibt, da fordert sie nur dieses –
Und solche Regung stammt von der ur-ew'gen
    Schönheit!
Sie schlug ihr Festzelt auf jenseits der Heil'gen Sphären;
Auf Seelen strahlte sie und auf die Horizonte.
Aus jedem Spiegel wies sie nun ein Angesicht,
An jedem Ort klang auf nun ein Gespräch von ihr.
Ein Aufstrahl traf von ihr das Reich und auch den Engel –
Der Engel, ganz verwirrt, fand so den Weg zum Himmel,
Und alle Gleitenden, die Gottes Lobpreis suchten,
Entworden sangen sie das ew'ge Lob des Herrn:
Von jedem Tauchenden in diesen Himmelsmeeren
Erhob sich lauter Lärm: »Gepriesen sei der Herr!«
Von jenem Aufstrahl fiel ein Leuchten auf die Rose;
Ins Herz der Nachtigall fiel Unrast durch die Rose.
An diesem Feuerstrahl erglüht' der Kerze Wange,
Daß sie in jedem Haus wohl hundert Falter fange.
Von ihrem Lichte fiel ein Aufglanz auf die Sonne,
Und aus dem Wasser hob sein Haupt der Lotus auf,
Von ihrem Angesicht schmückt' Laila ihr Gesicht,
Und Madschnuns Sehnsucht wuchs nach jedem ihrer
    Haare;
Das Zucker-Streuen schenkt' sie Schirins süßer Lippe,
Und raubt' Parwez das Herz und Farhad auch das Leben.
Sie hob aus Josephs Hemd mondgleich ihr Haupt hervor
Und ließ Zulaicha dann ihr Leben ganz zerstören.
Und überall erscheint nur ihre, ihre Schönheit,
Die einen Schleier sich aus »den Geliebten« schafft.
In jedem Schleier, den du siehst, ist ihr Verschleiern,
Und jedes Herz erbebt, weil es in ihrem Dienste.
Durch Seine Liebe hat unser Herz sein Leben,

Durch Seine Liebe nur findete ihr Glück die Seele.
Ein Herz, das jene liebt, die reizend hier erscheinen:
Ob es dies weiß, ob nicht: es liebt in Wahrheit Ihn...

'Abdur Rahman Dschami

✳

Ich sprach zum Herzen: »Du Geschwätziges,
Wie viel sprichst du noch von Geheimnis-Suche!«
Es sprach: »Ich bin in Geist versunken – tadle
Mich nicht; denn sprech' ich nicht, werd' ich verbrennen.
Mein Seelenmeer wallt auf an hundert Stellen –
Wie könnte ich da einen Nu nur schweigen!«

Fariduddin 'Attar

✳

Nicht nur die Durst'gen suchen Wasser-,
Das Wasser sucht die Durstigen!

Rumi

Wissen und Weisheit

Würdest hunderttausend
    Bücher du studieren:
Wisse eins: zum Liebsten
    wird dich das nicht führen!

Qadi Qadan

✳

Der Wissende ist wie der Löwe, der nur frißt, was er selbst
   getötet hat,
nicht wie der Fuchs, der von den Resten der Beute
   anderer lebt.

Dara Shikoh

✳

Wenn die Frösche tief im Teiche
   von dem Lotos wüßten:
In der Schlammeshöhle drunten
   sie nicht sitzen müßten!

Qadi Qadan

✳

Such nicht den Kern der Weisheit beim Asketen,
   denn tropfengleich
Hat keinen Kopf er, wenn du ihm den Turban
   abnehmen willst!

Bedil

✳

Im finstern Hause war der Elefant,
wo von den Indern ausgestellt er stand.
Und viele Leute kamen, ihn zu sehen –
sie alle mußten in das Dunkel gehen.
Da sie ihn in der Dunkelheit nicht sahen,
berührten sie ihn nur mit ihren Händen.
Der, dessen Hand an seinen Rüssel rührte,
sprach: »Wie 'ne Regenrinne ist der wohl!«
Der, dessen Hand an seine Ohren traf,
rief: »Wie ein Fächer sieht das Wesen aus!«
Der, dessen Hand berührte nur sein Bein,
sprach: »Wie ein Pfeiler wird das Tier wohl sein.«
Der, dessen Hand den Rücken rührte schon,
sprach: »Sicherlich, er ist gleichwie ein Thron.«

So kam ein jeder nur zu *einem* Teil
und er verstand nur dies, und nicht das Ganze,
denn je nach dem Gesichtspunkt war verschieden
wie A und Z, was sie zu sehen glaubten.
Doch hielte jeder einer Kerze Licht,
so gäbe es die Unterschiede nicht!

Anonyme Parabel

✳

Kann aller Zahl Geheimnisse durchdringen,
Und Zeit und Schicksal liegt in meinen Schlingen!
Mein Auge ist beschränkt auf diese Seite,
Mir ist es gleich, was sie vom Jenseits bringen,
Und hundert Weisen spielt mein Instrument –
    Zum Markt trag' ich, was man Geheimes kennt!

Muhammad Iqbal

✳

Wenn uns die Menschen mit gewohnter Sprache
    fragen,
antworten wir mit Zeichen voll Geheimnis
und dunklen Rätseln, denn des Menschen Zunge
kann solche hohe Wahrheit ja nicht sprechen,
die Menschenmaß weit übersteigt.
Mein Herz jedoch hat sie erkannt, und kannte die
    Entrückung
die alle Teile meines Körpers füllte.
Siehst du nicht: dieses Fühlen hält
des Redens Kunst gefangen, wie die Wissenden
den Ungebildeten zum Schweigen bringen.

Ibn 'Ata

✳

Die Seele empfängt aus der Seele das Wissen, und nicht
  aus Büchern noch vom Reden.
Erwächst das Wissen der Geheimnisse aus der Leerheit
  des Geistes, so ist das Herz erleuchtet.

Rumi

Die innere Wandlung

Und solang du dies nicht hast,
dieses Stirb und Werde,
bist du nur ein trüber Gast
auf der dunklen Erde.

Goethe

*

Ich starb als Mineral und wurde Pflanze;
als Pflanze starb ich und wurde Tier.
Ich starb als Tier und wurde Mensch.
Warum also fürchten, im Tod zu Nichts zu werden?
Bei meinem nächsten Tod
werde ich Schwingen hervorbringen und Federn wie
  Engel;
dann, mich höher noch aufschwingend als Engel –
was ihr nicht erdenken könnt,
ich werde es sein.

Rumi

Könnte ein Baum sich bewegen
  mit Wurzel und Blätterkleid,
Spürte er Wunden der Axt nicht,
  noch brächte die Säge ihm Leid.
Ginge die Sonne nicht von uns
  nächtlich in eiligem Flug:
Sage, wie würde die Erde
  erleuchtet zur Morgenzeit?
Stiege das salzige Wasser
  nicht himmelaufwärts vom Meer,
Wie würden Gärten belebet
  durch Bäche und Regenzeit?
Sieh, wenn zur früheren Heimat
  ein Tropfen wiederum kommt,
Wird er in einer Muschel
  zur köstlichen Perle geweiht.
Joseph erlangte auf Reisen
  kostbare Schätze und Glück –
Hatte er einst nicht geweinet
  beim Abschied voll Traurigkeit?
Ging Mustafa nicht zur Reise
  nach Jathrib, und fand er nicht dort
Herrschaft, und wurde ein König
  von Hunderten Ländern weit?
Fehlt dir der Fuß zur Reise,
  so wähle den Weg in dich selbst:
Nimm auf, dem Rubinschachte gleichend,
  in dich alle Strahlen der Zeit.
Reise, o Freund, aus dir selber
  und in dein eigenes Herz:
Solch Reise verwandelt das Staubkorn
  in Gold und in Herrlichkeit...

Rumi

*

Ich muß im Garten der Asche wandern
zwischen verborgenen Bäumen
in der Asche sind Gemmen und Diamanten, und das
   goldene Vließ.

Ich muß wandern in Hunger, in Rosen, der Ernte zu
Ich muß wandern, muß ruhn
unter dem Bogen der einzigartigen Lippe.

In dieser einzigartigen Lippe,
in ihrem verwundeten Schatten
blüht die uralte Blume der Alchemie.

Adonis

✳

Wie Brücken-Widerschein im Strom die Qual genießend,
   tanze!
Bewahre deinen Platz, und doch, von dir getrennt,
   so tanze!
Das Suchen ist in sich Genuß – sprichst du vom
   Wegewandern?
Gib auf den trägen Gang – tritt ein nun in den Klang und
   tanze!
Wir waren frisch und grün erblüht, anmutig-stolz im
   Garten,
O Flamme, unser trocknes Stroh zu schmelzen, komm
   und tanze!
Den Weg zum Derwisch-Reigentanz schlag ein beim Sang
   der Eule,
In Lust auch nach dem Flügelschlag des Königsvogels
   tanze!
In Liebe endet nimmermehr das Wachsen,
   das Sich-Dehnen –
So wie der Staub im Wind sich dreht, in Liebes-Luft
   nun tanze!

Vergiß die Spuren und das Bild, kalt und verdorrt,
    der Freunde,
Beim Trauermahle und beim Klang der Klage-Hörner
    tanze!
So wie der Heuchler Freundlichkeit, so wie der Zorn der
    Frommen,
Sei nicht in deinem eignen Selbst, doch vor der Menge
    tanze!
Vom Brennen suche keinen Schmerz, vom Aufblühn
    keine Freude,
Sinnlos im Arm von Wüstenwind und Morgenbrise
    tanze!
In jener Freude, da du fragst: »An wen bin ich
    gebunden?«
Wachs' über dich in dir hinaus – in Leidensfesseln tanze!

Ghalib

✳

Wenn du aufmerksam und wachsam bist, wird dir die
Antwort auf dein Tun in jedem Augenblick offenbar sein.
Achte darauf, daß du auch ein reines Herz hast, denn
etwas wird dir geboren als Frucht einer jeden Tat.

Rumi

✳

Befreie dich vom Ich mit einem Streich! Wie ein Schwert
sei ohne eine Spur weichen Eisens; sei wie ein stählerner
Spiegel, poliere allen Rost hinweg mit Zerknirschung.

Rumi

Sufi-Meister

Das Ziel im Derwischtum

Das Ziel im Derwischtum war das Einheitsbekenntnis, und das Ergebnis des Einheitsbekenntnisses besagte, die einem gegen sich selbst, gegen die Menschen und gegen Gott obliegenden Pflichten und Verantwortlichkeiten zu erfassen und auszuführen. Sonst waren Gottesgedenken, Reigen, Kreisen, Freude nicht Grund und innerster Kern – vielmehr waren es Hilfsmittel, um zum Eigentlichen zu gelangen. So, daß der Mensch, der mit der Begabung geschaffen ist, den tieferen Sinn immer in der Schönheit kunstvoller Formen zu sehen, stets von seinem Herzen seinem Auge, von seinem Auge seinem Herzen einen Anteil gibt. Und ist wohl das, was die Natur tut, anders? Hat die Natur nicht die schönsten Düfte im Schoße der schönsten Blumen verborgen? Hat sie nicht die lieblichsten Bäume mit den köstlichsten Aromen geschwängert? Läßt uns nicht sowohl der Honig wie die Wabe der Biene in höchstes Erstaunen ausbrechen?

Wer weiß, vielleicht war auch für den Menschen die Vereinigung mit sich selbst der Grund und der Kern, und der Bote, der uns die Hindernisse aus dem Wege räumte und uns zu dem Geschmack einer Vereinigung führte, konnte manchmal ein Tag des mystischen Reigens, manchmal eine Nacht der Erfüllung sein.

Was war eine Nacht der Erfüllung, wie war sie, welcher Art? Eine Nacht, da vom Auge zum Herzen Nachrichten, Einladungen gingen und kamen; die die Seele weich machte und von neuem formte... Ein halbdunkler, dunstiger *samā'*-Raum, in dem die Leuchter, die Kerzen kämpften, um die Dunkelheit niederzuringen... Die

Menschen scheinbar leblos wie die vor- und zurückweichenden, länger und kürzer werdenden Schatten... Die fließenden, schmelzenden, sich neigenden Kerzen, die sich, Freund und Feind immer weiter Entzücken spendend, brennend verzehren, Reihe um Reihe, Leib an Leib... Das Zeitgefühl, das Raumbewußtsein von den Herzen abgestreift, ausgewischt... Nichts, gar nichts übriggeblieben, nur eine Harmonie, nur eine Melodie, nur eine Schwingung. Die Flöten, die Trommeln, die Zimbeln spielen und rufen; die weißen Derwischgewänder, Feuer suchenden Faltern gleich, kommen, kreisen, gehen, kreisen; eine schöne Stimme rezitiert den Koran, eine andere ein Loblied auf den Propheten; der Reigen hält an, das Kreisen beginnt. Der Rezitator schweigt, das Gottgedenken braust auf; der Ruf »Gott ist groß« endet, das Gebet beginnt. Geburt und Tod, Diesseits und Jenseits, Gut und Schlimm, Satan und Erbarmer werden ein Hauch, ein Augenblick, sind nicht zu scheiden, sind nicht zu trennen. Dirhem und Dinar, Waage und Maß, Wenig und Viel, Dürr und Fett, Abrechnung und Buch, alles zusammen... Vielleicht kein Buchstabe, vielleicht kein Wort, vielleicht kein Ausdruck, vielleicht kein Bild; nur Harmonie, nur Melodie, nur noch Ton, nur noch Ruf... eine Schwingung schlägt an und kommt; kein Talisman, keine Magie ist's, kein Zauber und keine Hexerei... das ist Ekstase, und das ist Liebe; sie zerstört und vergeht, sie erbaut und vergeht...

Annemarie Schimmel

Husain ibn Mansur al-Halladsch

Jemand fragte Halladsch: »Was ist Liebe?« Er antwortete:
»Du wirst es heute und morgen und übermorgen sehen.«
Und an diesem Tage hackten sie ihm die Hände und Füße
ab, am nächsten Tag hängten sie ihn, und am dritten Tage
gaben sie seine Asche dem Wind.

✳

HALLADSCH diktierte einem seiner Schüler:

Wahrlich; Gott – Er ist heilig und erhaben, und Ihm gebührt das Lob – ist *eine* Essenz, durch sich selbst bestehend durch Seine Vorzeitlichkeit, isoliert von dem was
nicht Er ist, sich vereinzelnd von dem, was außer Ihm ist,
durch absolutes Herr-Sein. Nicht mischt sich etwas mit
Ihm, und nicht vermengt sich mit Ihm ein anderes; nicht
enthält Ihn ein Ort, und nicht erfaßt Ihn eine Zeit; nicht
schätzt Ihn ein Gedanke ab, und nicht bildet sich Ihn ein
Einfall ein; nicht erreicht Ihn ein Blick, und nicht ergreift
Ihn Erschlaffung.

Dann geriet er in ekstatische Freude und rezitierte:
>Meine Besessenheit hält Dich heilig,
>Und was ich denk' über Dich, ist Verwirrung.
>Ach, es hat mich der Liebste verwirret
>Und eine Braue mit bogigem Schwung.
>Und es deutete schon die Liebe
>Drauf, daß die Nähe nur Täuschung ist.

Dann sprach er:

Mein Sohn, hüte dein Herz davor, an Ihn zu denken,
und deine Zunge, Seiner zu gedenken; doch benutze die
beiden dazu, Ihm immer zu danken. Denn über Sein Wesen nachzudenken und sich Seine Attribute vorzustellen
und Ihn mit Worten zu bestätigen, gehört zu den gewal-
tigsten Sünden und zum höchsten Hochmut.

WER die göttliche Wahrheit mit dem Licht des Glaubens sucht, ist wie einer, der die Sonne mit dem Licht der Sterne sucht.

＊

WER die Urewigkeit und die endlose Ewigkeit betrachtet und seine Augen gegenüber allem verschließt, was dazwischen liegt, der bestätigt das Einheitsbekenntnis. Und wer seine Augen vor Urewigkeit und endloser Ewigkeit verschließt und das betrachtet, was dazwischen liegt, verrichtet den Gottesdienst. Und wer sich vom Dazwischen und von den beiden Enden fernhält, der hat den Griff der Wahrheit in die Hand bekommen.

＊

DIE RUHE, und dann Schweigen, und dann Stummheit,
Und Wissen, und dann Finden, dann Begraben,
Und Erde, darauf Feuer, dann ein Leuchten,
Und Kälte, dann ein Schatten, und dann Sonne,
Und Felsgrund, und dann Flachland, und dann Wüste,
Und Fluß, und dann ein Meer, und dann Vertrocknen,
Und Rausch, und dann Ernücht'rung, und dann
    Sehnsucht,
Und Nähe, und dann Treffen, dann Vertrautheit,
Bedrängnis, dann Befreiung, dann Vernichtung,
Und Trennung, dann Vereinigung, dann Verlöschen,
Ergreifen, dann ein Rückstoß, dann Entrückung,
Beschreibung, dann Enthüllung, dann Bekleidung.
Nur Worte für die Menschen, die das Diesseits
Gleichsetzen mit wertlosen Kupfermünzen,
Und Stimmen hinter einer Tür; denn Worte
Der Menschen sind, wenn man sich nähert, Murmeln.
Das Letzte doch, des sich ein Mensch erinnert,
Wenn er das Ziel erreicht, ist »Ich«, »Mein Glückslos«,
Denn die Geschöpfe sind der Wünsche Diener,
Und Gottes Wirklichkeit ist »Heiligkeit«.

*

Tötet mich, o meine Freunde,
Denn im Tod nur ist mein Leben!
Ja, im Leben ist mir Tod nur,
Und im Sterben liegt mein Leben.
Wahrlich, höchste Gnade ist es,
Selbst verlöschend zu entschweben
Und als Schlechtestes erkenn ich,
Fest an diesem Leib zu kleben.
Überdrüssig ist die Seele,
Hier noch im Verfall zu leben.
Tötet mich, ja, und verbrennt mich,
Dessen Glieder elend beben!
Geht dann an dem Rest vorüber,
An den Grüften, leer von Leben:
Meines Freunds Geheimnis sollt ihr
Aus der Erben Innern heben.
Seht, ich, einer von den Alten,
Die nach höchsten Rängen streben,
Bin jetzund ein Kind geworden,
Nur der Mutterbrust ergeben,
Ruhend in der salz'gen Erde
Und in tiefsten dunklen Gräben!
Wunderbar, daß meine Mutter
Ihrem Vater gab das Leben
Und daß meine jungen Töchter
Mich gleich Schwestern jetzt umgeben.
Eh'bruch nicht, noch Zeitenwandel
Haben dies Geschehn ergeben!
Sammelt meine Teile alle
Aus erstrahlenden Geweben,
Aus der Luft und aus dem Feuer,
Aus dem frischen Quell daneben!
Sät sie sorglich in die Erde,

Die noch staubig ist und eben,
Und befeuchtet sie, o Freunde,
Laßt die Becher kreisend schweben!
Laßt die Dienerinnen gießen,
Brunnen drehend Wasser heben!
Seht, nach sieben Tagen wird sich
Draus ein edler Strauch erheben!

✳

SCHIBLI berichtet:

Ich ging zu Halladsch, als seine Hände und Füße bereits abgeschnitten waren und er auf einem Baumstumpf gekreuzigt war, und sagte zu ihm: »Was ist Mystik?« Er sprach: »Ihre niedrigste Stufe ist, was du hier siehst.« Ich sagte: » Und was ist die höchste?«Er sagte: »Du hast keinen Zugang dazu. Aber morgen wirst du es sehen. Denn es ist im Verborgenen, was ich gesehen habe, und so ist es dir verborgen.« Und als es Zeit zum Abendgebet war, kam die Erlaubnis vom Kalifen, ihm den Kopf abzuschlagen. Da sagte der Wächter: »Es ist schon Abend, wir wollen es bis morgen verschieben.«

Und als der nächste Morgen kam, wurde er vom Holz genommen und vorangeführt, damit man ihm den Kopf abschlüge. Da sprach er mit lauter Stimme: »Der Anteil des in Ekstase Versunkenen ist, daß der Eine ihn zur Einheit zurückführt.« Dann rezitierte er den Koranvers: »Herbei wünschen [die Stunde des Gerichtes] diejenigen, die nicht an sie glauben; die aber, welche an sie glauben, wissen, daß es die Wahrheit ist.« (Sura 42/18).

Und man sagt, dies sei das Letzte gewesen, was man von ihm gehört habe.

Rabiʿa al-ʿAdawiyya

Man sagte zu ihr: »Woher bist du gekommen?« Sie sprach: »Von jener Welt.« Man sagte: »Und wohin willst du gehen?« Sie sagte: »In jene Welt.« Man fragte: »Was tust du in dieser Welt?« Sie sagte: »Ich bin voll von Bedauern.« Sie sagten: »Wieso?« Sie sprach: »Ich esse das Brot dieser Welt und tue das Werk jener Welt.« Man sagte: »Du bist süßredend, du wärest eines Festungsbauers würdig.« Sie sprach: »Ich selbst bin Festungsbauer; was immer in mir ist, lasse ich nicht heraus, und was immer außerhalb von mir ist, lasse ich nicht hinein. Wenn jemand kommt und geht, hat er nichts mit mir zu tun. Ich hüte mein Herz *(dil)*, nicht den Lehm *(gil)*.« Sie sagten: »Liebst du den Allerhöchsten?« Sie sagte: »Ja.« Sie fragten: »Hassest du den Teufel?« Sie sagte: »Nein.« »Warum?« Sie sprach: »Weil ich den Erbarmer so sehr liebe, bin ich dem Teufel nicht gram, denn ich habe den Gesandten Gottes im Traume gesehen, der mich fragte: ›Rabiʿa, liebst du mich?‹ Ich sagte: ›O Gesandter Gottes, wen gäbe es, der dich nicht liebt; aber die Gottesliebe hat mich so völlig ergriffen, daß kein Raum für Freundschaft oder Feindschaft mit irgendeinem anderen geblieben ist.‹ Sie sprachen: »Was ist Liebe?« »Liebe ist aus der Urewigkeit gekommen und geht in die Ewigkeit, und in den achtzigtausend Welten ist keiner, der einen Schluck von ihr trinkt und nicht zuletzt zu Gott geht, und daher kommt das Wort ›Er liebt sie und sie lieben Ihn‹ (Sura 5/59).« Sie fragten: »Siehst du Ihn, den du anbetest?« Sie sagte: »Sähe ich Ihn nicht, so würde ich Ihn nicht anbeten.«

✳

Man sah sie in den Straßen von Basra, mit einem Eimer in der einen Hand und einer Fackel in der anderen. Gefragt, was das bedeute, antwortete sie: »Ich will Wasser in die

Hölle gießen und Feuer ans Paradies legen, damit diese beiden Schleier verschwinden und niemand mehr Gott aus Furcht vor der Hölle oder in Hoffnung aufs Paradies anbete, sondern nur noch um Seiner ewigen Schönheit willen.«

Muhyi'uddin Ibn 'Arabi

ICH SPRACH zu jeder Gurrenden auf Zweigen
    im Dickicht mit verzweigten Klageweisen:
Sie weint um den Gefährten ohne Tränen,
    doch strömen mir vom Lid der Trauer Zähren –
Ich sprach zu ihr, nachdem die Augenlider
    mit reichen Tränen meine Lage zeigten:
»Weißt etwas du von denen, die ich liebe –
    Ob sie im Zweiges-Schatten mittags ruhten?«

KOMMENTAR: Er sagt: Ich unterhalte mich mit jeder geistigen Feinsubstanz, die in einer vermittelnden Gestalt auf einem feststehenden Zweig in einem der Gärten der göttlichen Erkenntnisse erscheint, in einer Weise, die auf den Sehnsuchtsschmerz wegen des Verrinnens der Zeit hindeutet, wo solche wie ich etwas erreicht haben.

»Und sie weint«: Das Weinen der Geister ist ohne Tränen, und mein Weinen mit Tränen geschieht wegen dieser körperlichen Form, welche mich bildet; und ich hatte gleich ihr ohne Tränen geweint, weil ich infolge des geistigen Zustandes auf der gleichen Wirklichkeitsstufe wie sie war, und dem fügte ich noch das natürliche Weinen zu, zu dem sie keine Veranlagung hat; so war meine Ekstase aus diesem Grunde doppelt so groß wie die ihre, und ich übertraf sie darin. Es ist, als rede er die von der Welt der Natur getrennten Geister an, nachdem sie mit dieser verbunden wurden, und die in unserer Zeit nichts erreichten, weil sie damit beschäftigt waren, ihre Begierden zu erlangen.

Ich sage zu ihr mit und durch dieses mein Weinen, welches ausdrückt, was ich ertrage: »Weißt du etwas von denen, die ich liebe, weil du auf dem Standort der Enthüllung bist, da du dich von der Welt der Finsternis getrennt hast und ich in ihr bis zum vorbestimmten Ende gefangen bin? Und erscheinen sie in den Schatten dieser natürlichen Organismen, so daß ich sie dort suchen kann? Denn Gott spricht: »Und ihre Schatten am Morgen und am Abend« (Sura 13/16). Ich künde von ihnen mit Prostration, denn die Prostration geschieht nur bei der Schau und der unmittelbaren Erkenntnis, sonst nicht – vor allem, da einer von [den Sufis] sagte: »Ich bin die absolute Wahrheit«, und die Göttliche Wahrheit – Erhaben ist Sie – sagte: »Und durch Mich hört er und durch Mich sieht er.« So informiere mich denn, ob die Sache so ist, wie ich dich befragt habe, so daß ich sehe, wie ich den Schleier von meinem Auge hebe und sehend bezeuge, was in meinem Sein ist!

✳

MEIN HERZ ward fähig, jede Form zu tragen:
Gazellenweide, Kloster wohlgelehrt,
Ein Götzentempel, Kaaba eines Pilgers,
Der Tora Tafeln, der Koran geehrt:
Ich folg' der Religion der Liebe, wo auch
Ihr Reittier zieht, hab' ich mich hingekehrt!

✳

DU BIST frei von dem, an dem du verzweifelst,
und versklavst durch das, was du begehrst.

'Abdur Rahman Dschami

WENN DER Mensch auch infolge seiner Körperlichkeit
von äußerster Grobstofflichkeit ist, so ist er doch auf
Grund seiner Geistigkeit von höchster Feinheit. Wohin er
sich richte, er erhält dessen Wirkung; wohin er sich
wende, er empfängt dessen Farbe. Deshalb haben die Weisen gesagt: Wenn die intelligente Seele mit Bildern entsprechend der Realität erleuchtet wird und mit den ge-
treuen Wirkungen dieser Realität sich selbst verwirklicht,
»dann wird sie, als sei sie die Ganze Existenz.«

Gleicherweise sind die gewöhnlichen Menschen, ver-
mittels ihrer außerordentlich starken Anhaftung an diese
körperliche Form, so geworden, daß sie sich selbst von
ihr nicht unterscheiden und keine Differenz sehen. Und
Maulana [Rumi] – Gott heilige seine Seele! – hat im *Mathnawi* gesagt:

O Bruder, du bist Denken nur –
Sonst bist du Nerv und Knochen nur.
Denkst Rosen du, wirst du ein Garten,
Denkst Dorn du: sieh den Ofen warten.

Es ist also nötig, daß du strebest und vor deinem eigenen
Blick verborgen lebest, daß du dich zur Essenz wendend
kräftigst und mit der Wirklichkeit beschäftigst.

Denn die Grade der Kreaturen sind alles Orte, da Seine
Schönheit aufscheint, und die Rangstufen der Geschöpfe
sind alle Spiegel Seiner Vollkommenheit. Und in dieser
Art mußt du so lange fortfahren, bis Er sich mit deiner

Seele verbindet und dein Sein aus deinem Blicke ent-
schwindet, so daß, wenn du dich dir selbst zuwendest, du
Ihm zugewandt bist, und wenn du von dir selbst sprichst,
du von Ihm gesprochen hast und das Beschränkte das Absolute wird. »Ich bin die absolute Wahrheit« ist »Er ist die
absolute Wahrheit.«

Dara Schikoh

Zur Zeit, wenn der Mensch das Leben aufgibt, das ist die
Zeit der Wachheit; in dieser Zeit sollte es keine Bewußtlosigkeit geben. – Kann man zu dieser Zeit Wachheit an-
nehmen? –

Wenn es in dieser Zeit Bewußtlosigkeit gäbe, würde
[der Sterbende] nicht mit Händen und Füßen zittern. Es
wäre ruhiger Schlaf; aber in der Zeit, da man das Leben
verläßt, gibt es keine Ruhe, sondern im ganzen Körper
herrscht Schmerz. So wie der Polizeichef, der einen Dieb
vor den Distriktskommandanten bringt, und der Dieb
weiß, daß er gehängt oder sonstwie bestraft werden wird:
Aus Furcht davor wendet sich sein Herz nicht zu seiner
Familie, seinen Eltern und Kindern und anderen, und er
denkt auch nicht mehr an sich selbst – er richtet Auge und
Herz auf den Polizisten und den Kommandanten [und
denkt:] »Was werden sie mit mir machen?« So ist er in dieser Hinsicht wach und informiert und auf der anderen
Seite bewußtlos. Daraus kann man erkennen, daß in dieser Zeit eine Wachheit besteht, die man »Schlaf der Wachheit« nennt.

– Was ist der Unterschied bei dem, der »angelangt«
(wāṣil) ist? –

Der Unterschied bei dem, der angelangt ist, ist die Existenz [die er aufgegeben hat].

– Wie erkennt man das? –

Da, wo der ist, der angelangt ist, da ist das Herz angelangt; doch der Leib ist nicht dort angelangt. So ist also die [körperliche] Existenz der Unterschied zwischen dem, der angelangt ist und dem, der nicht angelangt ist.

– Wie ist denn dieser Unterschied? –

Die Existenz dessen, der angelangt ist, gleicht einem Spiegel. – Der ist von einer Seite hell und von der anderen Seite blind? –

Ja, von der Seite, wo er hell ist, ist sein Herz Gott zugewandt; und wo die blinde Seite ist, da ist der Körper. Sozusagen ist der Leib dessen, der nicht angelangt ist und der sich auf die Welt stützt, wie ein Hindu, der auf beiden Seiten schwarz ist. Also besteht ein völliger Unterschied zu dem, der angelangt ist und nichts weiß von dieser Welt noch von der Religion. So ist ein großer Unterschied zwischen dem, der angelangt ist und dem, der nicht angelangt ist.

＊

Je leichter das Gepäck des Wandrers sei,
Je mehr ist auf dem Weg er sorgenfrei.
Ein Wandrer bist in dieser Welt auch du –
Erkenne dies, und nüchtern bind' den Schuh.
Je mehr Vermögen, sind die Sorgen schwer;
Der faltenreiche Turban drückt dich mehr.
Wirf aus dem Kopf die Selbstsucht, die du hast;
Gleich falschem Sinn ist's eine schwere Last.
Sei frei in dieser Welt im ganzen Leben –
Hör diesen Rat, den Qadiri gegeben!

Abu Hamid al Ghasali

Wisse: Der Mensch ist nicht zum Scherz und für nichts erschaffen, sondern hoch ist sein Wert und groß seine Würde. Wohl ist er nicht von Ewigkeit her, aber für die Ewigkeit ist er bestimmt; wohl ist sein Leib irdisch und von der niederen Welt, doch sein Geist ist aus der oberen Welt und göttlich; die Substanz seines Wesens ist wohl anfangs getrübt und vermischt mit den Eigenschaften des Viehs, der Raubtiere und der Teufel; doch in dem Tiegel des heiligen Kampfes wird sie frei von aller Trübung und Unreinigkeit und würdig des Wohnens in der Nähe der Gottheit. Von der tiefsten Tiefe bis zur höchsten Höhe liegt alles Niedrige und alles Hohe im Bereich seines Tuns. Die tiefste Tiefe erreicht er, wenn er auf den Stand des Viehs, der Raubtiere und der Teufel herabsinkt und zum Sklaven der Begierde und des Zornmutes wird; zu seiner höchsten Höhe aber erhebt er sich, wenn er den Stand der Engel erreicht, so daß er Befreiung findet von Zornmut und Begierde, und diese beiden seine Sklaven werden, er aber ihr König wird. Erlangt er dies Königtum, so wird er würdig, Gottes Diener zu sein; diese Würdigkeit aber ist die Eigenschaft der Engel und die Stufe höchster Vollendung für den Menschen. Und ward ihm einmal die Lust der vertrauten Nähe der Schönheit Gottes zuteil, dann kann er keine Stunde mehr von dem Anschauen dieser Schönheit lassen; sie anzublicken wird sein Paradies, und das Paradies der Lust der Augen, des Bauches und der Zeugungsglieder wird ihm dann verächtlich scheinen.

Da aber die Substanz des Menschen zu Anfang ihrer Erschaffung unvollkommen und unedel ist, kann sie aus dieser Unvollkommenheit zur Vollkommenheit nicht anders geführt werden denn durch heiligen Kampf und heilende Behandlung. Doch wie jenes Elixier, das dem Kupfer und dem Messing die Lauterkeit und Klarheit reinen Goldes verleiht, gar schwer zu finden und nicht jedermann bekannt ist, so ist auch dies Elixier, das die Substanz des Menschen aus tierischer Niedrigkeit zu englischer Lauterkeit und Köstlichkeit erheben soll, damit er dadurch die ewige Glückseligkeit erlange, gar schwierig zu finden und wird nicht von jedermann gekannt.

Der Zweck des Elixiers ist, daß der Mensch von allem, was nicht taugt – das sind die Eigenschaften der Unvollkommenheit – gereinigt und befreit werde, und daß er mit allem, was not tut – das sind die Eigenschaften der Vollkommenheit – geschmückt und geziert werde. Die Hauptsache aber an diesem Elixier ist dies, daß man sich von der Welt ab- und Gott allein zuwende, so wie es Gott zuerst seinen Gesandten gelehrt hat, da er spricht: »Gedenke des Namens deines Herrn und weihe dich ihm in vollkommener Weihung.« »In vollkommener Weihung«, das bedeutet, daß er sich von allen Dingen losmachen und sich ganz ihm ergeben soll. Dies ist die Summe und Zusammenfassung dessen, was dies Elixier bedeutet, die Erklärung im einzelnen aber ist gar lang. Den Eingang bildet die Erkenntnis von vier Dingen, dann kommen vier Pfeiler des Handelns, deren jeder zehn Hauptstücke umfaßt.

Der erste Eingang ist, *daß man sich selbst erkenne*, der zweite, *daß man Gott erkenne*, der dritte, *daß man die diesseitige Welt erkenne*, der vierte, *daß man die jenseitige Welt erkenne*. Diese vier Erkenntnisse sind die Eingänge der Erkenntnis des Islam; die Pfeiler aber, das Handeln des Islam, sind vier an Zahl, zwei davon beziehen sich auf die äußeren und zwei auf die inneren Dinge.

Die beiden, die sich auf die äußeren Dinge beziehen, sind: 1. Die Übung des Gehorsams gegen Gott, das heißt *der Gottesdienst*, und 2. das Bewahren der Zucht und Sitte im Tun und Lassen und in der Lebensführung, das heißt *das tätige Leben*. Die beiden, die sich auf die inneren

Dinge beziehen, sind: 1. Das Reinigen des Herzens von allen bösen Charaktereigenschaften, wie Zorn, Geiz, Neid, Hochmut und Eitelkeit, welche die *ins Verderben stürzenden Dinge* heißen und die gefährlichen Engpässe des Weges der Religion, und 2. das Schmücken des Herzens mit guten Charaktereigenschaften, wie Geduld, Dankbarkeit, Liebe, Hoffnung, Gottvertrauen, welche die *rettenden Dinge* heißen.

Wisse: Die Liebe zu Gott ist die höchste der Stationen, ja das eigentliche Endziel aller Stationen, denn der Zweck alles dessen, was zu dem Viertel der *verderbenbringenden Dinge* gehört, ist ja nichts anderes als die Reinigung von allem, was von der Liebe zu Gott abzieht, und die *rettenden Dinge*, von denen wir geredet haben, wie die Buße, die Geduld, die Weltflucht, die Furcht und die anderen, sind nur Vorstufen zu ihr, und das, was darauf folgt, wie die Sehnsucht und die Ergebung, sind ihre Frucht und Folge. Die höchste Vollkommenheit, die der Mensch erreichen kann, ist die, daß die Liebe zu Gott sein Herz so erfüllt, daß sie alles andere aufhebt, und wenn das nicht möglich ist, sie doch die Liebe zu allen anderen Dingen überwiegt. Die Erkenntnis des Wesens der Liebe ist aber so schwierig, daß manche Dogmatiker sie ganz geleugnet und gesagt haben, daß man ein Wesen, das nicht von der gleichen Art sei wie wir selbst, überhaupt nicht lieben könne, und daß daher die Liebe zu Gott nichts anderes als Gehorsam gegen ihn bedeute. Wer aber dies glaubt, der weiß nichts vom Wesen der Religion.

Maulana Dschelaluddin Rumi

In dieser Welt ist jeder mit irgendetwas beschäftigt. Einer ist mit der Liebe zu Frauen beschäftigt, einer mit seinem Reichtum, einer mit Besitzerwerb, einer mit Wissenschaft. Jeder glaubt, daß seine Sorge, seine Freude, sein Vergnügen und seine Ruhe aus dieser Beschäftigung bestehe. Aber das, worin seine Ruhe liegt, das ist die göttliche Gnade. Wenn er zu jenem Werk geht und sein Ziel sucht, findet er es nicht; so kehrt er zurück, und wenn er ein bißchen verweilt hat, sagt er: »Jener Genuß und jene Gnade muß doch gesucht werden! Vielleicht habe ich nicht richtig gesucht. Ich will wieder suchen.« Wenn er wieder sucht, findet er sie immer noch nicht – bis zu der Zeit, da die Gnade Gottes ihr Antlitz ohne Schleier zeigt. Dann weiß er, daß jenes nicht der rechte Weg war.

✳

Gleichheit ist dasselbe, Vergleich ist etwas Ähnliches. Dort wo ich rede, ist nicht Kamel noch Hammel, nicht Gleiches noch Vergleich. Obgleich der Verstand dies durch Anstrengung nicht begreifen kann – aber wie sollte der Verstand von seinen Bemühungen ablassen? Wenn er die Bemühung aufgäbe, wäre er nicht mehr Verstand. Verstand ist das, was immer, Tag und Nacht, ruhlos und rastlos ist, denkend und sich anstrengend und versuchend, Gott zu begreifen, selbst wenn Gott unerfaßbar und unbegreiflich ist, d.h. außerhalb unserer Denkweite liegt. Verstand ist wie ein Falter, und der Geliebte wie eine Kerze. Wenn immer sich der Falter auf die Kerze stürzt und verbrennt und zerstört wird, ist der richtige Falter doch so, daß er, so sehr er auch von der Qual des Verbrennens und vom Schmerz leidet, es doch nicht ohne die Kerze aushalten kann. Gäbe es irgendein Tier wie den Falter, das es ohne das Licht der Kerze aushalten könnte und sich nicht in dieses Licht stürzte, so wäre das kein richtiger Falter; und falls der Falter sich ins Kerzenlicht stürzte und die Kerze ihn nicht verbrennte, so wäre das keine richtige Kerze.

Deshalb ist der Mensch, der es ohne Gott aushalten kann und keinerlei Anstrengungen macht, überhaupt kein richtiger Mensch; aber falls er Gott begreifen könnte, wäre das nicht Gott. Deswegen ist der wahre Mensch einer, der niemals von Bemühung frei ist, der ruhelos und unaufhörlich um das Licht der Majestät und Schönheit Gottes kreist. Und Gott ist es, der den Menschen verbrennt und ihn zunichte werden läßt, und kein Verstand kann Ihn erfassen.

Es gibt Gaben und es gibt Wissen. Mancher hat Gaben, aber kein Wissen; andere haben Wissen, aber keine Gaben. Aber wenn beide vorhanden sind, wird er außerordentlich erfolgreich. Wie mancher hat Wissen, aber keine Schau, und wie mancher Einsicht, aber kein Wissen! Jemand, der beides hat, ist wahrhaft unvergleichlich. Zum Beispiel: Jemand geht nachts den Weg entlang; aber er weiß nicht, ob es der Weg ist oder ein Abweg. Er geht blindlings – vielleicht wird ein Hahn krähen oder irgend ein Zeichen bewohnter Gegend erscheinen. Wo ist er, verglichen mit dem, der den Weg kennt und geht und nicht Zeichen noch Wegweiser braucht! Er hat sein Unternehmen vollbracht. Wissen und Überlegung ist alles, es ist die Essenz der Gewißheit (Oder: gewisse Schau), und Gaben sind gewisses Wissen. Wissen ohne Schau ist mangelhaft.

Es gibt viele Menschen, deren Herz voll von solchen Worten ist, nur können sie sie nicht in Ausdrücke und Worte fassen, obgleich sie Liebende sind und es versuchen, und sich danach sehnen. Das ist nicht sonderbar, und es ist kein Hindernis für die Liebe; im Gegenteil, die Wurzel ist das Herz und Liebesflehen und Liebe. Ein Kind ist verliebt in die Milch und bekommt Hilfe und Stärkung von ihr; trotzdem kann es die Milch nicht beschreiben oder definieren oder seine Liebe ausdrücken, indem es sagt: »Was für ein Vergnügen ist das, diese Milch zu trinken, und wie schwach und elend werde ich, wenn ich sie nicht trinke!«, obgleich seine Seele die Milch ersehnt und heiß liebt. Der Erwachsene aber mag Milch auf tausenderlei Art beschreiben und erklären, aber er hat kein Vergnügen und keinen Genuß von der Milch.

Jemand ist ans Meer gekommen und sieht nichts als Salzwasser, Krokodile und Fische und sagt: »Wo ist denn jene Perle? Vielleicht gibt's gar keine Perle!« Wie könnte man die Perle finden, nur indem man aufs Meer blickt? Selbst wenn er hunderttausendmal das Meer Tasse um Tasse ausschöpft, wird er die Perle nicht finden. Man braucht einen Taucher, um die Perle zu entdecken, und dann nicht jeden Taucher, sondern einen geschickten und glücklichen, damit er die Perle in die Hand bekommt.

> Sei du ein Taucher, wenn du eine Perle brauchst,
> Ein Taucher ist es, der gar manche Künste braucht:
> Das Seil in Freundes Hand, die Seele auf der Hand,
> Nicht atmen, und den Kopf zum Fuß zu machen braucht!

Diese Wissenschaften und Künste sind, als schöpfe man den Ozean mit einer Tasse aus. Der Weg, die Perle zu finden, ist anderer Art. Manchen gibt es, der mit allen Kunstfertigkeiten geziert, reich und schön ist, doch hat er diese geistige Qualität nicht in sich. Manchen gibt es, der äußerlich ein Wrack ist, weder gut aussieht noch elegant spricht oder beredt ist; doch in ihm ist diese geistige Qualität, die ewig bestehend ist. Das ist es, wodurch der Mensch veredelt und geehrt wird, und dadurch ist er allen Geschöpfen überlegen. Leoparden und Löwen und die übrigen Geschöpfe haben ihre Fähigkeiten und Eigenschaften, aber die geistige Qualität, die überleben wird, haben sie nicht. Wenn jemand diese geistige Qualität findet, hat er seine echte Vorzüglichkeit erlangt, sonst bleibt er ohne Anteil an dieser ihm besonders eigenen Vorzüglichkeit. All diese Künste und Zierden sind, als ob man Juwelen auf die Rückseite eines Spiegels setze. Auf dem Gesicht des Spiegels sind keine. Das Gesicht des Spiegels muß klar sein. Wer ein häßliches Gesicht hat, begehrt die Rückseite des Spiegels, denn das Gesicht des Spiegels ist ein Verräter. Wer ein hübsches Gesicht hat, sucht das Gesicht des Spiegels von ganzem Herzen; denn das Gesicht des Spiegels ist der Erscheinungsort seiner Schönheit.

Ein Freund kam zu Joseph von Ägypten von der Reise. Joseph fragte: »Was für ein Geschenk hast du mir mitgebracht?« Er antwortete: »Was gibt es, das du nicht besäßest und dessen du bedürftest? Doch da es nichts Schöneres gibt als dich, habe ich einen Spiegel gebracht, damit du jeden Augenblick dein Gesicht betrachten kannst.«

Was gibt es, das Gott der Erhabene nicht besitzt und dessen Er bedürfte? Vor Gott muß man ein Herz, leuchtend und spiegelklar, bringen, damit Er Sein eigenes schönes Gesicht darin sehen kann.

＊

Alles was zur Welt der Phantasie gehört, ist ein Schleier der Dunkelheit, und alles, was zur Welt der Realitäten gehört, sind Lichtschleier. Alles, was dem Ekstatiker geschieht, ist zuerst Phantasie und wird am Ende Vereinigung.

＊

Die üblen Charakteristika und das Übel der Triebseele sind Schleier und Vorhänge über einem geheimen Element. Je verehrungswerter und edler dieses Element ist, desto stärker sind seine Schleier. So sind Niedrigkeit und Böses und schlechter Charakter die Ursache für den Schleier über diesem Element. Diese Schleier können nur mit viel Anstrengung aufgehoben werden.

Diese Bestrebungen sind verschiedener Art. Die größte ist, mit Heiligen zusammenzukommen, die ihr Gesicht Gott zugewandt und sich von dieser Welt abgewandt haben. Denn für die Triebseele gibt es keine schwierigere Bemühung als mit rechtschaffenen, gesetzestreuen Freunden zusammenzusitzen; denn schon ihr Anblick bewirkt das Zerschmelzen und die Vernichtung der Triebseele. Deswegen hat man gesagt, daß, wenn eine Schlange vierzig Jahre lang keinen Menschen sieht, sie zum Drachen wird, d.h. weil sie niemanden sieht, der die Ursache zur Auslöschung ihres Bösen und ihrer unglückseligen Eigenschaften ist. Wo Menschen ein größeres Schloß vorgelegt haben, weist das darauf hin, daß dort etwas Kostbares und Wertvolles liegt, so wie die Schlange auf dem Schatz sitzt. Betrachte du nicht die Häßlichkeit der Schlange, die ein Schleier ist, sondern betrachte die Schönheit des Schatzes! –

Meine Liebste sprach: Wodurch ist der lebendig?

Der Unterschied zwischen Vögeln mit ihren Schwingen und den Schwingen des hohen Strebens der Verständigen ist, daß die Vögel mit ihren Flügeln in irgendeine Richtung fliegen, während die Verständigen auf den Flügeln ihres Strebens von den Richtungen fortfliegen.

OMAR CHAJJAM

Die Rubaijat – sprituell gedeutet von Paramahansa Yogananda

1. RUBAI

Erwacht! denn der Morgen im Gefäß der Nacht
Schleuderte den Stein, der die Sterne in die Flucht
 schlägt.
Und seht! Der Jäger des Ostens umfing des Sultans
 Turm
Mit einer Schlinge von Licht.

Paraphrase

So sang die innere Stille: »Entsagt dem Schlaf der Unwissenheit: Erwacht! Denn das Erwachen der Weisheit
schleuderte in das dunkle Gefäß eurer Unwissenheit den
Stein der spirituellen Übung – jene Waffe der göttlichen
Kraft, welche das Gefäß zerbrechen und die verblassen-
den Sterne irdischer Begierden in die Flucht schlagen
kann.

Und seht! Die Weisheit – ›der Jäger des Ostens‹ – warf
eine Schlinge von Licht um das königliche Minarett eures
eigensinnigen Stolzes: Weisheit, die euch endlich befreien
soll aus der langen Nacht eurer spirituellen Unwissenheit.«

Erweiterte Deutung

Entsagt der Illusion! Nehmt es auf in euer Innerstes, das
ruhige Licht der Weisheit.

Hört! Eure Seele fordert euch auf, ein neues Abenteuer
zu umarmen. So, wie die Sonne von Osten nach Westen
über den Himmel zieht, so bewegt sich das Licht von
Zivilisation und Wissen über die Erde. Von Osten her er-

tönt der Ruf der Weisheit: Erwacht, ihr alle, die ihr schlaft in Unwissenheit.

Was hat der Stolz euch eingetragen außer Schwermut und Schmerz? Dunkle Errungenschaften der seelischen Unwissenheit. Vertreibt die Finsternis auf ewig. Ruhet fortan im Licht des inneren Friedens.

72. RUBAI

Ach, daß der Frühling mit den Rosen vergehen sollte!
Daß der Jugend duftend Buch sich schließen sollt!
Die Nachtigall, die in den Zweigen sang,
Ach, woher und wohin sie wieder flog, wer weiß!

Paraphrase
Jemandem, der in äußeres Bewußtsein verstrickt ist, scheint es erschütternd, daß ein junger Schüler seine frisch erblühenden Talente und Sinnenfreuden aufgeben soll. Warum (fragt er) sollte jemand gerade in der Blüte seiner Jugend die rosigen Träume und Ambitionen aufgeben, die so verführerisch auf die lebendigen Seiten seines Gehirns geschrieben sind, um über den Horizont hinaus, unbekannten Ufern entgegenzusegeln?

Der wahre Ergebene jedoch sieht in jenen Träumen und Ambitionen nichts als einen Dämonentanz der Versuchungen, der täglich im Tempelgarten des Geistes aufgeführt wird. Er, der sich entschlossen von dieser lärmenden Pantomime abwendet, erkennt, daß eine andere, inspirierendere Unterhaltung seiner harrt. Die kosmische Nachtigall löst sich aus der Dunkelheit des Unbekannten, läßt sich auf den Zweigen seiner inneren Wahrnehmung nieder und singt zu seiner Unterhaltung Lieder von ewiger Weisheit. Der Ergebene weiß, daß die Weisheit, die mit ihrem fließenden Gesang die Alleen seines Bewußtseins erfüllt, von den weiten, unbewölkten Himmeln der

Allwissenheit herabgeflogen kam. Auch weiß er, daß sich die Wahrnehmung der Weisheit in seiner Seele mit der Zeit erweitern wird, um die Allgegenwart zu umarmen.

Er weiß – weil er *weiß*!

Erweiterte Deutung

Unverständige Menschen mögen jene bemitleiden, die die normalen, menschlichen Begierden aufgeben und sich von weltlichen Ambitionen abwenden. Jene Ziele zu verschmähen bedeutet jedoch nur, in eine größere Zukunft zu investieren. Die himmlische Nachtigall besucht uns in der Meditation und betört unsere Seelen mit melodischen Gesängen von kosmischer Weisheit. Ihre fließenden Noten füllen die Nervenkanäle in unserem Gehirn. Endlich – höchste Erfüllung! – dehnt sich unser Bewußtsein mit dem kosmischen Klang in die Allgegenwart des Geistes aus.

Gott zu suchen verlangt einen kühnen Abenteuergeist. Jeder, der statt dessen furchtsam an trivialen weltlichen Vorteilen und schwach leuchtenden irdischen Freuden festhält, ist kurzsichtig und feige. Sei tapfer! Fürchte nicht, deine letzte Münze zu investieren, wenn du die sagenhaften Schätze der Seele entdecken willst.

Der Erfolg gehört jenem, der seinen gesamten Mut aufbietet, um alles, was er ist, in die göttliche Expedition einzubringen. Auch im Geschäftsleben machen jene den Profit, die bereit sind, ihre Zeit, ihr Geld und ihre Energie in lohnende Unternehmungen zu investieren. Bedeutsame Errungenschaften werden im Leben nur von jenen Menschen erreicht, die willentlich auf allgemeine Zustimmung verzichten, um Ziele zu erreichen, von denen ihr Herz ihnen sagt, daß sie richtig und wahr sind.

SUFISMUS –
DIE MYSTIK DES ISLAM

Was ist Sufismus?

Sufismus, einer Definition nach, *ist* das menschliche Leben. Okkulte und metaphysische Kräfte sind weitgehend nebensächlich, wenn sie auch in dem Prozeß, und manchmal auch für den persönlichen Wunsch nach Anerkennung und Befriedigung eine Rolle spielen.

Es ist eine Grundregel, daß der von dem Streben nach persönlicher Macht, so wie sie gewöhnlich verstanden wird, motivierte Versuch, ein Sufi zu werden, nicht erfolgreich ist. Nur die Suche nach der Wahrheit zählt, nur die Sehnsucht nach Weisheit gilt als Motiv. Die Methode ist die der Angleichung, nicht des Studiums.

Versuchen wir uns durch Dinge ein Bild von den Sufis zu machen, die tatsächlich nur Ableitungen von Sufi-Techniken darstellen, dann wird vieles, was uns zunächst wichtig erscheinen mag, an Wichtigkeit verlieren, je weiter wir fortschreiten. Diese Technik ist leicht zu illustrieren. Ein Kind lernt lesen, indem es sich zuerst das Alphabet aneignet. Kann es erst Wörter lesen, dann behält es zwar die Kenntnis der Buchstaben, liest aber ganze Wörter. Würde es sich auf die Buchstaben konzentrieren, dann würde es jetzt ernsthaft durch etwas behindert, das in einem früheren Stadium von großem Nutzen war. Wörter und Buchstaben sollten nun in einer etwas ausgeglicheneren Perspektive gesehen werden. Das ist die Sufi-Methode.

Der Prozeß ist einfacher, als sich das hier anhört, allein schon deshalb, weil es oft leichter ist, eine Sache zu tun, als sie zu beschreiben.

Hier ein flüchtiger Einblick in einen Kreis *(halka)* von

Sufis. Der Kreis ist der Kern und das Zentrum des aktiven Sufismus. Eine Gruppe Suchender fühlt sich zu einem lehrenden Meister hingezogen und besucht seine Donnerstagabend-Versammlung. Zu Beginn der Veranstaltung geht es nicht so förmlich zu, da werden Fragen gestellt und Schüler empfangen.

Bei einer solchen Gelegenheit hatte ein Neuling unserem Lehrer, dem Agha, gerade die Frage gestellt, ob es einen fundamentalen Drang nach mystischer Erfahrung gebe, der allen Menschen gemein sei.

»Wir kennen ein Wort«, antwortete der Agha, »das die Antwort zusammenfaßt. Es beschreibt, was wir tun, und faßt unsere Art zu Denken zusammen. Durch dieses Wort wirst du den wahren Grund für unsere Existenz verstehen und auch, warum die Menschen im allgemeinen miteinander im Streit liegen. Das Wort ist *Anguruzuminabstafil*.« Und er erläuterte das Wort durch eine alte Sufi-Geschichte.

Vier Männer, ein Perser, ein Türke, ein Araber und ein Grieche standen auf einer Dorfstraße. Sie waren Reisegefährten, unterwegs zu einem fernen Ort. Gerade jetzt aber stritten sie sich, wie sie das einzige Geldstück, das sie noch besaßen, ausgeben sollten.

»Ich möchte *angur* kaufen«, sagte der Perser.

»Ich will *uzum*«, meinte der Türke.

»Nein, ich will *inab*«, sagte der Araber.

»Ach was!« sagte der Grieche, »wir sollen *stafil* kaufen.«

Ein anderer Reisender, ein Sprachexperte, der gerade vorüberkam, sprach sie an: »Gebt mir die Münze. Ich werde einen Weg finden, euer aller Wünsche zu befriedigen.«

Zuerst wollten sie ihm nicht trauen, aber schließlich gaben sie ihm die Münze. Er ging zum Stand eines Obsthändlers und kaufte vier kleine Büschel Weintrauben.

»Da ist ja mein *angur*«, sagte der Perser.

»Das ist doch genau das, was ich *uzum* nenne«, rief der Türke aus.

»Sie haben mir *inab* gebracht«, sagte der Araber.

»Ach was!« meinte der Grieche, »in meiner Sprache heißt das *stafil*.«

Die Männer teilten sich die Weintrauben, und jeder erkannte, daß der ganze Streit nur auf seinem Mißverstehen der Sprache der anderen beruhte.

»Die Reisenden«, sagte der Agha, »sind die gewöhnlichen Menschen dieser Welt. Der Sprachexperte ist der Sufi. Die Leute wissen, daß sie etwas wollen, denn sie verspüren einen inneren Drang. Sie mögen ihm verschiedene Namen geben und doch ist es das gleiche. Jene, die es Religion nennen, bezeichnen es mit verschiedenen Namen und haben sogar verschiedene Vorstellungen darüber, was Religion sein könnte. Jene, die es Ehrgeiz nennen, versuchen es auf andere Weise einzuordnen. Erst wenn der Sprachexperte auftaucht, jemand, der weiß, was sie wirklich meinen, können sie aufhören zu streiten und beginnen, ihre Trauben zu essen.«

Diese Reisenden, so fuhr der Agha fort, waren fortgeschrittener als die meisten Menschen. Sie hatten nämlich eine genaue Vorstellung von dem, was sie wollten; sie konnten diese nur nicht mitteilen. Es ist weitaus verbreiteter, daß ein Mensch sich in seinem Streben noch auf einer früheren Stufe befindet, als er selbst denkt. Er möchte etwas, aber er weiß noch nicht, was das ist – auch wenn er glauben mag, es zu wissen. Das Denkmodell der Sufis ist besonders in einer Welt der Massenkommunikationsmittel angebracht, wo alle Anstrengungen darauf gerichtet sind, den Leuten weis zu machen, daß sie dieses oder jenes möchten oder brauchen; daß sie an gewisse Dinge glauben und gewisse Dinge tun sollten – nämlich das, was ihre Manipulatoren von ihnen erwarten.

Die Sufis sprechen vom Wein, dem Produkt der Traube, und seiner geheimen Macht, ihnen zum ›Rausch‹ zu verhelfen. Die Traube sieht man als die Rohform des Weines. Trauben stehen also für die gewöhnliche Religion, während der Wein die wahre Essenz der Frucht ist. Die Reisenden sind also vier gewöhnliche Menschen mit verschiedenen Glaubensbekenntnissen. Der Sufi zeigt ihnen, daß der Grund ihrer Religionen in Wahrheit dasselbe ist. Er bietet ihnen jedoch keinen Wein an, jene Essenz, welche die innere Lehre ist, die darauf wartet, von der Mystik hervorgebracht und gebraucht zu werden, auf einer wesentlich entwickelteren Stufe als der bloßen organisierten Religion. Der Wein ist für ein späteres Stadium. Aber die Rolle des Sufi als eines Dieners der Menschheit erweist sich darin, daß er, der er sich auf einer höheren Ebene bewegt, den Anhängern der formalen Religion doch so weit als möglich hilft, indem er ihnen die fundamentale Identität als religiösen Glauben deutlich macht. Er hätte ihnen natürlich als nächstes die Vorzüge des Weins beschreiben können, aber was die Reisenden wollten, waren Trauben, und Trauben bekamen sie. Wenn das Gerangel über Lappalien aufhört, dann kann, so meinen die Sufis, die umfassendere Lehre übermittelt werden. Bis dahin hat er zumindest schon einmal eine Art Eingangslektion erteilt.

Der fundamentale Drang nach mystischer Erfahrung ist bei einem unverwandelten Menschen niemals klar genug, um als solcher erkannt zu werden.

Rumi spielt in seiner Version dieser Geschichte *(Mathnawi,* Buch II) auf die Schulungsmethode der Sufis an, wenn er sagt, daß alle Trauben, preßt man sie zusammen, *einen* Saft ergeben – den Wein des Sufismus.

Die Sufis gehen oft von einem nicht-religiösen Gesichtspunkt aus.* Die Antwort, so sagen sie, liegt im Bewußtsein der Menschheit. Es muß befreit werden, so daß durch Selbst-Erkenntnis die Intuition zum Führer auf dem Weg der Vervollkommnung wird. Der andere Weg, der der Ausbildung, unterdrückt die Intuition und bringt sie zum Schweigen. Nichtsufische Systeme machen ein konditioniertes Tier aus dem Menschen, während sie ihm gleichzeitig erzählen, er sei frei und schöpferisch, habe Denk- und Handlungsfreiheit. Der Sufi ist ein Mensch, der glaubt, daß er sich befreien kann, indem er abwechselnd Loslösung vom Leben und Identifikation mit dem Leben praktiziert. Er ist ein Mystiker, weil er glaubt, daß er mit dem Sinn allen Lebens in Einklang kommen kann. Er ist ein wirklichkeitsnaher Mensch, weil er glaubt, daß sich dieser Prozeß im Rahmen der normalen Gesellschaft abspielen muß. Und er muß der Menschheit dienen, weil er ein Teil von ihr ist.

Idries Shah

* »Wörter sind ungeeignet, religiöse Wahrheit zu beschreiben, außer in der Analogie.« (Hakim Sanai, *Der ummauerte Garten der Wahrheit.*)

✳

Elemente des Sufismus

Die sufischen Zehn Elemente geben einen Bezugsrahmen für das Streben des einzelnen, innerhalb dessen der Suchende die Fähigkeit erlangt, für Dimensionen wach oder aufgeschlossen zu sein, die außerhalb der gewohnten Erfahrungen liegen. Sie sind nach einer Aufstellung des El-Farisi:

1. Die Trennung des Vereinten.
2. Wahrnehmung des Hörens.
3. Kameradschaft und Verbrüderung.
4. Rechte Wahl.
5. Verzicht auf Vorlieben.

6. Rasche Erreichung eines gewissen Geisteszustands.
7. Gedankenschärfe, Selbstprüfung.
8. Reisen und Bewegung.
9. Verzicht auf Verdienst.
10. Abwesenheit von Habsucht und Geiz.

Die sufischen Übungen und die gesamte Schulung basieren auf diesen Zehn Elementen. Je nach den Anlagen des Schülers wird der Lehrer ihm ein Übungsprogramm zuteilen, welches ihm die Möglichkeit gibt, die in diesen Zehn Elementen zusammengefaßten Fähigkeiten zu üben. Diese Faktoren sind also die Grundlage für die Vorbereitung des Einzelnen auf eine Entwicklung, die er sonst kaum erkennen und aufrechterhalten, geschweige denn vollenden könnte.

*

Eines Tages tragen wir ein Gewand, das keine Taschen hat.

Arabisches Sprichwort

*

Ruhe und Weitsicht

Ein Esel und ein Kamel zogen einmal gemeinsam des Weges. Das Kamel schritt in ruhigen, weit ausgreifenden Schritten, während der Esel ungeduldig dahinwetzte und alle naslang stolperte. »Woher kommt es«, fragte schließlich der Esel seinen Weggefährten, »daß ich ständig in Schwierigkeiten gerate, auf die Nase falle und mir die Hufe aufschürfe, obwohl ich sorgsam auf den Boden schaue und acht gebe, wohin ich trete, während du deine Umgebung nie zu beachten scheinst, deine Augen starr auf den Horizont gerichtet hältst und dabei so schnell und doch, wie es scheint, ganz mühelos rennst?«

»Dein Problem ist«, erwiderte das Kamel, »daß deine Schritte zu kurz sind, und daß es, sobald du etwas erblickt hast, zu spät ist, um deine Schritte noch zu korrigieren., Du schaust ständig nach allen Seiten und bewertest nicht, was du siehst. Du glaubst, Hast sei Schnelligkeit; du bildest dir ein, du könntest durch Herumschauen sehen; du denkst, das Nahe zu betrachten sei soviel wie weit zu blicken. Du vermutest, ich hätte die Augen auf den Horizont gerichtet. In Wirklichkeit schaue ich lediglich geradeaus, um herauszufinden, was zu tun ist, wenn das Ferne näherkommt. Ich behalte auch im Kopf, was zuvor geschehen war, und muß mich nicht danach umdrehen und noch einmal stolpern. Auf diese Art wird das, was dir verblüffend oder schwierig erscheint, klar und einfach.«

✳

Die Wahrheit befreit niemanden

Es war einmal ein Mann, der sich verirrte und in das Land der Narren kam. Auf seinem Weg sah er Leute, die voller Schrecken von einem Feld flohen, wo sie Weizen ernten wollten. »Im Feld ist ein Ungeheuer«, erzählten sie ihm. Er blickte hinüber und sah, daß es eine Wassermelone war.

Er erbot sich, das ›Ungeheuer‹ zu töten, schnitt die Frucht von ihrem Stiel und machte sich sogleich daran, sie zu verspeisen. Jetzt bekamen die Leute vor ihm noch größere Angst, als sie vor der Melone gehabt hatten. Sie schrien: »Als Nächstes wird er uns töten, wenn wir ihn nicht schnellstens loswerden«, und jagten ihn mit ihren Heugabeln davon.

Wieder verirrte sich eines Tages ein Mann ins Land der Narren, und auch er begegnete Leuten, die sich vor einem vermeintlichen Ungeheuer fürchteten. Aber statt ihnen seine Hilfe anzubieten, stimmte er ihnen zu, daß es wohl sehr gefährlich sei, stahl sich vorsichtig mit ihnen von dannen und gewann so ihr Vertrauen. Er lebte lange Zeit bei ihnen, bis er sie schließlich Schritt für Schritt jene einfachen Tatsachen lehren konnte, die sie befähigten, nicht nur ihre Angst vor Wassermelonen zu verlieren, sondern sie sogar selbst anzubauen.

∗

Die Seele entwickeln

Befaßt man sich also mit den Schriften der Alten, die Fragen aufwarfen, Fragen, die sie aufrichtig und tief fühlten und die sehr einfach waren, dann kommt man zum Kern des Gedankens, daß der Mensch eine Seele hat. Lassen wir im Augenblick einmal die anderen Fragestellungen beiseite – beispielsweise, wo sie herkommt, mit den sich daran anschließenden Debatten über ihr Volumen; akzeptieren wir einfach die Prämisse, daß der Mensch eine Seele hat, als Tatsache. Läßt man den ganzen Wildwuchs an Kommentaren und dergleichen beiseite, wird man feststellen, daß viele der Autoritäten in verschiedenen Zeitaltern und in unterschiedlichen philosophischen Systemen und Religionen übereinstimmend die Meinung vertraten, daß es eine Seele gibt. Die Seele zu entwickeln – in Harmonie mit anderen Entwicklungen –, dies ist die Vorstellung, die einem jeden Glauben, einer Überzeugung als auch den damit verbundenen Aktivitäten und Anstrengungen zugrundeliegt.

[...] In der Tradition sind wir der Auffassung, daß die Seele eines Menschen immer wach ist. Das bedeutet mit anderen Worten, daß jemand, der keine Anstrengungen unternimmt, dennoch nützliche und wertvolle spirituelle Dinge aufnehmen kann. Daß er diese Dinge trotzdem aufnimmt, kann man eigentlich nicht vermeiden, aber für seine spirituelle Entwicklung ist es viel vorteilhafter, wenn man in einer Beziehung zu etwas steht, das einem hilft, seinen spirituellen Zustand zu nähren: Jemand, der sich eines spirituellen Bedürfnisses bewußt wird, muß nicht unbedingt exakt das Ausmaß seines spirituellen Bedürfnisses ermitteln. Das kann hilfreich sein, kann aber auch ein Hindernis sein. Denn wenn er sein spirituelles Bedürfnis als etwas diagnostiziert, das nicht so ohne weiteres befriedigt werden kann, dann wird man möglicherweise deprimiert oder enttäuscht oder an irgendeinem abwegigen Ort suchen, um dann festzustellen, daß dies noch nicht das war, was man braucht. Es läuft auf die alte Frage hinaus: Entscheidet man nach dem, was man braucht, oder nach dem, was man will? Dies können zwei völlig verschiedene Dinge sein.

Omar Ali-Shah

✳

Ob langsam oder schnell, an der Fähre trifft man sich wieder.

Arabisches Sprichwort

Wissen die Leute, wohin sie fahren? Haben sie das Geld für die Überfahrt und Proviant für die Reise? Oder haben sie sich nur darüber den Kopf zerbrochen, ob sie langsam oder schnell zur Anlegestelle gelangen?

Idries Shah

✳

Der Sand

Ein munter sprudelnder Bach erreichte die Wüste und fand, daß er sie nicht überqueren konnte; seine Wasser versickerten zu schnell in dem feinen Sand. Laut sagte er: »Es ist meine Bestimmung, diese Wüste zu überqueren, aber ich sehe nicht, wie.«

Dies ist die Situation des Schülers, der einen Meister

285

benötigt, aber keinem vertrauen kann; die bemitleidenswerte Situation des Menschen.

In der verhüllten Sprache der Natur antwortet die Wüste: »Der Wind geht über die Wüste hin, das ist auch Dein Weg.«

»Aber so oft ich es versuche, trocknet der Sand mich fort. Und selbst, wenn ich Anlauf nehme, schaffe ich nur ein kurzes Wegstück.«

»Der Wind stürmt nicht gegen den Sand der Wüste an.«

»Aber der Wind kann fliegen, und ich nicht.«

»Du denkst in die falsche Richtung. Erlaube dem Wind, Dich über den Sand zu tragen.«

»Aber wie soll das gehen?«

»Geh auf im Wind.«

Das gefiel dem Bach gar nicht. Er fürchtete, auf diese Weise seine Individualität zu verlieren.

Würde er denn dann überhaupt noch existieren?

Dies, sagte der Sand, sei eine Form der Logik, die mit der Realität nichts zu tun habe. »Der Wind nimmt die Feuchtigkeit auf, trägt sie über die Wüste und läßt sie dort zur Erde niederregnen. Und der Regen wird wieder ein Bach.«

»Aber woher weiß ich, daß das auch wahr ist?«

»Es ist so, und Du mußt es glauben, sonst wird der Sand Dich weiterhin aufsaugen, bis Du nach ein paar Millionen Jahren ein Sumpf wirst.«

»Aber wenn das so ist, werde ich derselbe sein wie jetzt... drüben?«

»Jedenfalls kannst Du nicht genauso bleiben, wie Du jetzt bist. Aber Du hast gar keine Wahl; das scheint Dir nur so. Der Wind wird von Dir nehmen, was ungreifbar ist, Dein Wesen. Wenn Du in den Bergen jenseits des Sandes wieder ein Bach wirst, mag wohl der Mensch Dich dort anders nennen, aber Du wirst wissen, daß Du im Innersten derselbe bist. Du magst dich heute als einen Bach dieser oder jener Art bezeichnen, doch weißt Du nicht, welcher Teil von Dir Dein Wesen ist.«

So erhob sich der Bach in die geöffneten Arme des Windes, der ihn langsam und behutsam aufnahm, über die Wüste trug und auf den Berggipfeln eines fernen Landes sanft und sicher wieder absetzte. »Jetzt«, sagte der Bach, »weiß ich wirklich, wer ich bin.«

Eine Frage aber beschäftigte ihn noch: »Warum konnte ich das nicht selbst herausfinden; warum hat der Sand es mir sagen müssen? Was wäre geschehen, wenn ich ihm nicht zugehört hätte?«

Wispernd kam die Antwort, es war die Stimme eines Sandkorns: »Nur der Sand weiß; er hat es sich ereignen sehen, und er erstreckt sich vom Fluß bis in die Berge. Er ist die Verbindung, und er erfüllt seine Aufgabe wie jedes Ding. Der Weg, den der Strom des Lebens auf seiner Reise nimmt, ist in den Sand geschrieben.«

*

Die Oliven

»[…] Ich habe gelernt, daß ich wirklich nichts weiß, und daß ich erst am Beginn meiner Reise stehe. Bis zu diesem Augenblick war alles nur Vorbereitung.«

»Alles ist immer nur Vorbereitung«, sagte er, »das ist keine Antwort. Jetzt sind wir dabei, uns auf die künftige Welt vorzubereiten, doch wann sie kommt, das liegt in Gottes Hand, nicht in unserer. Wir müssen stets in Bereitschaft sein. Bereitschaft ist die Kunst, wach zu bleiben. Wenn du wach bist, dann wirst du vielleicht eines Tages die wirkliche Welt erblicken können. Du kannst nicht erwarten, in diese Welt zu gelangen, wenn du wie ein Schlafwandler im Traum herumläufst. Fast die gesamte Menschheit schläft, doch sie weiß es nicht. Du wirst nicht erwachen, indem du Bücher liest, die dir sagen, daß du schläfst. Wahrscheinlich wirst du nicht einmal erwachen,

weil dir ein Lehrer sagt, daß du schläfst. Du kannst nur erwachen, wenn du erwachen *willst* und deshalb an dir ar-
beitest, all das unnütze Zeug loszuwerden, damit du auf
die Natur dessen stößt, wer und was du bist [...].

Worauf es ankommt, ist allein dies: zur Erkenntnis der
EINHEIT GOTTES gelangen; dann wird dir alles weitere geschenkt. Wenn du versuchst, Teile von Ihm zu finden, einzelne Aspekte der EINEN WIRKLICHKEIT, dann bist du von
den Bruchstücken gefesselt, und wo ist dann die Einheit?
Wenn du auf der Reise haltmachst, um die Blumen zu be-
wundern, dann vergißt du darüber vielleicht das Ziel deiner Suche und bleibst bei den Blumen stehen. Sicher, sie
sind wunderschön, aber was willst du wirklich? Prüfe
deine Motive stets sehr gründlich – sieh genau zu, was du
tust und warum du es tust. Suche unablässig nach deinem
wahren Wesen, aber suche nicht um deinetwillen! Verstehst du?«

[...] Ich erklärte Hamid meine Gedanken. Er schien erfreut und sagte mehrmals »Ah!«. Schließlich unterbrach
er mich und fragte: »Haben dir die Oliven geschmeckt?«

Wieder so eine Frage, auf die ich nicht gefaßt war! »Ja,
natürlich«, sagte ich verwirrt. »Ich habe dir doch gestern
abend gesagt, wie gut ich sie fand, und dich gebeten, mir
das Rezept zu verraten, damit ich mir selbst einmal welche zubereiten kann!«

»Aber du hast sie nicht wirklich genossen, wenn du sie
nicht verstanden hast. Hast du sie verstanden?«

Was sollte das nun wieder bedeuten – sie ›verstehen‹?
Es waren herrliche Oliven, gewiß, aber wie kann man eine
Olive ›verstehen‹? Ich überlegte verzweifelt, was ich antworten sollte, während Hamid mich ungerührt ansah und
seinen Kaffee schlürfte. Schließlich sagte er gereizt: »Du
bist doch nicht so blöde und denkst, daß ich nur von den
Oliven sprach, oder? Nach dieser ganzen Zeit und all-
dem, was ich dir gesagt habe, glaubst du da im Ernst, daß

ich meine Zeit damit vergeuden würde, bloß über Oliven zu reden? Manchmal verzweifle ich an dir. Hör zu, um Gottes willen! Du bist hier, um zu lernen, also geh und wasch dir die Ohren, und bleib wach! Jede Geschichte, die ich dir erzähle, ist auf mehreren Ebenen zu verstehen. Wenn es dir nur darum zu tun wäre, ein Rezept für gute Oliven zu hören, wäre das etwas anderes – aber du solltest imstande sein, darüber hinauszugehen. Außerdem hätte ich von der ganzen Sache gar nicht gesprochen, wenn ich nicht wüßte, daß du verstehen kannst. Jetzt hör genau zu.

Das Salz, in dem die Oliven eingemacht waren, sind deine Denkgewohnheiten. Es muß erst fortgewaschen werden, ehe man wirklich an die Arbeit gehen kann. Um das beste Ergebnis zu erzielen, mußt du die allerbesten Oliven aussuchen. Die Oliven mögen für die vielen Aspekte deiner selbst stehen; man könnte auch sagen, jede Olive ist eine Person, die möglicherweise für das WERK von Nutzen ist. Es heißt: ›Viele sind berufen, doch wenige sind auserwählt.‹ Der Krug, der in jeder erdenklichen Weise gereinigt werden muß, ist dein Körper oder auch der Raum, den du oder die Gruppe einnehmen. Wasser hat die Farbe des Gefäßes, in dem es sich befindet, und dieses Wasser soll so klar wie ein Gebirgsbach sein. Das ist der Grund, warum die rituelle Waschung so wichtig ist. Aber darüber haben wir ja schon einmal gesprochen.

Die Oliven sind äußerst empfindlich, wenn man sie vom Salz gesäubert hat, deshalb behandelt man sie sehr behutsam, sehr liebevoll und natürlich in wachem Bewußtsein, wenn man sie in den Krug gibt. Dann kommt das kochende Wasser. Das ist die erste Taufe, die Taufe mit Wasser. Es ist ein vollkommenes Eintauchen, was in gewisser Hinsicht, in der Welt des Relativen, sehr schmerzhaft ist. Du mußt verstehen lernen, daß dieser Pfad bewußtes Leiden verlangt. Denke daran, daß der Rosenstrauch nur dann eine vollkommene Rose hervorbringen kann, wenn er richtig beschnitten wird. Das Beschneiden mag der Pflanze einen vorübergehenden Schmerz zufügen – doch wäre sie imstande, zu begreifen, warum dies geschehen muß, so würde es sie jedesmal mit Freude erfüllen, wenn der Gärtner mit dem Messer naht. Wenn wir diesen Pfad betreten, müssen wir die Notwendigkeit des Leidens anerkenne.

Das Wasser bleibt gerade so lange im Krug, daß die Oliven anschwellen. Ihre Haut darf nicht platzen, denn verdirbt nur eine Olive, so werden auch die anderen verderben. Der Koch muß wissen, wie lange das Wasser im Krug bleiben und welche Temperatur es haben darf.

Nun fügt der Koch Zitrone und Minze hinzu. Eine wunderbare Gewürzmischung! Du solltest das einmal mit Lammbraten probieren – herrlich! Es ist eine ausgewogene Mischung von sauer und alkalisch, positiv und negativ, yin und yang. Mit dem Olivenöl, das man zum Schluß hinzufügt, bringt man die Oliven ins Gleichgewicht. Dieser letzte Teil des Verfahrens ist die zweite Taufe. Es ist die Taufe mit dem GEIST, mit der Essenz der Oliven selbst. Siehst du, das ist Alchimie, und es ist ein großes Rätsel. Man muß genau das in den Schmelztiegel hinzugeben, was die Essenz dessen ist, das man kocht. Dann schraubst du fest den Deckel zu und läßt es vierzig Tage und vierzig Nächte stehen – das ist die Zeit, die bestimmte Aspekte des schöpferischen Prozesses brauchen, um sich zu entfalten. Nach Ablauf dieser Zeit müßte alles im Gleichgewicht und innig miteinander vermischt sein. Zitrone und Minze werden sich mit dem Olivenöl verbunden haben, und der Geschmack des Olivenfleisches und der des Öls, vermischt mit den anderen Zutaten, werden zu einem geworden sein. Der Kreis ist vollendet, und alles ist zu seinem Ursprung zurückgekehrt.«

Er lächelte zustimmend, als er mein Staunen sah. »Du siehst also, man darf nicht nur auf die Oberfläche der

Dinge schauen. Wahrhaftig, es gibt ein paar echte Köche in dieser Welt. Könntest du von der Speise essen, die sie zubereitet haben, dann würdest du alles empfangen, was es braucht, damit der unerweckte Mensch zu dem Menschen heranreift, der mit den Augen des Unviersums sieht, mit den Ohren des Windes hört und mit den Händen Gottes tastet.«

Reshad Feild

MULLA NASRUDIN, DER WEISE NARR

Die Hälfte

Nasrudin setzte mit seinem Boot einen Pedanten über ein stürmisches Wasser über. Als er etwas sagte, das grammatikalisch nicht ganz richtig war, fragte ihn der Gelehrte:

»Haben Sie denn nie Grammatik studiert?«

»Nein.«

»Dann war ja die Hälfte Ihre Lebens verschwendet!«

Wenige Minuten später drehte sich Nasrudin zu seinem Passagier um: »Haben Sie jemals schwimmen gelernt?«

»Nein. Warum?«

»Dann war Ihr ganzes Leben verschwendet – wir sinken nämlich!«

＊

Die Abkürzung

Es war ein wunderschöner Morgen und der Mulla war auf dem Heimweg. Warum, so dachte er sich, sollte er nicht eine Abkürzung durch das einladende Waldgebiet neben der staubigen Straße nehmen?

»Was für ein Tag, ein Tag, an dem man Glück haben muß!« rief er aus und schlug sich seitlich in die Büsche. Aber im nächsten Moment fand er sich rücklings und mit schmerzenden Gliedern auf dem Boden einer verborgenen Grube wieder.

»Nur gut, daß ich die Abkürzung genommen habe«, dachte er bei sich, als er so in der Grube lag. »Wenn schon inmitten einer so herrlichen Umgebung solche Gefahren lauern – wer weiß, in welche Katastrophe ich auf der unbequemen und ermüdenden Landstraße hineingeraten wäre?«

*

Auf dem sinkenden Schiff

Es sah so aus, als würde das Schiff jeden Moment sinken, und die Passagiere lagen auf den Knien, beteten und bereuten ihre Sünden und gelobten, alle möglichen Dinge zu tun und sich zu bessern, wenn sie nur gerettet würden. Allein Nasrudin war ungerührt.

Plötzlich auf dem Höhepunkt der Panik sprang er auf und rief: »Sachte, sachte Freunde! Versprecht nicht zu viel – ihr könnt die Alten bleiben. Ich glaube, ich sehe Land!«

*

Der Lehrvortrag

Nasrudin wurde eingeladen, vor der Gemeinde eines nahe gelegenen Dorfes einen Lehrvortrag zu halten. Er stieg aufs Podium und begann:

»Liebe Gemeinde, wißt Ihr, worüber ich jetzt sprechen werde?«

Ein paar Halbstarke, die nur ihren Spaß haben wollten, brüllten: »Nein!«

»Wenn das so ist«, sagte der Mulla würdevoll, »werde ich von dem Versuch, eine so unwissende Gemeinde zu unterweisen, Abstand nehmen.«

Nachdem die Dorfältesten mit den Störenfrieden geredet und von ihnen das Versprechen erhalten hatten, daß sie ihre Bemerkungen unterlassen würden, baten sie in der folgenden Woche Nasrudin, noch einmal zu ihnen zu sprechen.

»Liebe Gemeinde!« begann er wieder, »wißt Ihr, worüber ich jetzt sprechen werde?«

Einige Leute, die nicht wußten, wie sie reagieren sollten, da der Mulla sie herausfordernd anstarrte, und die sich an dessen letzten Auftritt erinnerten, murmelten »Ja.«

»Wenn das so ist«, erwiderte Nasrudin, »dann brauche ich ja nichts mehr zu sagen.« Und er verließ den Saal.

Nachdem ihn erneut eine Abordnung der Dorfbewohner besucht und ihn angefleht hatte, es doch noch einmal zu versuchen, stellte er sich also ein drittes Mal vor die Versammlung.

»Liebe Gemeinde! Wißt Ihr, worüber ich jetzt sprechen werde?«

Da er auf eine Antwort zu warten schien, riefen die Dörfler: »Einige von uns wissen es, und andere wissen es nicht.«

»Wenn das so ist«, sagte Nasrudin schon im Gehen, »dann sollen die, die wissen, es denen erzählen, die es nicht wissen.«

＊

Die Wahrheit

Nasrudin weilte gerade bei Hof, als sich der König eines Tages beklagte, seine Untertanen seien so unwahrhaft. »Majestät«, sagte Nasrudin, »es gibt Wahrheit und Wahrheit. Die Menschen müssen die echte Wahrheit üben, bevor sie relative Wahrheit anwenden können, aber sie versuchen es immer andersherum. Folglich nehmen sie es mit der menschengeschaffenen Wahrheit nicht so genau – sie wissen nämlich instinktiv, daß sie nur eine Erfindung ist.«

Das war dem König doch allzu kompliziert. Er forderte kategorisch: »Eine Sache muß entweder wahr oder unwahr sein. Ich werde die Leute dazu *zwingen*, die Wahrheit zu sagen, bis sie sich daran gewöhnt haben, wahrhaftig zu sein.«

Als am nächsten Morgen die Tore der Stadt geöffnet wurden, fand man gleich vor den Toren Galgen aufgestellt, an denen ein Offizier der königlichen Garde Wache hielt.

Ein Herold verkündete: »Wer immer die Stadt betreten will, muß zuerst auf eine Frage des wachhabenden Offiziers hin die Wahrheit sagen.«

Nasrudin, der draußen gewartet hatte, trat als erster vor.

»Wohin geht Ihr« fragte der Posten. »Sagt die Wahrheit, sonst werde Ihr gehängt.«

»Ich gehe, um an jenem Galgen aufgehängt zu werden«, antwortete Nasrudin.

»Ich glaube Euch nicht!«

»Na bitte, wenn ich gelogen habe, dann hängt mich doch auf!«

»Aber das würde, was Ihr gesagt habt, ja zur Wahrheit machen!«

»Genau«, entgegnete Nasrudin, »zu *Eurer* Wahrheit.«

Orientalische Geschichten und Schwänke

Arabisches Sprichwort

Es gibt vier Arten von Menschen:
Jener, der nicht weiß und nicht weiß, daß er nicht weiß:
Er ist ein Narr – meide ihn.
Jener, der nicht weiß und weiß, daß er nicht weiß:
Er ist einfältig – lehre ihn.
Jener, der weiß und nicht weiß, daß er weiß:
Er schläft – erwecke ihn.
Jener, der weiß und weiß, daß er weiß:
Er ist weise – folge ihm.

✳

Wie einer gerecht zu teilen verstand

Es war einmal ein reicher Gutsherr, der hatte ein Dorf, eine Frau und vier Kinder: zwei Söhne und zwei Töchter. Eines Tages nahm der Bürgermeister des Dorfes fünf Gänse mit sich und brachte sie zum Gutsherrn. Dieser sprach: »Jetzt, da du die fünf Gänse mitgebracht hast, mußt du sie auch so verteilen, daß es keinen Streit gibt: Du darfst den Söhnen nicht mehr geben, damit die Töchter nicht neidisch werden; und du darfst ebensowenig den Töchtern mehr geben, damit die Söhne nicht neidisch werden.« Hierzu erwiderte der Bürgermeister: »Ich werde sie so verteilen, daß niemand zuviel oder zuwenig erhält!« So forderte ihn der Gutsherr denn auf: »Bitte, fang an! Wir wollen sehen, wie du teilst!«

Der Bürgermeister begann: »Nun gut! Ihr, Gutsherr, und Eure Frau, ihr seid zwei Personen: Eine Gans soll euch gehören, so seid ihr drei. Eure zwei Söhne sind auch zwei Personen: Eine Gans soll ihnen gehören, so sind sie auch drei. Eure zwei Töchter sind ebenfalls zwei Personen: Zusammen mit einer Gans sind es drei. Ich selbst aber bin nur eine Person. So sollen mir zwei Gänse gehören, dann sind wir auch drei. Darauf werden wir alle in Gruppen zu dritt sein.«

Hierauf lachte der Gutsherr und forderte ihn weiter auf: »Wenn wir jetzt eine Gans schlachten: Wie wirst du ihr Fleisch verteilen, daß es keinen Streit zwischen uns gibt?« Der Bürgermeister erwiderte: »Gut! Schlachtet Ihr nur Eure Gans. Am Abend ladet mich dann ein, so werde ich kommen und die Gans aufteilen.« Am Abend kam er also wieder, gerade als man die gebratene Gans auftrug. Auf die Aufforderung, jetzt zu teilen, sprach er: »Herr Gutsbesitzer! Ihr seid der Kopf der Familie, also soll Euch auch der Kopf der Gans gehören.« So reichte er ihm also den Kopf. Zu den beiden Töchtern sprach er: »Wie lange wollt ihr noch im Hause eures Vaters sitzen? Ihr werdet ja doch eines Tages ausfliegen in die Häuser eurer Männer und Vater und Mutter allein lassen.« So nahm er die zwei Flügel der Gans und gab sie ihnen. Die zwei Söhne redete er an: »Nehmt hier die Füße der Gans, denn ihr sollt eines Tages den Weg gehen, den euer Vater gegangen ist.« Als letztes nun nahm er das Herz der Gans und reichte es der Frau des Gutsherrn mit den Worten: »Dies ist der Sitz der Liebe! Iß du das Herz der Gans, so wird sich deine Liebe und Zuneigung zu deinem Gatten verstärken!«

Darauf ergriff er für sich selbst den übriggebliebenen Rumpf der Gans und sprach: »Dies hier soll für mich sein und für die Mühe, die ich damit hatte, so gerecht unter euch aufzuteilen!«

✳

Wer muß dem Kälbchen Wasser geben?

Eine Frau und ihr Mann saßen einmal zusammen in ihrem Zimmer. Soviel die Frau auch redete, der Mann sagte kein Wort. So fragte sie ihn: »Warum sagst du denn nichts?« – »Du redest doch schon soviel«, erwiderte der Mann. Da wurde die Frau wütend und rief: »Gut! Dann soll jetzt derjenige von uns, der zuerst spricht, unser Kälbchen zum Wassertrinken bringen!« – »Einverstanden«, entgegnete der Mann.

Als die Frau sich wieder setzte, merkte sie bald, daß sie jetzt nichts mehr sagen konnte, denn der Mann sprach kein Wort. Sie wurde ungeduldig, stand auf und ging zum Haus ihrer Nachbarin. Da betrat ein Dieb das Haus. Er sah, daß dort jemand saß, und begrüßte ihn. Der Mann aber gab keinerlei Antwort, sondern schaute einfach nur. So nahm der Dieb seinen Mantel und breitete ihn auf dem Boden aus. Dann tat er alles darauf, was er an Kleidern und Wertgegenständen fand, band den Mantel zusammen und hob ihn auf die Schulter. Als er nach draußen gehen wollte und sah, daß der Mann immer noch nichts sagte, legte er sein Bündel noch einmal nieder. Dann zog er ein Barbiermesser und rasierte dem Mann Bart und Schnurrbart ab. Hierauf schminkte er ihn und zog ihm Frauenkleider an. Dann hob er sein Bündel wieder auf und verließ das Haus. Als die Frau wieder nach Hause kam, sah sie, daß alles mögliche im Zimmer fehlte. Und wie sie merkte, daß der Mann geschminkt war und keinen Bart mehr hatte, da rief sie: »Welch eine Schande! Wer hat denn das mit dir gemacht! Und wo sind denn unsere ganzen Sachen?« Da klatschte der Mann in die Hände und rief: »Jetzt mußt du dem Kälbchen Wasser geben!« – »Gut, ich werde dem Kälbchen ja Wasser geben«, entgegnete die Frau. »Aber sag mir doch wenigsten, wer das mit dir gemacht hat. Warum hast du Dummer das denn zugelassen, daß man so etwas mit dir macht und alle unsere Sachen wegschleppt?« Aber der Mann erwiderte nur: »Hätte ich etwas gesagt, dann hätte ich ja dem Kälbchen Wasser geben müssen!«

*

Die Geschichte von dem Geldwechsler und dem Dieb

Ein Geldwechsler, der einen Beutel voll Gold bei sich hatte, kam einst an einer Diebesbande vorüber; da sagte einer von den Schelmen: ›Ich kann den Beutel da stehlen!‹ Die anderen fragten: ›Wie willst du das machen?‹ Da erwiderte er: ›Ihr sollt sehen!‹ Dann folgte er dem Manne bis zu seiner Wohnung. Als der Wechsler nun in sein Haus eingetreten war, legte er den Beutel auf das Gesims und ging, um ein dringendes Bedürfnis zu verrichten, zum stillen Orte; dabei rief er der Sklavin zu: ›Bring eine Kanne Wasser her!‹ Die Sklavin holte die Kanne und folgte ihm bis zu dem Orte; die Haustür aber hatte sie offenstehen lassen. Rasch drang der Dieb hinein, ergriff den Beutel, eilte zu seinen Kumpanen zurück und erzählte ihnen, wie er es bei dem Geldwechsler und bei der Sklavin gemacht hatte. Da riefen sie: ›Bei Allah, was du gemacht hast, das ist ein guter Streich; den kann nicht jeder Mensch fertigbringen. Aber jetzt kommt sicher der Wechsler aus dem stillen Orte heraus, und wenn er den Beutel nicht findet, so wird er die Sklavin schlagen und schwer bestrafen. Darum hat es doch noch den Anschein, als ob du nichts Rühmliches vollbracht hättest. Ja, wenn du ein echter Schelm bist, so mußt du die Sklavin vor Prügel und Strafe bewahren.‹ Er antwortete ihnen nur: ›So Allah der Erhabene will, werde ich die Sklavin und den Beutel bewahren!‹ und kehrte sofort zum Hause des

Geldwechslers zurück; dort hörte er, wie der Mann gerade die Sklavin wegen des Beutels bestrafte. Er klopfte bei ihm an, und jener rief: ›Wer ist da?‹ Als der Dieb ihm antwortete: ›Ich bin der Diener deines Nachbarns in der Basarhalle‹, ging der Wechsler zu ihm hinaus und fragte ihn: ›Was willst du?‹ Der Dieb erwiderte: ›Mein Herr läßt dich grüßen und dir sagen: Du bist ja wohl ganz von Sinnen; wie kannst du einen Beutel wie diesen vor die Ladentür werfen und dann fortgehen und ihn liegen lassen? Wenn ein Fremder ihn gefunden hätte, so hätte er ihn sicher weggenommen und sich aus dem Staube gemacht. Hätte mein Herr ihn nicht gesehen und aufbewahrt, so wäre er für dich verloren gewesen!‹ Mit diesen Worten zog er den Beutel heraus und hielt ihn dem Mann vor die Augen. Sowie der Geldwechseler den sah, rief er: ›Das ist ja wirklich mein Beutel!‹ und er streckte die Hand aus, um ihn an sich zu nehmen. Doch der Schelm sprach: ›Bei Allah, ich gebe ihn dir nicht eher, als bis du mir einen Schein für meinen Herrn geschrieben hast, der besagt, daß du den Beutel von mir erhalten hast. Ich fürchte, mein Herr wird mir nicht glauben, daß du den Beutel in Empfang genommen hast, wenn du mir nicht einen Schein für ihn ausstellst und dein Siegel darunter setzest!‹ Da ging der Wechsler ins Haus zurück, um den verlangten Schein über den Empfang des Beutels zu schreiben: der Dieb aber lief mit dem Beutel auf und davon, und die Sklavin war vor der Strafe bewahrt.

∗

Wie der Schah Kai Kawus in den Himmel flog

Als Kawus wieder in Sicherheit und Überfluß auf dem Throne Persiens saß, begann er, einen langgehegten Plan auszuführen.

Auf dem Berge Alburs ließ er Bauten entstehen, um die alle Diws ihn beneideten. Er ließ schwere Steine herbeischleppen, aus denen in großer Schnelligkeit zwei innen ganz mit kunstvollen Steinornamenten geschmückte Häuser entstanden. Das Gebälk war aus Stahl, an die Säulen aus Marmor wurden die Streitrosse und die Lasttiere gebunden. Zwei weitere Häuser baute er ganz aus Kristall, Smaragde und Topase zierten die Wände. Sie sollten als Speisehäuser dienen, denn Speise allein erhält und nährt den Körper, so sagte der Schah. Aus Onyx und Semen baute er darauf einen Turm als Wohnung für einen berühmten Astrologen, denn hier sollte die Wissenschaft gepflegt werden, damit sie niemals auf Erden verloren gehen könnte. Dann befahl er, zwei Rüsthäuser für alles Kriegsgerät zu vollenden, und sie wurden ganz aus rohem Silber gebaut. Schließlich ließ er noch einen goldenen Thron anfertigen, auf dem er mit der Krone auf seinem Haupt sitzen wollte. Dieser Thron war zweimal sechzig Ellen hoch und rundherum mit mancherlei kostbaren Steinen besetzt.

Dies alles schuf er auf einem Gebirge, wo niemals des Sommers Hitze noch des Winters Strenge zu spüren war. Die Luft war wie Amber, der Regen Wein, das ganze Jahr über herrschte Frühling. Die Rosen glühten wie die Wangen der Mädchen, von Sorge und Kummer und Krankheit wußte das Herz dort nichts, im Schlaf kam das Ende der Tage, ohne daß die Glücklichen wußten, wie ihnen geschah. Darum vor allem kam Unruhe über die Diws, und sie wurden schließlich so erregt, daß sie sich eines Tages um ihren Schah Ahriman versammelten, der ihnen sagte: »Von diesem Schah Kawus wird mir schwere Sorge bereitet. Ich brauche einen klugen und gewandten Diw, der zu ihm geht und seine Seele verwirrt, damit er auf diese Weise unschädlich für uns wird. Von Gott muß er wieder seine Blicke wegwenden, und seine Gedanken sollen zur Erde gelenkt werden.«

Alle schwiegen aus Furcht vor Ahriman, dem Schah der Finsternis. Endlich stand einer aus ihrer Mitte auf und sprach: »Überlaß Kawus mir. Ich glaube, daß ich die Sache zu einem Ende bringe.« Darauf verwandelte er sich in einen Knaben und wartete, bis Kawus eines Tages auf die Jagd ging. Da stand er am Wege, küßte die Erde, reichte dem Schah einen Strauß Rosen und sagte ihm: »Deiner Würde gebührte einzig und allein der Himmel als Residenz. Die ganze Erde sei dir untertan. So bleibt, damit dein Andenken auf der Welt niemals vergehe, nur eine Sache übrig, die du ergründen mußt. Was hält die Sonne, wenn sie auf und niedersteigt? Wie ist der Mond beschaffen? Was ist Tag und Nacht? Wer führt die Tageszeiten herauf?« Das Herz des Schahs wurde von dieser Rede sehr verwirrt. Er vergaß, daß keine Stufen zum Himmel hinaufführen, daß viele Sterne am Himmel stehen, aber nur ein Gott da ist, dessen Geboten sie alle gehorchen. Er dachte nur noch darüber nach, wie er ohne Flügel zum Himmel gelangen könnte. Viele Male befragte er die Weisen: »Wie weit ist es von hier zum Mond?« Zuletzt verfiel er einem absonderlichen Einfall. Er befahl, daß man ihm des Nachts, zur Schlafenszeit, Adler aus ihren Nestern finge. Jahr und Tag fütterte er die Vögel mit Schaffleisch, bis sie so stark wie Löwen wurden und leicht ein Schaf bezwingen konnten. Da machte er dann aus lichtem Kumarholz einen Sessel, an dem er eine lange Deichsel befestigte. Vorn an die Deichsel hängte er eine

Hammelkeule und schirrte vier Adler fest an das Gefährt. Dann setzte er sich hinein, in der Hand einen Becher Wein. Er wollte die Sterne zählen, von einem Ende des Himmels bis zum anderen. Der Hunger trieb die Adler an, sie verlangten nach dem Fleisch der Hammelkeule vor ihnen, flogen ihm nach und hoben so den Sessel von der Erde. Viele Sagen berichten von diesem Flug, aber außer dem Himmel weiß niemand von seinem Geheimnis. Einige sagen: Kawus ist deshalb bis zu den Wolken gestiegen, weil er mit Gott einen schrecklichen Krieg führen wollte. Andere versichern: Kawus ist Nimrod und er ist voller Trug und Zauberei.

Die Adler flogen wie Falken durch die Lüfte, aber schließlich verließ sie die Kraft, sie legten, wie es ihre Gewohnheit ist, die Flügel zusammen, stürzten aus den dunklen Wolken herunter und zogen den Sessel des Schahs aus der Höhe mit sich herab. In einem Dickicht bei Amal, wo die Löwen hausen, erreichten sie die Erde. Als Kawus nun sah, an was für einem furchtbaren Ort er sich befand, wurde er plötzlich ganz hilflos. Sein Herz war voller Verzweiflung, und statt der hochfahrenden Gedanken zog Reue bei ihm ein. – Er wand sich im Staube und flehte Gott um Gnade und Vergebung seiner Missetat an. Schließlich wurde seine Bitte erhört und er kam wieder zu Verstand.

Überall hatte sein Heer ihn gesucht bis endlich an Rostam, Giw und Tus eine Nachricht gelangte und sie mit ihren Scharen herbeieilten. Gudars sagte zu Rostam: »Seit ich an den Brüsten meiner Mutter trank, kenne ich den Thron unserer Könige auf Erden wohlbestellt. Aber ich habe noch niemals, weder bei den Großen noch den Kleinen jemanden so töricht wie Kawus gesehen. Es ist, als wäre in seinem Kopf kein Hirn, kein gesunder Gedanke. Kein König hat bisher Lust gehabt, zum Himmel zu steigen. Verstand hat er nicht, weder Sinn noch Rat, auch ist die Seele nicht dort, wo sie sein sollte, und ebenso nicht sein Herz.« Nachdem sie ihn lange gesucht hatten, fanden sie ihn zuletzt und kamen scheltend auf ihn zu. »Diese Dornenwildnis«, sprach Gudars, »gebührt dir eher als ein Land der Freude, denn immer hörst du auf deine Feinde und erzählst keinem deiner Freunde die unsinnigen Beschlüsse, die du faßt. Dreimal hat dich daher schon furchtbares Unglück getroffen, das erste Mal, als du das Heer nach Masandaran führtest, dann, als du deines Feindes Gast wurdest, er dein Idol, du sein Opfer. Jetzt bist du endlich, nachdem du die Erde bekriegt hast, sogar gegen den Himmel ausgezogen. Von dir wird man später erzählen, wie ein verblendeter Schah über die Wolken stieg, um den Ort der Sonne zu sehen und die Sterne zu zählen, von einem Ende des Himmels zum anderen. Demütige dich vor Gott, neige dich vor ihm in Unterwerfung, tu endlich das, was die guten Schahs getan haben.«

Kawus gab ihnen verständige, bescheidene Antworten, und zu Gudars sagte er: »Du hast wahr gesprochen, in dem Netz deiner Worte fühlt sich meine Seele gefangen.«

Er fühlte Reue und Zerknirschung in seinem Herzen, Tränen flossen aus seinen Augen. Er setzte sich in einen Tragsessel und kam nach Iran. Vierzig Tage lag er vor Gott im Staube, Blut floß aus seinen Augen. Aber endlich wurde ihm seine Sünde vergeben. das Heer versammelte sich um ihn, er setzte sich wieder auf den Thron, um ein neues Werk auf Erden zu beginnen. Aus allen Kischwers kamen die Gekrönten zu seinem Hofe, alle Großen unterwarfen sich ihm und waren ihm zugetan. Er lebte in Frieden, tat Recht und sprach Recht, Gelage und Ringplatz gaben ihm Beschäftigung, die Großen waren seine Freunde. Wie Faridun und Dschamschid war er nun verständig. Wie er war noch keiner auf dem Throne gewesen.

✳

Die Entdeckung des Feuers

Eines Tages zog Huschang mit seinem Gefolge ins Gebirge, da sah er aus der Ferne eine lange, sich rasch bewegende dunkle Gestalt herankommen, mit Augen wie Teiche voller Blut, und aus den Nüstern quoll ein Dampf, der die Welt verdunkelte. Der tapfere Huschang packte einen Stein, schwang sich herum, und es gelang ihm ein königlicher Wurf. Die weltverschlingende Schlange entfloh, der Stein prallte auf einen Felsen und beide zersplitterten. Funken stoben, und das Innere der Steine leuchtete. Dann glühte Feuer auf, im dunklen Versteck, wo Eisen getroffen worden war. Der Padischah pries laut eine so strahlende Gabe. Er machte das Feuer zum Mittelpunkt allen Geschehens. »Dieser Glanz ist heilig«, sagte er, und »die Weisen unter euch werden mir beistimmen, daß wir ihn anbeten müssen.«

In dieser Nacht machte er ein gewaltiges Feuer, sie umringten es alle und feierten das Fest, das Sadeh genannt wurde. diese große Feier blieb uns zu seinem Angedenken. Ach, möchten doch der Erde wieder königliche Wohltäter geschenkt werden gleich ihm. Himmlische Gnade und königliche Macht befähigten ihn, Rinder, Esel und Schafe zu Haustieren zu machen und Nutzen von ihnen zu haben. »Haltet sie paarweise«, sagte er, »braucht sie für die schwere Arbeit, freut euch über das, was ihr durch die Tiere gewinnt, und bestreitet auf diese Wiese eure Abgaben.« Er lehrte sie, wie man Eichhörnchen, Hermeline, Füchse und Zobel jagt, um ihre Bälge zu bekommen, die so weich sind. Es kleideten also die Räuber die Schwätzer.

Huschang gab und spendete allen, um was sie ihn baten, und solange er lebte, genoß er es, sich an der Frucht seiner Arbeit zu freuen. Aber dann nahm der Tod ihn fort, und nichts blieb von ihm übrig als sein Ruhm. In seinem

Leben hatte er keinen geringen Anteil an aller Mühsal gehabt. Nun war er ausgelöscht, der Thron gehörte seinem
Erben, und ob er sich an einem anderen Ort eines besseren Lebens freute, wußte niemand.

Die Zeit, die das Schicksal uns zugemessen hat, ist nicht
lang, und selbst der kluge und vorsichtige Huschang
mußte sich ihr beugen. Auch dir wird die Welt nicht
mehr Liebe schenken noch den Schleier vor ihrem Antlitz
lüften.

EDITORISCHE NOTIZ

Die Fußnoten und Anmerkungen der Bücher, aus denen zitiert wurde, sind im vorliegenden Lesebuch in der Regel weggelassen worden, um den Blick auf die Weisheiten möglichst unverstellt und unmittelbar zu lassen. Wer Begriffe erläutert haben oder den Kontext der abgedruckten Weisheiten lesen will, sollte auf die Quellen zurückgreifen, die im Anhang dieses Buches angegeben sind; in den zitierten Büchern befinden sich auch, gegebenenfalls, die genauen Angaben zu den (fremdsprachigen) Originalquellen. Soweit für den ›normalen‹ Leser nachvollziehbar und nützlich, wurde die Plazierung der ausgewählten Passagen im Kontext der Originalschriften angegeben, so in der Rig-Veda, bei den Upanishaden und beim Koran; bei allgemeiner Unzugänglichkeit der Quellen oder bei Mißverständlichkeit der editorischen Angabe wurden die Stellenbezeichnungen weggelassen; auch hier sei auf die zitierten Bücher verwiesen.

Überschriften von Texten oder Textteilen wurden in der Regel aus der Vorlage übernommen; Überschriften, die geändert oder für den Zweck dieses Buches neu bzw. erstmals erstellt wurden, sind im Quellenverzeichnis des Buches mit einem Sternchen versehen.

Der klaren Ordnung zuliebe wurden der Zen-Buddhismus im Kapitel ›Japan‹ angesiedelt, obwohl er (als Chan-Buddhismus) seiner Entstehung und jahrhundertelangen Entwicklung nach ursächlich zu China gehört. Im übrigen konnten leider die vielen anderen buddhistischen Schulen Japans aus Platzgründen in diesem Buch nicht berücksichtigt werden. Auch andere Lükken, die beim Fertigstellen des Buches schmerzhaft bewußt geworden sind (so z. B. bezüglich der Jainas und

Sikhs, was Indien anbelangt), mögen im Hinblick auf den kompakten Lesebuchcharakter dieses Werkes verziehen werden.

Die jüdische sowie die christliche Weisheit wurden ausgeklammert, obschon sie originär dem Nahen Osten entstammen, doch sind sie durch den geschichtlichen Verlauf wesentlich europäisch geprägt worden. Wegen mangelnden Platzes tauchen auch die Gnosis, die koptische, die zorastrische und die Bahai-Religion sowie andere Religionen und Kulturen des vorderasiatischen Raumes (wie die Alt-Ägyptens) nicht in diesem Buch auf.

Im übrigen habe ich mir erlaubt, die islamisch geprägten Länder unter dem Begriff ›Orient‹ zusammenzufassen, obwohl dieser als exotistische Erfindung der Europäer politisch nicht korrekt ist, wie es vor allem Edward Said aufgezeigt hat.

M. G.

Die Quellen

Motto
»Unser Leben…«, in: Taisen
Deshimaru: Die Lehren des
Meister Dogen. Der Schatz
des Soto-Zen. Übersetzt von
Regina Krause (DG 90), 1991,
S. 46.

1. China

»Keine Ebene…«, in: I Ging.
Text und Materialien. Über-
setzt und herausgegeben
von Richard Wilhelm
(DG 1), 1973, 22. Aufl. 1998,
S. 64.
Schuo Gua – Besprechung
der Zeichen, in: ebenda,
S. 244–247.
I Ging – Hexagramme 11 und
12, in: ebenda, S. 62 f. und 66 f.
Tao te king – Abschnitte 16, 22,
29, 36, 47, 64, 67 und 81, in:
Laotse: Tao te king. Das
Buch vom Sinn und Leben.
Übersetzt und herausgegeben
von Richard Wilhelm (DG
19), 1978, 12. Aufl. 1998, S. 65,
62, 69, 76, 90, 107, 110 und
124.
Schmetterlingstraum, in:
Dschuang Dsï: Das wahre
Buch vom südlichen Blüten-
land. Übersetzt und heraus-
gegeben von Richard Wil-
helm (DG 14), 1977, 10. Aufl.
1998, S. 52.

Überlieferung der Lehre
vom Sinn. in: ebenda,
S. 87 f.
Der Sinn und die Welt, in:
ebenda, S. 43 f.
Der Spiegel des Herzens, in:
ebenda, S. 99.
Die Zauberperle, in: ebenda,
S. 131.
In der Welt, nicht von der Welt,
in: ebenda, S. 208 f.
Der Tod des Dschuang Dsï, in:
ebenda, S. 294.
Bogenschießen, in: Liä Dsï: Das
wahre Buch vom quellenden
Ursprung. Übersetzt und
herausgegeben von Richard
Wilhelm (DG 28), 1980,
5. Aufl. 1996, S. 52.
Der Fährmann, in: ebenda,
S. 57.
Der Alte am Wasserfall, in:
ebenda, S. 58.
Drei nützliche und drei schädli-
che Freunde / Drei nützliche
und drei schädliche Freuden /
Drei Fehler im Verkehr mit
Älteren / Dreierlei Vorsicht /
Dreierlei Ehrfurcht / Vier
Klassen des Wissens / Neu-
nerlei Gedanken, in: Kung-
futse. Gespräche, Lun Yü.
Übersetzt und herausgegeben
von Richard Wilhelm (DG
22), 1979, 7. Aufl. 1996,
S. 166–168.
Demut, in: ebenda: S. 92

Stufen der Entwicklung des Meisters, in: ebenda, S. 42.

Die schwere Last und der weite Weg, in: ebenda, S. 93.

Das Ideal und der Schüler, in: ebenda, S. 100.

Vom Schweigen, in: ebenda, S. 62.

Der Weg des Wirkens, in: Kungfutse: Schulgespräche, Gia Yü. Übersetzt und herausgegeben von Richard Wilhelm (DG 36), 1981, 2. Aufl. 1997, S. 46 f.

Drei Ansichten über Weisheit und Liebe, in: ebenda, S. 49.

Wahrung des Lebens, in: ebenda, S. 69.

Beim Studium des Buchs der Wandlungen, in: ebenda, S. 86 f.

Der vollendete Mensch, in: ebenda, S. 96.

Wie ein Mensch sich selbst verliert, in: Mong Dsï: Die Lehrgespräche der Meisters Meng K'o. Übersetzt und herausgegeben von Richard Wilhelm (DG 42), 1982, 2. Aufl. 1994, S. 165 f.

Notwendigkeit und Freiheit, in: ebenda, S. 202 f.

Das Vorhandensein von Maßstäben. in: Frühling und Herbst des Lü Bu We. Übersetzt und herausgegeben von Richard Wilhelm (DG 42), 1979, S. 438.

Da Yüo – Große Musik, in: ebenda, S. 56–58.

Yüo Lun – Theorie der Musik, in: Li Gi: Das Buch der Riten, Sitten und Gebräuche. Übersetzt und herausgegeben von Richard Wilhelm (DG 31), 1981, 3. Aufl. 1997, S. 75 f.

Dunkel und Licht, in: ebenda, S. 161

Maß und Mitte, in: ebenda, S. 27–31 (Auszüge).

Die Sitte, in: ebenda, S. 67 und 205.

Das Goldene Zeitalter, in: ebenda, S. 118 f.

Maßstäbe, in: Mo Ti: Von der Liebe des Himmels zu den Menschen. Übersetzt und herausgegeben von Helwig Schmidt-Glintzer (DG 94), 1992, S. 44–47.

Gegen den Angriffskrieg, in: ebenda, S. 123–125.

Gedichte von Han Shan, in: Han Shan: 150 Gedichte vom Kalten Berg. Han Shan Shih. Übersetzt, kommentiert und eingeleitet von Stephan Schuhmacher (DG 5), 1974, 5. Aufl. 1992, S. 51 (Nr. 29), S. 70 (Nr. 48), S. 150 f. (Nr. 127 und 128), S. 155 (Nr. 132), S. 57 (Nr. 35) und S. 132 (Nr. 109).

Die Laube im Bambushain, in: Wang Wei: Jenseits der weißen Wolken. Die Gedichte des Weisen vom Südgebirge. Übersetzt und herausgegeben von Stephan Schuhmacher (DG 38), 1982, 2. Aufl. 1989, S. 41.

In einer Herbstnacht einsam sitzend, in: ebenda, S. 93.

Ich klettere zur kleinen Terrasse auf dem Haus des Gelehrten

P'ei Ti hinauf, in: ebenda, S. 127.

Der Landsitz am Chung-nan-Gebirge, in: ebenda, S. 139.

Rückkehr, in: Günther Debon: Mein Haus liegt menschenfern, doch nah den Dingen. Dreitausend Jahre chinesischer Poesie, 1988, S. 278.

Verdeckte Spuren, in: ebenda, S. 275.

Herbstliches Land, in: ebenda, S. 169.

Körper, Schatten und Geist, in: Tao Yuanming: Der Pfirsichblütenquell. Gesammelte Gedichte. Herausgegeben von Karl-Heinz Pohl (DG 58), 1985, S. 66–68 (übersetzt von Ina Asim).

Der Pfirsichblütenquell, in: ebenda, S. 202–205 (übersetzt von Freya Hausen).

2. Japan

Wie die Welt und Japan entstanden – Aus dem Kojiki, in: Barbara C. Sproul: Schöpfungsmythen der östlichen Welt. Übersetzt von Konrad Dietzfelbinger (DG 104), 1993, S. 260 f.

Marionetten, in: Ikkyu Sôjun: Im Garten der schönen Shin. Die lästerlichen Gedichte des Zen-Meisters »Verückte Wolke«. Übersetzt, kommentiert und eingeleitet von Shuichi Kato, Eva Thom (DG 86), 1990, S. 55.

Verlorene Erleuchtung, in: ebenda, S. 109.

Der Weg des Irrens, in: ebenda, S. 117.

Maulwurfsgrille, in: Kitagawa Utamaro: Im Garten ein Summen. Die Bilder und Gedichte des Ehon Mushi Erabi, 1988, S. 48 (übersetzt von Claudia Delank).

Der Meister*, in: Volker Zotz: Der Buddha im Reinen Land. Shin-Buddhismus in Japan (DG 92), 1991, S. 119.

Strahlende Klarheit*, in: Reshad Feild: Ich ging den Weg des Derwisch. Das Abenteuer der Selbstfindung. Übersetzt von Frank Meyer, 1977, 4. Aufl. 1989, S. 165.

Im Leben zum Toten werden*, in: Peter Sloterdijk (Hrsg.): Mystische Zeugnisse – aller Zeiten und Völker. Gesammelt von Martin Buber, 1993, 2. Aufl. 1994, S. 32.

Was ist Zen?*, in: Idries Shah: Die Sufis. Botschaft der Derwische. Weisheit der Magier. Übersetzt von Jochen Eggert und Stephan Schuhmacher (DG 27), 1980, 10. Aufl. 1996, S. 290.

Gelübde einer Zen-Gemeinschaft*, in: Robert Aitken: Zen als Lebenspraxis. Übersetzt von Christian Quatmann (DG 78), 1988, 7. Aufl. 1998, S. 92.

Die So-heit der Dinge*, in: Hans Wolfgang Schumann: Buddhismus. Stifter, Schulen und Systeme (DG 99), 1993, 5. Aufl. 1998, S. 229.

Ein grünes Salatblatt*, in: Robert Aitken: Ethik des Zen. Übersetzt von Christian Quatmann (DG 79), 1989, 2. Aufl. 1995, S. 176.

Schüler und Meister*, in: Taisen Deshimaru: Die Lehren des Meister Dogen. Der Schatz des Soto-Zen. Übersetzt von Regina Krause (DG 90), 1991, S. 72–74.

Die Lehre des Meisters aufnehmen*, in: ebenda, S. 87–89 (Auszüge).

Jegliche Form ist Leere*, in: Robert Aitken: Zen als Lebenspraxis. Übersetzt von Christian Quatmann (DG 78), 1988, 7. Aufl. 1998, S. 65.

Zen beim Handeln, in: Thomas Cleary: Zen-Geschichten. Begegnungen zwischen Schülern und Meistern. Übersetzt von Konrad Dietzfelbinger (DG 132), 1997, S. 36.

Zen im Alltag, in: ebenda, S. 115–117.

Richtlinien, in: ebenda, S. 117f.

Ethik des Zen*, in: Robert Aitken: Ethik des Zen. Übersetzt von Christian Quatmann (DG 79), 1989, 2. Aufl. 1995, S. 113f.

Ein bekehrter Ketzer, in: Thomas Cleary: Zen-Geschichten. Begegnungen zwischen Schülern und Meistern. Übersetzt von Konrad Dietzfelbinger (DG 132), 1997, S. 58f.

Das Koan Mu, in: Robert Aitken: Zen als Lebenspraxis. Übersetzt von Christian Quatmann (DG 78), 1988, 7. Aufl. 1998, S. 135–136.

Sitzen schlägt den Buddha tot*, in: Das Weisheitsbuch des Zen. Koans aus dem Bi-Yän-Lu. Ausgewählt bearbeitet und erläutert von Achim Seidl, übersetzt von Wilhelm Gundert (DG 98), 1. Aufl. 1993, S. 43–45.

Die fragende Schatzkammer*, in: ebenda, S. 180f.

Aus dem Brunnen heraus*, in: ebenda, S. 118f.

Was ist es mit Buddha?*, in: ebenda, S. 182.

Preislied des Zen, in: Robert Aitken: Zen als Lebenspraxis. Übersetzt von Christian Quatmann (DG 78), 1988, 7. Aufl. 1998, S. 157f.

Gedicht vom Vertrauensgeist, in: Dennis Genpo Merzel: Durchbruch zum Herzen des Zen. Übersetzt von Christian Quatmann (DG 111), 1994, S. 175–180.

3. Tibet

Worte zu Frieden, Geduld und Freigebigkeit*, in: Lebensweisheit des Buddha. Herausgegeben von Eva-Maria Kulmer, 1999, S. 174, 184, 188 und 197.

Der Weg zu innerem Frieden*, in: Vom Frieden der Seele. Ein Lesebuch mit Texten aus drei Jahrtausenden. Herausgegeben von Gerd Becher und Elmar Treptow (DG 127), 1996, S. 338 f.

Haß und Wut schwächen*, in: ebenda, 340 f.

Positiver Geist*, in: ebenda: S. 341.

Zuflucht Buddha*, in: Tantra in Tibet. Das Geheime Mantra des Tsong-ka-pa. Herausgegeben von Jeffrey Hopkins, eingeleitet vom 14. Dalai Lama (DG 29), 1980, 5. Aufl. 1994, S. 25 f.

Aus dem Miśrakastotra von Matrceta und Dignāga, in: ebenda, S. 81.

Aus der Schrift der Hörer, in: ebenda, S. 91.

Aus den 60 Strophen der Beweisführung von Nāgārjuna, in: ebenda, S. 92.

Aus dem Totenbuch der Tibeter, in: Das Totenbuch der Tibeter. Herausgegeben von Francesca Fremantle und Chögyam Trungpa, übersetzt von Stephan Schuhmacher (DG 6), 1976, 20. Aufl. 1998, S. 130.

Wenn wir uns bemühen, in: Geshe Thubten Ngawang: Vom Wandel des Geistes. Buddhistische Unterweisungen eines tibetanischen Lamas. Übersetzt von Christof Spitz (DG 106), 1994, 2. Aufl. 1997, S. 12–14.

Veränderung ist möglich, in: ebenda, S. 153–155.

Das Bardo-Gebet, das vor Furcht schützt, in: Das Totenbuch der Tibeter. Heraus-

gegeben von Francesca Fremantle und Chögyam Trungpa, übersetzt von Stephan Schuhmacher (DG 6), 1976, 20. Aufl. 1998, S. 151–153.

Die Dzogchen-Lehren, in: Namkhai Norbu: Dzogchen, der Weg des Lichts. Die Lehren von Sutra, Tantra und Ati-Yoga. Übersetzt von Eva Pampuch (DG 81), 1989 (urspr. Titel: Der Kristallweg), Neuausgabe 1998, S. 28 f.

Der Urzustand, in: ebenda, S. 30.

Körper, Stimme und Geist entspannen*, in: Namkhai Norbu: Der Zyklus von Tag und Nacht. Die praktischen Übungen des Ati-Yoga. Übersetzt von Jule Becker (DG 84), 1990, 2. Aufl. 1998, S. 42 f.

Essenz, in: Namkhai Norbu: Dzogchen, der Weg des Lichts (DG 81), a.a.O., S. 101–103.

Die nicht gestorbene Prinzessin, in: Märchen tibetischer Nomadenfrauen. Gesammelt und übersetzt von Margret Causemann, 1986, 2. Aufl. 1994, S. 222–235.

Die Legende von Milarepa, in: Andreas Gruschke: Mythen und Legenden der Tibeter. Von Kriegern, Mönchen, Dämonen und dem Ursprung der Welt (DG 124), 1996, S. 186–191.

Der Mythos von Shambhala*,
in: Andreas Gruschke: Die
heiligen Stätten der Tibeter.
Mythen und Legenden von
Kailash bis Shambhala (DG
137), 1997, S. 210–214.
Die Suche nach Shambhala*, in:
ebenda, S. 221.

4. Indien

Der Rausch der Erde*, in:
Henri le Saux / Swami
Abhishiktananda: Die Spiri-
tualität der Upanishaden.
Übersetzt von Bettina Bäu-
mer (DG 26), 1980, 2. Aufl.
1994, S. 160.
Am Anfang, in: Barbara C.
Sproul: Schöpfungsmythen
der östlichen Welt. Übersetzt
von Konrad Dietzfelbinger
(DG 104), 1993, S. 213.
Alles ist Brahman*, in: ebenda,
S. 219 f.
Wisse, die Welt ist unerschaf-
fen*, in: ebenda, S. 229–231.
Die Fragen Yamas, in: Maha-
bharata. Indiens großes Epos.
Übersetzt und zusammen-
gefaßt von Biren Roy
(DG 16), 1977, 11. Aufl. 1998,
S. 149–154.
Die Bhagavad Gita, in: ebenda,
S. 217–222.
Die beiden Formen des Brah-
man, in: Upanishaden. Die
Geheimlehre der Inder.
Übersetzt und eingeleitet
von Alfred Hillebrandt
(DG 15), 1977, 14. Aufl. 1998,
S. 61 f.
Das heilige Gesetz und der

Omlaut / Die Lehre des
Shandilya, in: ebenda, S. 98 f.
Der Weg zum Heil / Die zwei
Arten des Wissens / Die Er-
kenntnis des Selbst ist
schwierig / Belehrung über
das Selbst / Belehrung über
die Silbe Om / Schilderung
des Selbst in Gestalt des ›Wei-
sen‹, in: ebenda, S. 162–165.
Die Brahmabindu-Upanishad,
in: ebenda, S. 219–221.
Der Guru*, in: Jyotishman
Dam: Shiva-Yoga. Indiens
großer Yogi Gorakshanata
(DG 142), 1998, S. 171.
Laß die Schriften fallen*, in:
Henri le Saux / Swami Ab-
hishiktananda: Die Spirituali-
tät der Upanishaden. Über-
setzt von Bettina Bäumer
(DG 26), 1980, 2. Aufl. 1994,
S. 81.
Der Âtman*, in: ebenda, S. 58.
Die Ruhe des Wissenden*, in:
ebenda, S. 170.
Der Purusha*, in: ebenda,
S. 22.
Om*, in: ebenda, S. 111.
Aschtavakragita – Erster Ge-
sang / Siebter Gesang / Ach-
ter Gesang / Fünfzehnter
Gesang, in: Bhagavadgita/
Aschtavakragita. Indiens hei-
lige Gesänge. Übersetzt und
kommentiert von Leopold
von Schroeder und Heinrich
Zimmer (DG 21), 1978, 8.
Aufl. 1994, S. 124 f., 136 f. und
149–151 (übersetzt von Hein-
rich Zimmer).
Rama fragt Bharata nach der

Erfüllung seiner königlichen Pflichten, in: Ramayana. Die Geschichte vom Prinzen Rama, der schönen Sita und dem großen Affen Hanuman. Übersetzt von Claudia Schmölders (DG 45), 1981, 6. Aufl. 1996, S. 87–92.

Das Erleuchtungsdenken*, in: Śāntideva. Eintritt in das Leben der Erleuchtung (Bodhicaryavatara). Poesie und Lehre des Mahayana-Buddhismus. Übersetzt von Ernst Steinkellner (DG 34), 1981, 3. Aufl. 1997, S. 22 f.

Die Erleuchtung Siddhattha Gotamas*, in: Hans Wolfgang Schumann: Der historische Buddha. Leben und Lehre des Gotama (DG 73), 1982, 7. Aufl. 1999, S. 70–73 (Auszüge).

Buddhas Wunderkräfte, in: Pfad zur Erleuchtung. Ein buddhistisches Lesebuch. Übersetzt und herausgegeben von Helmut Glasenapp (DG 8), 1974, 6. Aufl. 1994, S. 45–48.

Aus der Predigt von Benares, in: ebenda, S. 84.

Der achtfache edle Pfad, in: ebenda, S. 92 f.

Reinigen und Loslassen*, in: ebenda, S. 90, und in: Lebensweisheit des Buddha. Herausgegeben von Eva-Maria Kulmer, 1999, S. 59, 90 und 155, sowie in: Pfad zur Erleuchtung (DG 8), a. a. O., S. 88.

Die Leerheit*, in: Pfad zur Erleuchtung (DG 8), a. a. O., S. 162, und in: Hans Wolfgang Schumann: Buddhismus. Stifter, Schulen und Systeme (DG 99), 1993, 5. Aufl. 1998, S. 175 f.

Auslöschung, Nichts*, in: Buddhismus (DG 99), a. a. O., S. 115 f., und in: Der historische Buddha (DG 73), a. a. O., S. 177.

Der Kreislauf der Wiedergeburten*, in: Śāntideva. Eintritt in das Leben der Erleuchtung (Bodhicaryavatara). Poesie und Lehre des Mahayana-Buddhismus. Übersetzt von Ernst Steinkellner (DG 34), 1981, 3. Aufl. 1997, S. 80 f.

Liebe, Güte, Mitgefühl*, in: Lebensweisheit des Buddha. Herausgegeben von Eva-Maria Kulmer, 1999, S. 11, 13 und 30, und in: Pfad zur Erleuchtung (DG 8), a. a. O., S. 95.

Die Eigenschaften eines Bodhisattva, in: Pfad zur Erleuchtung (DG 8), a. a. O., S. 176 f.

Ramâkrishna – Aus seinem Leben / Worte, in: Peter Sloterdijk (Hrsg.): Mystische Zeugnisse – aller Zeiten und Völker. Gesammelt von Martin Buber, 1993, 2. Aufl. 1994, S. 70–72 und S. 75.

Eine flammenweiße Liebe*, in: Jyotishman Dam: Shiva-Yoga. Indiens großer Yogi Gorakshanata (DG 142), 1998, S. 31.

Wer bist du?*, in: Heinrich

Zimmer: Der Weg zum
Selbst. Lehre und Leben des
Sri Ramana Maharshi (DG 7),
1974, 8. Aufl. 1997, S. 70 f.
Wer bin ich?*, in: ebenda,
S. 177.
Vollkommene Erkenntnis –
keine Untätigkeit, in: ebenda,
S. 115 f.
Die Ordnung der Lebensstufen,
in: ebenda, S. 132.
Gemeinschaft und Menschheit,
in: ebenda, S. 133.
Die Liebe zur Wahrheit und
zum göttlichen Leben*, in:
Sri Chinmoy: Veden Upani-
shaden Bhagavadgita. Die
drei Äste am Lebensbaum.
Übersetzt und herausgegeben
von Franz (Jyotishman) Dam
(DG 107), 1994, 2. Aufl. 1996,
S. 24 f.
Das Flugzeug der Glückseligkeit*, in: ebenda, S. 67–70.
Im pfadlosen Land der Wahrheit, in: Gerhard Wehr: Spirituelle Meister des Westens.
Leben und Lehre (DG 116),
1995, 2. Aufl. 1998, S. 100 f.,
in: Vanamali Gunturu:
Krishnamurti. Leben und
Werk (DG 133), 1997,
2. Aufl. 1999, S. 104, 145, 107
(2x) und 179, in: Spirituelle
Meister des Westens (DG
116), a. a. O., S. 106 f., in:
Krishnamurti (DG 133),
a. a. O., S. 136 (2x) und 175,
sowie in: Spirituelle Meister
des Westens (DG 116),
a. a. O., S. 108.
Wahrheit und Gewaltlosigkeit*,

in: Vanamali Gunturu: Ma-
hatma Gandhi. Leben und
Werk (DG 152), 1999, S. 196,
182, 207, 208, 315, 182 und
299.

5. Der vordere Orient

Der Koran – Suren 112 / 24:35 /
2:251–257 / 13:26–28 / 18:29 /
6:48 / 11:108, in: Der Koran.
Das heilige Buch des Islam.
Übersetzt von Max Henning,
überarbeitet und heraus-
gegeben von Murad Wilfried
Hofmann, 1999, S. 495,
286, 57 f., 208, 241, 121 und
194.
Worte des Propheten*, in:
Murad Wilfried Hofmann:
Der Islam als Alternative,
1992, 4. Aufl. 1999, S. 54.
Über den Koran*, in: Annema-
rie Schimmel: Rumi. Ich bin
der Wind und du bist Feuer.
Leben und Werk des großen
Mystikers (DG 20), 1978,
9. Aufl. 1995, S. 70 f.
Der Muslim*, in: Murad Wil-
fried Hofmann: Der Islam als
Alternative, 1992, 4. Aufl.
1999, S. 31–33 und S. 85.
Worte von Ibn Arabi, in:
Reshad Feild: Ich ging den
Weg des Derwisch. Das
Abenteuer der Selbstfindung.
Übersetzt von Frank Meyer,
1977, 4. Aufl. 1989, S. 45.
Worte des Propheten*, in:
Feild: Ich ging den Weg des
Derwisch, a. a. O., S. 61.
Zwei Gedichte von Rumi, in:
Annemarie Schimmel: Mysti-

sche Dimensionen des Islam.
Die Geschichte des Sufismus,
1985, 3. Aufl. 1995, S. 416, und
in: Schimmel: Rumi (DG 20),
a. a. O., S. 210.

Gedicht von Yunus Emre, in:
Annemarie Schimmel: Gärten
der Erkenntnis. Das Buch der
vierzig Sufi-Meister (DG 37),
1982, 4. Aufl. 1995, S. 174 f.

Aus Yusuf und Zulaicha, in:
ebenda, S. 208–210.

Gedicht von ʻAttar, in: ebenda,
S. 120.

Worte Rumis, in: Schimmel:
Rumi (DG 20), a. a. O., S. 22.

Gedicht von Qadi Qadan, in:
Schimmel: Gärten der Er-
kenntnis (DG 37), a. a. O.,
S. 211.

Gedicht von Dara Shikoh, in:
Schimmel: Mystische Dimen-
sionen des Islam, a. a. O.,
S. 512.

Gedicht von Qadi Qadan, in:
Schimmel: Gärten der Er-
kenntnis (DG 37), a. a. O.,
S. 212.

Gedicht von Bedil, in: Annemarie Schimmel: Nimm eine
Rose und nenne sie Lieder.
Poesie der islamischen Völker, 1987, S. 182.

Anonyme Parabel, in: Schimmel: Gärten der Erkenntnis
(DG 37), a. a. O., S. 97.

Gedicht von Muhammad Iqbal,
in: Schimmel: Nimm eine
Rose und nenne sie Lieder,
a. a. O., S. 194.

Gedicht von Ibn ʻAta, in:
Schimmel: Mystische Dimen-

sionen des Islam, a. a. O.,
S. 575.

Gedicht von Rumi, in: Feild:
Ich ging den Weg des Der-
wisch, a. a. O., S. 61.

Gedicht von Goethe, in: Schimmel: Mystische Dimensionen
des Islam, a. a. O., S. 109.

Zwei Gedichte von Rumi, in:
Feild: Ich ging den Weg des
Derwisch, a. a. O., S. 45, und
in: Schimmel: Rumi (DG 20),
a. a. O., S. 144 f.

Gedicht von Adonis, in: Schimmel: Nimm eine Rose und
nenne sie Lieder, a. a. O.,
S. 149.

Gedicht von Ghalib, in: ebenda,
S. 144.

Zweimal Worte von Rumi, in:
Feild: Ich ging den Weg des
Derwisch, a. a. O., S. 83 und
117.

Das Ziel im Derwischtum*, in:
Schimmel: Gärten der Er-
kenntnis (DG 37), a. a. O.,
S. 264 f.

Halladsch, in: ebenda, S. 42–61
(Auszüge).

Rabiʻa, in: ebenda, S. 19–21.

Ibn ʻArabi, in: ebenda, S. 142 f.
und 164.

Dschami, in: ebenda, S. 199 f.

Dara Shikoh, in: ebenda,
S. 221 f. und 223.

Al Ghasali, in: Al Ghasali: Das
Elixier der Glückseligkeit.
Übersetzt von Helmut Ritter
(DG 23), 1979, 7. Aufl. 1998,
S. 26 f, 28 f., 40 f. und 177.

Rumi, in: Rumi: Von Allem und
vom Einen. Fihi ma Fihi.

Übersetzt von Annemarie Schimmel (DG 121), 1995, S. 85, 96, 126, 278, 300f., 362 und 370f.

Omar Chajjam – Die Rubaijat, in: Paramahansa Yogananda: Die spirituelle Lehre der Rubaijat von Omar Chajjam. Herausgegeben und kommentiert von J. Donald Walters, übersetzt von Sibylle Herzog (DG 157), 1999, S. 19, 80f., 131f. und 232f.

Was ist Sufismus?*, in: Idries Shah: Die Sufis. Botschaft der Derwische. Weisheit der Magier. Übersetzt von Jochen Eggert und Stephan Schuhmacher (DG 27), 1980, 10. Aufl. 1996, S. 27–30.

Elemente des Sufismus, in: ebenda, S. 294.

Arabisches Sprichwort, in: Idries Shah: Sufi-Wege zum Selbst. Übersetzt von Wieland Grommes (DG 119), 1995, S. 147.

Ruhe und Weitsicht*, in: ebenda, S. 51.

Die Wahrheit befreit niemanden*, in: Sheldon B. Kopp: Triffst du den Buddha unterwegs... Psychotherapie und Selbsterfahrung, 1976, S. 16.

Die Seele entwickeln*, in: Omar Ali-Shah: Sufismus für den Alltag. Übersetzt von Clemens Wilhelm, bearbeitet von Kathleen Göpel (DG 101), 1993, 2. Aufl. 1998, S. 212f. und 215.

Arabisches Sprichwort, in: Shah: Sufi-Wege zum Selbst (DG 119), a.a.O., S. 241.

Der Sand*, in: Shah: Die Sufis (DG 27), a.a.O., S. 221f.

Die Oliven*, in: Reshad Feild: Ich ging den Weg des Derwisch, a.a.O., S. 64–67.

Die Hälfte*, in: Shah: Die Sufis (DG 27), a.a.O., S. 59.

Die Abkürzung*, in: ebenda, S. 84.

Auf dem sinkenden Schiff*, in: ebenda, S. 74.

Die Ordnung der Dinge*, in: ebenda, S. 77.

Der Lehrvortrag*, in: ebenda, S. 77f.

Die Wahrheit*, in: ebenda, S. 60f.

Arabisches Sprichwort, in: Sri Chinmoy: Veden Upanishaden Bhagavadgita. Die drei Äste am Lebensbaum. Übersetzt und herausgegeben von Franz (Jyotishman) Dam (DG 107), 1994, 2. Aufl. 1996, S. 130.

Wie einer gerecht zu teilen verstand, in: Wenn der Esel singt, tanzt das Kamel. Persische Märchen und Schwänke. Übersetzt und herausgegeben von Ulrich Marzolph, 1994, S. 101f.

Wer muß dem Kälbchen Wasser geben?, in: ebenda, S. 136f.

Die Geschichte von dem Geldwechsler und dem Dieb, in: Märchen aus 1001 Nacht. Ausgewählt und herausgege-

ben von Heinz Grotzfeld, 2. Bd., 1993, 2. Aufl. 1995, S. 221 f.
Wie der Schah Kai Kawus in den Himmel flog, in: Firdausi: Geschichten aus dem Schahnameh. Ausgewählt und übersetzt von Uta von Schahnameh. Ausgewählt und übersetzt von Uta von Witzleben (DG 50), 1984, S. 51–54.
Die Entdeckung des Feuers, in: ebenda, S. 18 f.

Alle Bücher entstammen dem Programm des Eugen Diederichs Verlages, München (zuvor Köln und Düsseldorf, davor Jena – gegründet 1896 in Florenz und Leipzig).

Das Buch »Lebensweisheit des Buddha«, herausgegeben von Eva-Maria Kulmer, 1999, ist eine Koproduktion der Verlage Diederichs, München, und Styria, Graz.

* Alle mit einem Sternchen gekennzeichneten Überschriften sind für dieses Buch neu verfaßt oder abgeändert worden. Alle anderen Überschriften finden sich so, wie sie abgedruckt wurden, in den zitierten Quellen vor.

Glanzlichter aus Diederichs Gelbe Reihe

I Ging
Text und Materialien
Übersetzt und herausgegeben von Richard Wilhelm
DG 1, kartoniert, 352 Seiten

Das älteste und wichtigste Weisheitsbuch Chinas. Als Orakelbuch ein zeitloser Ratgeber für jeden Tag und für schwierige Lebenslagen.

Laotse
Tao te king
Das Buch vom Sinn und Leben
Übersetzt und herausgegeben von Richard Wilhelm
DG 19, kartoniert, 232 Seiten

Nirgends läßt sich die geheimnisvolle Lehre des Tao klarer und poetischer erfassen.

Das Totenbuch der Tibeter
Herausgegeben von Francesca Fremantle und Chögyam Trungpa
Übersetzt von Stephan Schuhmacher
DG 6, kartoniert, 176 Seiten

Eine der wichtigsten Quellen der Weisheit für die Menschheit.

Upanishaden
Die Geheimlehre der Inder
Übertragen und eingeleitet von Alfred Hillebrandt
DG 15, kartoniert, 240 Seiten

»Die belohnendste und erhebendste Lektüre, die auf der Welt möglich ist.« (Arthur Schopenhauer)

Diederichs